U0525205

A LIBRARY OF
DOCTORAL
DISSERTATIONS
IN SOCIAL SCIENCES IN CHINA

中国
社会科学
博士论文
文库

文学视野中的《淮南子》研究

杜绣琳　著
导师　李炳海

中国社会科学出版社

图书在版编目（CIP）数据

文学视野中的《淮南子》研究 / 杜绣琳著 . - 北京：中国社会科学出版社，2010.10
（中国社会科学博士论文文库）
ISBN 978 - 7 - 5004 - 9170 - 5

Ⅰ.①文…　Ⅱ.①杜…　Ⅲ.①杂家-中国-西汉时代 ②淮南子-研究　Ⅳ.①B234.45

中国版本图书馆 CIP 数据核字（2010）第 195181 号

责任编辑	关　桐
责任校对	周　昊
技术编辑	王炳图

出版发行	中国社会科学出版社		
社　　址	北京鼓楼西大街甲 158 号	邮　编	100720
电　　话	010 - 84029450（邮购）		
网　　址	http://www.csspw.cn		
经　　销	新华书店		
印　　刷	北京君升印刷有限公司	装　订	广增装订厂
版　　次	2010 年 10 月第 1 版	印　次	2010 年 10 月第 1 次印刷
开　　本	880×1230　1/32		
印　　张	12.25	插　页	2
字　　数	305 千字		
定　　价	32.00 元		

凡购买中国社会科学出版社图书，如有质量问题请与本社发行部联系调换
版权所有　侵权必究

作者简介

杜绣琳 女,陕西凤翔人,文学博士,副教授。1994年毕业于西北大学,汉语言文学专业,获文学学士;2003年毕业于辽宁大学,文艺美学专业,获文学硕士;2009年毕业于中国人民大学,中国古代文学专业,获文学博士。并于同年进入上海大学博士后流动站。1998年大学毕业后到辽宁鞍山师范学院中文系任教,主要从事中国古代文学及文论研究。先后在《社会科学辑刊》、《北方论丛》、《辽宁大学学报》等刊物发表论文十余篇,出版专著一部。

内 容 提 要

本书立足于文学视野，采取以文本资料为根据、现代理论为参照的研究方法，对《淮南子》中与文学相关的命题、范畴及论说所蕴含的文艺理念进行阐释，分析了《淮南子》中的几个重要文学意象，辨析了《淮南子》中不同的文体特征，揭示了《淮南子》所具有的文学特质。

上编两章，主要是对《淮南子》中的文艺理念进行阐释，分析《淮南子》所蕴含的文艺思想及其文艺范畴的美学内涵。第一章从宏观的角度出发，研究《淮南子》的文艺思想，分析其文艺理念的辨证性思维特征与矛盾性表述。第二章从重要的文艺范畴入手，通过对其美学内涵进行溯源寻流的对比分析，揭示《淮南子》对这些文艺范畴的理论创造及其历史价值。下编两章，主要是对《淮南子》的意象描写和文体特征进行分析研究。第三章主要研究《淮南子》中的意象，揭示《淮南子》对这些意象文学性的丰富。第四章主要研究《淮南子》所具有的文体特征，揭示《淮南子》对中国古代文体观及文体形态的成熟发展所起的促进作用。

《中国社会科学博士论文文库》编辑委员会

主　　任：李铁映

副 主 任：汝　信　江蓝生　陈佳贵

委　　员：（按姓氏笔画为序）

　　　　　王洛林　王家福　王缉思
　　　　　冯广裕　任继愈　江蓝生
　　　　　汝　信　刘庆柱　刘树成
　　　　　李茂生　李铁映　杨　义
　　　　　何秉孟　邹东涛　余永定
　　　　　沈家煊　张树相　陈佳贵
　　　　　陈祖武　武　寅　郝时远
　　　　　信春鹰　黄宝生　黄浩涛

学术秘书：冯广裕

总 序

在胡绳同志倡导和主持下,中国社会科学院组成编委会,从全国每年毕业并通过答辩的社会科学博士论文中遴选优秀者纳入《中国社会科学博士论文文库》,由中国社会科学出版社正式出版,这项工作已持续了12年。这12年所出版的论文,代表了这一时期中国社会科学各学科博士学位论文水平,较好地实现了本文库编辑出版的初衷。

编辑出版博士文库,既是培养社会科学各学科学术带头人的有效举措,又是一种重要的文化积累,很有意义。在到中国社会科学院之前,我就曾饶有兴趣地看过文库中的部分论文,到社科院以后,也一直关注和支持文库的出版。新旧世纪之交,原编委会主任胡绳同志仙逝,社科院希望我主持文库编委会的工作,我同意了。社会科学博士都是青年社会科学研究人员,青年是国家的未来,青年社科学者是我们社会科学的未来,我们有责任支持他们更快地成长。

每一个时代总有属于它们自己的问题,"问题就是时代的声音"(马克思语)。坚持理论联系实际,注意研究带全局性的战略问题,是我们党的优良传统。我希望包括博士在内的青年社会科学工作者继承和发扬这一优良传统,密切关注、深入研究21世纪初中国面临的重大时代问题。离开了时代性,脱离了社会潮流,社会科学研究的价值就要受到影响。我是鼓励青年人成名成家的,这是党的需要,国家的需要,人民的需要。但问题在于,什么是名呢?名,就是他的价值得到了社会的承认。如果没有得到社会、人民的承认,他的价值又表现在哪里呢?所以说,价值就在于对社会重大问题的回答和解决。一旦回答了时代性的重大问题,就必然会对社会产生巨大而深刻的影响,你也因此而实现了你的价值。在这方面年轻的博士有很大的优势:精力旺盛,思想敏捷,勤于学习,勇于创新。但青年学者要多向老一辈学者学习,博士尤其要很好地向导师学习,在导师的指导下,发挥自己的优势,研究重大问题,就有可能出好的成果,实现自己的价值。过去12年入选文库的论文,也说明了这一点。

什么是当前时代的重大问题呢?纵观当今世界,无外乎两种社会制度,一种是资本主义制度,一种是社会主义制度。所有的世界观问题、政治问题、理论问题都离不开对这两大制度的基本看法。对于社会主义,马克思主义者和资本主义世界的学者都有很多的研究和论述;对于资本主义,马克思主义者和资本主义世界的学者也有过很多研究和论述。面对这些众说纷纭的思潮和学说,我们应该如何认识?从基本倾向看,资本主义国家的学者、政治家论证的是资本主义的合理性和长期存在的"必然性";中国的马克思主义者,中国的社会科学工作者,当然要向世界、向社会讲清楚，中国坚持走自己的路一定能实现现代化，中华民族一定能通过社会主义来实现全面的振兴。中国的问题只能由中国人用自己的理论来解决，让外国人来解决中国的问题，是行不通的。也许有的同志会说，马克思主义也是外来的。但是，要知道，马克思主义只是在中国化了以后才解决中国的问题的。如果没有马克思主义的普遍原理与中国革命和建设的实际相结合而形成的毛泽东思想、邓小平理论，马克思主义同样不能解决中国的问题。教条主义是不行的，东教条不行，西教条也不行，什么教条都不行。把学问、理论当教条，本身就是反科学的。

在21世纪，人类所面对的最重大的问题仍然是两大制度问题：这两大制度的前途、命运如何？资本主义会如何变化？社会主义怎么发展？中国特色的社会主义怎么发展？中国学者无论是研究资本主义，还是研究社会主义，最终总是要落脚到解决中国的现实与未来问题。我看中国的未来就是如何保持长期的稳定和发展。只要能长期稳定，就能长期发展；只要能长期发展，中国的社会主义现代化就能实现。

什么是21世纪的重大理论问题？我看还是马克思主义的发展问题。我们的理论是为中国的发展服务的，决不是相反。解决中国问题的关键，取决于我们能否更好地坚持和发展马克思主义，特别是发展马克思主义。不能发展马克思主义也就不能坚持马克思主义。一切不发展的、僵化的东西都是坚持不住的，也不可能坚持住。坚持马克思主义，就是要随着实践，随着社会、经济各方面的发展，不断地发展马克思主义。马克思主义没有穷尽真理，也没有包揽一切答案。它所提供给我们的，更多的是认识世界、改造世界的世界观、方法论、价值观，是立场，是方法。我们必须学会运用科学的世界观来认识社会的发展，在实践中不断地丰富和发展马克思主义，只有发展马克思主义才能真正坚持马克思主义。我们年轻的社会科学博士们要以坚持和发展马克思主义为己任，在这方面多出精品力作。我们将优先出版这种成果。

2001 年 8 月 8 日于北戴河

序

李炳海

杜绣琳同学的博士论文经补充修订，即将正式出版，嘱予为之作序，予视为乐事。这部著作的完成，作者备尝艰辛，予亦亲眼目睹，借此机会谈一些自己的随想和感受。

《淮南子》一书著录于《汉书·艺文志》杂家类，历来作为研究思想史的重要材料加以利用，20世纪80年代起亦有学者把它和《吕氏春秋》归入新道家。和思想史方面的研究相比，对《淮南子》的文学研究显得薄弱，缺少有深度、进行全面探讨的论著。有鉴于此，杜绣琳把自己的博士论文定位《淮南子》的文学研究，即以文学为本位对它加以审视。说起坚持文学本位，似乎有许多话要说。改革开放初期，学界就出现回归文学本位的呼声，用以矫正以往文学研究过分政治化、注重思想而轻视艺术的倾向。这种呼唤得到广泛的响应，并且陆续推出一系列坚持文学本位的论著，形势为之一变。然而，历史的惯性往往是顽强的，它使人自觉不自觉地退回原有的轨道。近些年来，坚持文学本位的呼声日趋稀少，中国古代文学的研究又向政治、思想方面倾斜，许多论著，尤其是研究生的论文，这方面的倾向更为明显。学术的走向仿佛又回到二十年前，仿佛又从原来的起点开始。在这种形势下，本不是纯文学作品的《淮南子》，其研究角度的选择自然也是思想、政治方面切入者多，而立足文学本位者少。正因为如此，杜绣琳的这部著作也就显示出它的价值，这也是物以稀为贵吧！

说立足文学本位的《淮南子》研究显得薄弱，并不是说没有相关的论著问世。但是，就这方面的已有成果来看，主要有两方面的不足：一是线条太粗，对所运用的材料缺少精细化的处理，未能对它的价值进行充分的发掘和利用。二是方法陈旧，采用惯见的方式去解读阐释这部颇有难度的著作，必然力不从心，对有些难题甚至无能为力。面对这种研究现状，杜绣琳不断调整思路、转换视角，在做深做细上下功夫，逐步摸索到一套行之有效的方法，形成自己的路数。

杜绣琳本科毕业于西北大学，硕士阶段研读的是中西文学理论，尤其以中国古代文论为主要研读方向，毕业后从事中国古代文学教学期间，又作为访问学者受教于童庆炳先生。可谓转益多师，并且打通文艺学和中国古代文学两个专业，这为她的博士论文写作奠定了坚实的基础。从这部著作各章节的标题设置就可以看出，作者具有良好的理论素养，整部著作形成基本完整的体系及合理的结构。但是，这并不是说《淮南子》本身的文艺思想和意象构成具有严密的体系、合理的构架。中国古代文学的研究者往往容易偏爱自己的研究对象，从而对它作出过高的评价。此部著作在写作过程中，作者能够自觉地避免这种偏向，尽量不要把不属于古人的东西附加给他们，不用自己所构建的体系去提升古人。能有这种自觉意识，可以避免许多偏颇。

这部著作在写作过程中遇到两个实际问题，采纳的是我的意见，需要予以说明。一是《淮南子》早期的两位注家许慎和高诱在行文中如何处理。据前人考证，今本《淮南子》由高诱注者十三篇，许慎注者八篇。然而，事实是否如此，古今学人多有争论，连清人庄逵吉也感慨"难言考正耳"。鉴于这种情况，所引注解按今本标示，一律题为高诱注，当然，这并不否认有许慎的注错杂其间。第二个问题是篇名的标示。按照姚范的说法："疑训字乃高诱自名其注解，非《淮南》篇名所有。"姚范怀疑该书各篇题目最末均无"训"字，这个字是高诱注解所加。姚范的怀疑在学界被许多人视为定论，但实际情况未必如此。《汉书·艺文志》《易》类有《淮南道训》，班固自注："淮南王安聘明《易》者九人，号九师说。"《淮南道训》出自刘安门客之手，"训"字并不是后人注解所加。再从《淮南子》一书的本身来看，如果有些标题去掉"训"字，就很难成为标题，如《天文》、《地形》、《精神》，在当时见不到这类标题。以上两个问题很容易引起非议，予不愿弟子独蒙其咎，故加以说明，承担本身的责任。

杜绣琳的博士论文原本设计为三个板块，即文论、意象、写作方法三部分。由于时间有限，最后一个板块未能完成。博士毕业后，她有幸进入上海大学博士后流动站，继续进行《淮南子》研究。相信在合作导师邵炳军教授的精心指点下，一定会取得突破性进展，期待她有更加厚重的力作在不久的将来推出。

2009 年 12 月 6 日于北京寓所

目　录

前言 …………………………………………………………（1）
　　研究项目的选题背景与意义 ……………………………（1）
　　国内外的研究现状 ………………………………………（3）
　　拟采用的研究方法 ………………………………………（8）
　　本书的创新点 ……………………………………………（8）

上编：《淮南子》的文艺理念研究

第一章　《淮南子》的文艺思想研究 ……………………（3）
　第一节　《淮南子》的本末论 ……………………………（3）
　　一　本末概念的多重界定 ………………………………（4）
　　二　以本振末的本末关系论 ……………………………（9）
　　三　本末论的渊源与创新 ………………………………（14）
　第二节　《淮南子》的感应论 ……………………………（22）
　　一　玄妙深微——艺术感应的神秘性特征 ……………（23）
　　二　气韵流荡——艺术感应的生命特质 ………………（27）
　　三　同类感应——艺术感应的规律 ……………………（32）
　　四　有感有应——艺术感应之主体 ……………………（37）
　　五　汉武帝时期艺术感应理念的基本形态 ……………（46）
　第三节　《淮南子》的异同论 ……………………………（49）

一　同的艺术特征 …………………………………… (50)
　　二　异的艺术特征 …………………………………… (55)
　　三　异同关系多种体认 ……………………………… (63)
　　四　艺术活动中的异同关系 ………………………… (70)
　　五　同"待异而后成"的艺术规律 ………………… (74)
第四节　《淮南子》文艺理念的辩证与矛盾 …………… (79)
　　一　文艺思想的辩证性 ……………………………… (80)
　　二　审美理念的辩证性 ……………………………… (82)
　　三　文艺理念的内在矛盾 …………………………… (88)

第二章　《淮南子》文艺范畴研究 ……………………… (94)
第一节　《淮南子》的文质论 …………………………… (94)
　　一　文的内涵 ………………………………………… (96)
　　二　质的内涵 ………………………………………… (101)
　　三　文质关系模式 …………………………………… (104)
　　四　文与质的相互作用 ……………………………… (107)
　　五　文质观与汉代其他文质观的比较 ……………… (110)
第二节　《淮南子》的形神气论 ………………………… (114)
　　一　形生象显 ………………………………………… (114)
　　二　神与化游 ………………………………………… (123)
　　三　冲气以为和 ……………………………………… (134)
　　四　形神气志，各居其宜 …………………………… (146)
　　五　养神、和气、全形 ……………………………… (155)
第三节　《淮南子》的心性论 …………………………… (160)
　　一　心论的思想来源 ………………………………… (160)
　　二　论心的审美特征 ………………………………… (164)
　　三　艺术心源论 ……………………………………… (180)
　　四　人性论的内涵 …………………………………… (184)

五　论人性之可塑性 …………………………（198）
　　六　论全身养性 ……………………………（204）
第四节　《淮南子》的礼乐论 ……………………（216）
　　一　礼乐产生的根源 ………………………（216）
　　二　礼乐的本质与功用 ……………………（222）
　　三　礼乐的多种特征 ………………………（231）

下编：《淮南子》的意象描写及文体特征

第一章　《淮南子》中的意象 ……………………（243）
第一节　《淮南子》中的神游意象 ………………（243）
　　一　神游意象的道家属性 …………………（243）
　　二　神游意象的多样性描写 ………………（246）
　　三　神游意象对《庄子》与《楚辞》的继承与
　　　　超越 ………………………………………（253）
　　四　神游意象与司马相如作品中神游意象的
　　　　比较 ………………………………………（258）
第二节　山水意象 …………………………………（263）
　　一　先秦典籍中的水意象 …………………（263）
　　二　《淮南子》中的水意象 ………………（269）
　　三　《淮南子》中的山水意象 ……………（275）
第三节　珠玉意象 …………………………………（280）
　　一　珠玉意象的现实及审美意蕴 …………（280）
　　二　珠玉意象与山水意象的关系 …………（287）
　　三　珠玉意象的象征内涵 …………………（291）
第四节　《淮南子》对御艺的文学展现 …………（295）
　　一　实践理性统辖下的御艺意象 …………（295）
　　二　工具理性统辖下的御艺意象 …………（300）

三　自由天性统辖下的御艺意象 …………………… (303)

第二章　《淮南子》的文体特征 ……………………… (308)
　第一节　《淮南子·要略》的书序体特征 ……………… (308)
　　一　《要略》篇的基本板块及逻辑顺序 ……………… (309)
　　二　《要略》与先秦文献书序体特点的比较 ………… (311)
　　三　《要略》与秦汉文献书序体特点的比较 ………… (317)
　第二节　《淮南子·道应训》的解经体特征 …………… (320)
　　一　《道应训》的解经特点对《韩非子》的继承与
　　　　发展 …………………………………………… (320)
　　二　《道应训》的解经方式对《韩诗外传》的继承与
　　　　发展 …………………………………………… (325)
　第三节　《说山训》的语录体特征 ……………………… (335)
　　一　《淮南子》采用语录体写作的原因 ……………… (336)
　　二　《说山训》语录体的特点 ………………………… (338)
　第四节　《淮南子》的论体特征 ………………………… (344)
　　一　《淮南子》的专论体文章特征 …………………… (345)
　　二　《淮南子》的泛论体文章特征 …………………… (348)
　　三　《淮南子》的论体对先秦散文的继承与创新 …… (351)

小结 ……………………………………………………… (354)

参考文献 ………………………………………………… (357)
后记 ……………………………………………………… (363)
英文目录 ………………………………………………… (364)

前　言

《淮南子》是西汉前期极重要的一部学术著作，原名《鸿烈》，刘向校书时定名为《淮南》，《隋书·艺文志》始称《淮南子》。如果说春秋战国时期是中国历史上的轴心时期的话，那么秦汉之际作为中国历史上重要的转折时期，它对于中华民族的发展有着不容置疑的深远意义。任何时代的进步和发展，总是与其思想先驱们的理论努力密不可分。汉王朝不仅开创了中国长达两千年之久的封建大一统专制政治格局，而且奠定了汉民族文化的基本性格与发展方向。汉初的思想家们以义不容辞的社会责任感，以忧国忧民的真挚情感，表达着他们对现实社会和人生的关注。《淮南子》的作者以博大的胸怀总结与融合秦以前的百家之学，以积极的姿态重构适应时代需要的理论体系，成为推动社会进步、文化繁荣的重要力量。

研究项目的选题背景与意义

李泽厚认为《淮南子》在阴阳五行的基础上，构建了以天人感应为核心的思想体系，对道家的"无为"进行了改造，反映出《易传》"天行健，君子以自强不息"的奋发精神，从而为董仲舒的思想体系奠定了基础，是《吕氏春秋》之后的第二个里程碑。① 作为秦"焚书坑儒"之后出现的一部文化总结性论著,《淮南子》以其贯通天地人三维空间、审视古今的历史目光,构著了一部涉及广博、内容弘富、体系庞大的在中国思想文化史上有着划时代意义的理论著作。而作为汉"独尊儒术"之前的最后一部体现学术大融合的著作,《淮南子》中散见各处的文论理念和文学意象,多姿多彩的文体特色,贯穿古今的文学主题、丰富博杂的神话传说、寓言故事及格言警句,使其成为中国古代文学史上独具特质的文化底本。

虽然自东汉以来学术界对《淮南子》的研究有诸多方面的成果,但 20 世纪之前的研究大都局限在文字训诂和版本校勘方面;20 世纪以来的研究接受了西方的一些研究视角,对《淮南子》的研究视域有所拓宽,尤其是从思想体系方面有了重大的突破,取得了一些很高的学术成就。但从文学角度对《淮南子》进行全面观照的学术论著还不多见,其研究空间还是极大的。《淮南子》是一部内容丰富的百科全书式的著作,它其中所蕴涵哲学、文学、政治学、伦理学等各方面古代思想令人惊叹。本书选取了几个不同角度对《淮南子》进行文学解读,其意义有以下几点:

1. 通过对《淮南子》的文学解读丰富汉代尤其是汉初的文学研究。《淮南子》作为汉初一部极为重要的理论著作,其中所蕴涵的文学理论是相当丰富的;而《淮南子》创作集团的文学素养,又使《淮南子》本身充满浪漫想象的文学色彩;加之《淮南子》有意吸收综合先秦百家的精华,从思想到文体都体现出博杂多姿的面貌,所以对《淮南子》进行文学观照无疑可以使学界汉初文学研究呈现薄弱的现状得到很好的改观。

2. 汉初的文学创作主要集中在南方楚文化圈和北方齐文化圈,作为汉初重要的楚文化创作集团集体创作的作品《淮南

---

① 李泽厚:《秦汉思想简议》,载《中国古代思想史论》,人民出版社 1985 年版。

子》，它在很大程度上既反映了汉初文人的精神面貌也反映着汉初文人的文学、美学追求。对《淮南子》的文学性研究可以丰富我们对汉初处于社会巨大变革时期的文学主体及他们所追求的文学样态的深刻认识。

3. 对《淮南子》内部文学性的研究，可以比较全面的揭示《淮南子》的文学价值，使《淮南子》这部先秦两汉时期的重要典籍在文论思想、文学意象、文体特征、行文方式等方面的贡献能够得到学人比较正确的认识和评价。

国内外的研究现状

对《淮南子》的研究最早自东汉高诱和许慎的注就开始了，但相对于现代时期，整个古代时期对《淮南子》的研究显得单调和薄弱。清代开始，学术界关注《淮南子》的目光逐渐多了起来，整个20世纪学术界对《淮南子》的研究也呈现出比较繁荣的景象。我们对其进行简单的分类梳理，主要的研究成果有以下几个方面：

1. 对《淮南子》的注解、校勘、翻译

最早对《淮南子》进行注解的有许慎和高诱。现存的《淮南子》注本，是许慎注和高诱注两种注本的合并本，经过历代学者不断的论证分析，基本统一的观点是许慎注八篇，高诱注十三篇。许注的八篇是《缪称训》、《齐俗训》、《道应训》、《诠言训》、《兵略训》、《人间训》、《泰族训》和《要略》；高注的十三篇是《原道训》、《俶真训》、《天文训》、《地形训》、《时则训》、《览冥训》、《精神训》、《本经训》、《主术训》、《泛论训》、《说山训》、《说林训》和《修务训》。宋代有苏颂的《校淮南子题序》[①]，其对已经混合的许高二注进行了校理，清理出

---

① 苏颂：《苏魏公文集》，中华书局1988年版。

高注十三篇，许注十八篇说明了在宋代时许高二注实存篇数。但直到清代苏颂的校理成果才被学者们发现，于是出现了劳格、陆心源和陶方琦对《淮南子》许高二注的分解，劳格《读书杂识》①卷二有"淮南子许高二注"，陆心源有《淮南子高许二注考》②，陶方琦有《淮南许注异同诂》③。清代学者在对许高二注进行辨别的基础上对《淮南子》有所补注和校勘：如钱塘为《淮南子·天文训》作补注④；王念孙有十六册的《读书杂志》⑤，其中有六册是关于《淮南内篇》的整理，对其中许多误文和难解之文进行了考释；俞樾有《诸子平议·淮南子》；卢文弨有《校道藏本淮南鸿烈解》；王绍兰有《淮南鸿烈解札记》；庄逵吉有《淮南鸿烈解》；洪颐煊有《淮南鸿烈解从录》⑥等。尤其庄逵吉《淮南鸿烈解》"校其异同，正其伪窜"，影响也极大，被后代许多丛书如《四部备要》、《二十二子》、《丛书集成》、《十子全书》等收录。

20世纪以来对《淮南子》进行注解和校勘的著作也不少，影响比较大的有刘文典的《淮南子集释》，以及吴承仕《淮南子旧注校理》、马宗霍《淮南子旧注参正》、杨树达《淮南子证闻》、吴则虞《淮南子书目》等重要著作，他们将《淮南子》的研究从版本、校勘、辑佚的层面向发掘其思想内涵、学术成就的境界推进了一大步。五六十年代之后又出现了何宁的《淮南子集释》、张双棣的《淮南子校释》、刘康德《淮南子直解》、陈一平的《淮南子校注译》和陈广忠《淮南子译注》等。何宁的

---

① 劳格：《读书杂识》卷二，见《月河精舍丛钞》，光绪六年苕溪丁氏藏版。
② 陆心源：《仪顾堂集》，续修四库全书，2006年版。
③ 陶方琦：《淮南许注异同诂》，上海古籍出版社1996年版。
④ 钱塘：《淮南子天文训补注》，见何宁《淮南子集释》，附录四，中华书局1998年版。
⑤ 王念孙：《读书杂志》，台北世界书局2006年版。
⑥ 见何宁《淮南子集释》，附录四，中华书局1998年版。

《淮南子集释》被收入《新编诸子集成》。

2. 《淮南子》流传的版本

关于《淮南子》的版本研究，当代学者严灵峰《先秦汉魏诸子知见书目》中有《淮南子知见书目》，将其所见《淮南子》相关书目搜罗殆尽，并注明了各书存疑和版本情况。而目前研究视角最全面、最细致的要属罗浩（Harold D. Roth）教授的《淮南子版本史》，据他考察，《淮南子》的完本现存87种，删节本31种，其中存于中国的有宋本1种，明本25种，清本19种，民国以来的版本24种。此外，日本存本有17种，都是新近的版本，其中有7种是20世纪以前的，最早一个出版于1664年；朝鲜有一种活字本，也是唯一的朝鲜本。罗浩教授把现存77种版本分为六个版本系列：

A：北宋小字本系列
B：1445年《道藏》本系列
C：1501年刘绩本系列
D：1579年中立（都）四子集系列
E：1580年茅一桂本系列
F：1788年庄逵吉本系列

其中北宋小字本的原本大约印成于1050年，已经失传，《四部丛刊》的《淮南子》用的是北宋本的影写本。道藏本出版于明正统十年（公元1445年），清代研究北宋本的学者如黄丕烈和庄逵吉，都认为北宋本比道藏本好，但王念孙认为道藏本是他见过的最好的本子（他并没有见到北宋本）。道藏本有商务印书馆和艺文出版社等的影印本；东京存有1581年叶近山印行本；台北中央图书馆存有大约于1590年出现的刘莲台印行本；四川图书馆存有大约1593年出现的安正堂本；涵芬楼存有大约1575

年出现的王元宾本。另有1796—1821年印行的《道藏辑要本》，存本多见。刘绩本最出彩的地方是刘绩在补注时不仅保存他认可的读法，而且保存了大量异读。其重要版本有现存于朝鲜、约1670年前后出现的朝鲜活字本；现存于台北中央图书馆、约1530年出版的黄焯本；现存于台北国立图书馆、东京Naikaku Bunko、芝加哥大学远东图书馆，约1530年印行的王鏊本。中立（都）四子集本1579年出版于凤阳，现存多处。印行于1580年的茅一桂本，影响非常广泛，可以说它直接或间接地影响了《淮南子》二十一卷本的所有版本，是《淮南子》最重要的版本之一。现存于普林斯顿大学Gest东方图书馆、芝加哥大学远东图书馆、台北中央图书馆和中国大陆多个图书馆。刊印于1788年的庄逵吉本，是最流行的《淮南子》版本，不仅成为中国和日本许多《淮南子》版本的底本，也是西方翻译者最乐意采用的本子，所以其版本很常见，《四部备要》、《诸子集成》、刘文典《淮南鸿烈集解》都以此本作为底本。

3. 学术流派及文化思想研究

对于《淮南子》的归类问题，目前学术界有三种看法：一为道家说，认为《淮南子》是汉代黄老思想的集大成者，主张此说的自高诱至梁启超、胡适、顾颉刚等不乏其人。二为杂家说。《汉书·艺文志》及历代志类书目均列《淮南子》为杂家，近代学者沿袭此说的有范文澜、冯友兰等人。三为儒道融合说。持此观点的有著名学者徐复观等人。

20世纪刘安和《淮南子》的研究取得了新的突破，研究方法实现了从考据的微观研究向阐释义理、解析思想、论证篇章结构等宏观研究的转化，研究视角也从文献整理、文本文字向各个学科的思想体系转移。尤其是80年代以来学术界对刘安和《淮南子》的研究呈现出日益活跃的局面，研究的方法、成果不断推进，学术视野进一步开阔，研究领域涉及哲学、文艺、军事、政治、心理、教育、个人修养、阴阳五行、天文地理、季节气候等各个方面。冯友兰、侯外庐、徐复观、李泽厚、葛兆光、金春峰、牟钟鉴等著名学者均以现代学术眼光对《淮南子》各篇所讨论的问题进行理论体系的构建。他们主要对《淮南子》的天人性命、宇宙系统和精、气、神的哲学思想，以及美学思想的基本内核及其产生的渊源和影响、价值等进行了系统的发掘探讨总结，理清了《淮南子》一书的道家思想倾向和兼收并蓄、诸家融合的编撰体系。尤其徐复观先生独具一格的历史观和超越庸俗学术观念的思想认识理念，非常值得今天的学者学习。他对刘安和《淮南子》的分析评价，在思想认识层面非常深刻，对后学极具启发意义。

4. 神话传说研究

《淮南子》中记载的神话传说相当多，比较完整地保存了中国古代四大著名神话：女娲补天、共工触不周山、嫦娥奔月和后羿射日。袁珂、刘起釪、杨荫深等研究古代神话的学者分别从这些神话在中国神话传说的演变长河中处于一个什么地位，以及每个神话的独特性两个方面对《淮南子》中的神话进行了初步的描述和勾勒。

另外，国外的研究也取得了一定的成绩。日本学者泽田喜吉男、德国学者罗斯、保罗·戈登、美国学者安乐哲、约翰·梅杰等运用现代思想理论对《淮南子》的人性观念、政治管理思想、自由平等思想进行了研究评述，尤其他们多层次多角度的对比研究方法，令人耳目一新，很有启发意义。前辈学者的研究成果是他们思想智慧勤劳汗水的结晶，为我们进一步研究刘安和《淮南子》奠定了坚实的基础，提供了丰富的资料和宝贵经验。

总体而言，自汉代到如今学界对《淮南子》的研究基本上是从文献梳理和思想分析两个层面入手，把《淮南子》纳入文学视野中进行考察的学术著作还不多见。研究思想史的学者在《淮南子》文学性方面的问题上往往一笔带过，点到为止，虽然近些年有三五个硕博论文是从文学角度对《淮南子》进行研究的，也有一些单篇论文是从文学角度讨论《淮南子》中的某一个问题的，但总的说来，把《淮南子》放在文学视野中进行研究的空间还非常大，本论文希望在这一视域中能开掘出《淮南子》更多、更深的文学价值。

拟采用的研究方法

1. 比较研究的方法。将《淮南子》与先秦及后代相关典籍进行纵向对比研究；将《淮南子》与其同时代的著作进行横向对比研究，使本书的研究视角和论证具有全面性，能够很好地展现《淮南子》在文学方面的继承与超越。

2. 宏观审视与个案研究相结合的方法。对《淮南子》进行全面观照的同时要选择具有代表性的某些篇章进行个案研究，揭示出《淮南子》的总体特征和局部特色，努力做到点面结合，既有深度又有广度。

3. 重视跨学科的研究方法。本书将立足于文学，兼涉文化学、哲学、美学、社会学、人类学等多学科相结合的研究理论和方法，密切结合人文社会科学发展的最新成果，站在学术发展的前沿开展研究，注意把总体的宏观研究方法与具体方法有机结合起来，整合为系统性的研究成果。

4. 定量、定性研究的方法。《淮南子》是一部内容博杂的学术著作，对其中所涉及的一些理论主张不能轻下断语，要在定量分析的基础上做定性研究，做到论证有理有据。

本书的创新点

1. 立足于文学视角对《淮南子》进行系统研究，这在国内外《淮南子》学术研究中还不多见。

2. 在对《淮南子》与先秦相关文献的相互比较中揭示出其独创之处,在对《淮南子》的文学现象深入分析的基础上揭示出它对中国古代文学的独特意义。

3. 对《淮南子》的文学理念的研究既从宏观角度考察其理论的思想基础,又从具体的范畴角度研究其理论的独创性。选取的角度新颖,层次丰富细致,做到既有视野上的广度也要有学术上的深度。

4. 对《淮南子》的文论理念进行系统化梳理、整合,揭示《淮南子》中典型意象的发展流变及其对古典文学的影响,展现《淮南子》在文体方面以及行文方式上的独特贡献。

上 编

《淮南子》的文艺理念研究

第 一 章
《淮南子》的文艺思想研究

本书立足于文学视野，采取以文本资料为根据，现代理论为参照的研究方法，通过解读《淮南子》中与文学相关的命题、范畴及论说所蕴含的文艺理念，阐释作者所赋予这些理念的深刻的文化内涵，以期揭示《淮南子》在中国古代文艺理论史上的价值和地位。

中国古代的文艺理念基本上来源于哲学著作，要理解中国古代文论的范畴与观念的本体性的东西，就必须对中国古代的哲学理念进行探讨。《淮南子》的文艺思想即来自其哲学理念，因此本文将从本末论、感应论、异同论及辩证性与矛盾之处来研究《淮南子》的文艺思想，以期从思想源头上揭示《淮南子》的文学特质。

第一节 《淮南子》的本末论

本末之辨是中国古代哲学的基本论题，《淮南子》对这一论题也多有论述，其中许多观点涉及了文艺理论的层面，对中国古代文论的发展与成熟意义深远。《淮南子》对本末的认识是多角度、多层次的，既有哲学本体之形而上的论述，也涉及具体的艺术门类和不同的文学因素。

一　本末概念的多重界定

《淮南子》对本末的概念有多重界定，既有形而上层面的界定，又有形而下层面的界定。《淮南子》认为道是一切存在的根据，而道是无形的，这就从根本上为世间万物的存在确定了本末秩序，即万物包括艺术的存在形态都是末，而其所以存在的原因、根据则为本。《原道训》中说："夫无形者，物之大祖也；无音者，声之大宗也。其子为光，其孙为水，皆生于无形乎！"[①]这是以无形为本，有形为末。在《淮南子》中无形是道之形，既然道是世界存在的根本，那么无形就是一切有形之物的根本。《淮南子》中多以"一"或"太一"来指称道，例如《诠言训》中说："洞同天地，浑沌为朴，未造而成物，谓之太一。"又说："一也者，成物之本也，无敌之道也。"而在《原道训》中还明确地把无形界定为一："所谓无形者，一之谓也。所谓一者，无匹合于天下者也。卓然独立，块然独处，上通九天，下贯九野，员不中规，方不中矩，大浑而为一，叶累而无根，怀囊天地，为道关门，穆忞隐闵，纯德独存，布施而不既，用之而不勤。"这里对无形或者说一的描述已经和《淮南子》中随处可见的对道的描述毫无二致，所以高诱在对《淮南子》作注时也说："无形，道也。""一者，道也。"[②] 道本身不是存在物，而是归于无形之后的本根，不可见，不可闻，故而是全然无形的，但本体之道并不完全脱离实体有形的世界，它超越于感官感知而呈现于万物之"状"、"象"之中，即无形之本寓于有形之末中。《淮南子》"无形为本，有形为末"的界定，使无状之状、无物之象成

[①]　本书主要以刘文典撰的《淮南鸿烈集解》为研究的底本，论文中所引《淮南子》之原文皆以此书所载为准，个别标点有所校改、修正。

[②]　刘文典：《淮南鸿烈集解》，中华书局1989年版，第29、227页。

为艺术表达的至境,使古典美学追求直指本体之根所寄寓的境界,使艺术形态追求不落形迹又意蕴深远的意象呈现,这是《淮南子》艺术本末论对中国古典艺术审美表达的哲学奠基。

《淮南子》不仅从存在的依据上确定事物的本末,而且进一步在人的精神和形体之间确定了本末关系,即"神为本,形为末。"如果说"无形为本,有形为末"是以宇宙万物为对象所作出的一个总体的概括的话,那么"神为本,形为末"则是以天地之灵秀的人为对象,所设定的一个指导原则,具体说来就是在人类的精神世界与形体世界之间存在一个本末关系,即精神为本,形体为末。《淮南子·精神训》集中探讨的是人类的精神乃是道在个体生命层次的显现,精神来自天的赋予,且不与形散,代表了生命的本质。作者把作为个体生命本质体现的精神归结于天阳之精,而认为非本质存在的形体则禀于地阴之气。精神内藏而清明,形体外显而重浊,二者的和谐共存方可造就个体生命的完整和人格的完满。但在人的具体的生命活动中,精神则居于主导地位。《原道训》中说:"以神为主者,形从而利;以形为制者,神从而害。"《诠言训》亦明确指出:"神贵于形也,故神制而形从,形胜则神穷。"《泰族训》则从养生角度进一步阐明了"神本形末"的观念:"治身,太上养神,其次养形;治国,太上养化,其次正法。神清志平,百节皆宁,养性之本也;肥肌肤,充肠腹,供嗜欲,养生之末也。""神本形末"的本体论依据就在于无形无象、清明纯和之内在精神能够"登假于道",精神是个体生命所持据的根本,也是宇宙大化生生不息的生命流程的显现,个体生命与宇宙生命是在精神的域界内获得了本质的同一内涵。

如果说这只是从一般的人类精神活动立论而包含了文学艺术的形神论,那么书中另外一些论述则主要是针对文学艺术而发的,并首次提出了一个文艺创作的重要理论范畴——"君形

者",《淮南子》中有三处使用这个范畴评价文艺现象:

> 画西施之面,美而不可说;规孟贲之目,大而不可畏;君形者亡焉。(《说山训》)
>
> 使但吹竽,使工厌窍,虽中节而不可听,无其君形者也。(《说林训》)
>
> 昔雍门子以哭见于孟尝君,已而陈词通意,抚心发声,孟尝君为之增欷鸣唈,流涕狼戾不可止。精神形于内,而外谕哀于人心,此不传之道。使俗人不得其君形者而效其容,必为人笑。(《览冥训》)

"君形者"这个概念本身就是对"神本形末"的一种界定,而这种本末观第一次正式提出了文艺创作重在传神的主张。《淮南子》明确地把原来属于哲学思辨的形神之本末观同绘画、音乐直接联系起来,表述了以神为主、形神皆备的本末论观点。这在中国古代艺术思想发展史上有着开创性的贡献,它第一次明确了艺术表达"神为本,形为末"的主张,为中国古代艺术追求神韵之美的审美情趣提供了哲学依据。

《淮南子》是以天道来论人道的,这反映到本末观上就是在形而上的天道层面上确立了"无形为本,有形为末"的指导原则之后,又从总体上为人的生命活动确立了"神为本,形为末"的主从关系。《淮南子》进一步认识到人类的精神活动、内在情感天生有表达出来的需要,在内在情志与外在表达之间,《淮南子》也为我们提供了一个本末秩序,那就是"情志为本,声言为末"。《淮南子》认为情志是产生文学作品的根本性动因:

> 圣人终身言治,所用者非其言也,用所以言也。歌者有诗,然使人善之者,非其诗也。鹦鹉能言,而不可使长。是

何则？得其所言，而不得其所以言。(《说山训》)

今夫《雅》、《颂》之声，皆发于词，本于情，故君臣以睦，父子以亲。故《韶》、《夏》之乐也，声浸乎金石，润乎草木。(《泰族训》)

第一段文字指出文学作品之所以得到人们的珍视不是因为语言形式，而是因为语言之后的"所以言者"；第二段文字则进一步强调了艺术感染力即文艺作品的社会作用来自于作品所蕴含的内在情感。

《淮南子·本经训》还具体地描述了由于情感的推动，诗歌、音乐和舞蹈得以产生的过程，不仅阐述了情志为本，声言为末的主张，而且对文艺作品本末之间的关系有更为深刻的认识：

凡人之性，心和欲得则乐，乐斯动，动斯蹈，蹈斯荡，荡斯歌，歌斯舞，歌舞节则禽兽跳矣。人之性，心有忧丧则悲，悲则哀，哀斯愤，愤斯怒，怒斯动，动则手足不静。人之性，有侵犯则怒，怒则血充，血充则气激，气激则发怒，发怒则有所释憾矣。故钟鼓管箫，干戚羽旄，所以饰喜也。衰绖苴杖，哭踊有节，所以饰哀也。兵革羽旄，金鼓斧钺，所以饰怒也。必有其质，乃为之文。

这段话说明，喜怒哀乐等内在感情是"凡人之性"，这些情感受到外物的刺激之后必然要形诸声言，即"必有其质，乃为之文"。这一方面说明了歌舞、礼乐等艺术形式是人之内在情性外显表达的必然结果，另一方面也说明"钟鼓管箫"、"衰绖苴杖"、"兵革羽旄"等只不过分别是"饰喜"、"饰哀"、"饰怒"之表现形式，是以喜怒哀乐为"质"之"文"。《缪称训》中对"文"有一个界定："文者，所以接物也，情系于中而欲发于外者也。以文灭情则失情，以情灭文则失文。文情理通，则凤麟极矣。"这里的"文"是广义的，泛指人的一切文饰性的创造活动，包括文章和文学艺术，此处主要指的是音乐艺术。可以看出来，《淮南子》虽然强调了为质之情志是为文之形式的根本动因，但对文饰之形亦给予了足够的重视，所谓"以文灭情则失情，以情灭文则失文"，只有本末完美统一，做到"文情理通"，才能达到艺术的至境——"凤麟极矣"。

《淮南子》不仅确定艺术作品以情志为本，还在《缪称训》和《齐俗训》中论述了情志之所以为本的原因：

> 宁戚击牛角而歌，桓公举以大政；雍门子以哭见，孟尝君涕流沾缨。歌哭，众人之所能也，一发声，入于耳，感人心，情之至者也。（《缪称训》）
>
> 且喜怒哀乐，有感而自然者也。故哭之发于口，涕之出于目，此皆愤于中而形于外者也。譬若水之下流，烟之上寻也，夫有孰推之者！故强哭者虽痛不哀，强亲者虽笑不和，情发于中而声应于外。（《齐俗训》）

这里说明"歌哭"之所以能"一发声，入人耳，感人心"，乃"情之至者也"。这种"至情"之所以能感人，首先因为它是"愤于志，积于内，盈而发"（《泛论训》），饱含着真实而深厚的生命底蕴，能够以不可抗拒的力量叩击欣赏者的心弦。这又一次揭示了文艺创作"必有其质，乃为之文"的道理，也就是说，深藏在人内心的情感的厚薄，决定艺术审美价值的大小。

文艺创作以情志为本的意义，在于它触及文艺的本质问题，和西方关于艺术起源于情感表达的需要有相似之处。现代情感美学认为"审美的人格理想境界，源自内在地对某种确定的精神目标的追求与情感体验，唯其情感的寄托于彼，才能使身心别移，与天地融化；也唯其精神目标与寄托于彼，才能使身心获得审美的巨大愉悦，而这恰是作为文化人格的审美心理本体的根本"①。这为《淮南子》中对情志与艺术表达之间的本末规定提供了现代美学阐释，再次证明了中国古代情感美学理论在其形成初期就已经掌握了其根本要义。对于中国古代文论而言，情本说为魏晋时代情感美学流派的形成和晚明时期情感艺术论的再次发展成熟奠定了理论根据。

二 以本振末的本末关系论

《淮南子》不仅从不同层面对事物的本末进行了界定，而且还多角度、多门类地对本末关系有深刻的论述，主张重本而不废末，处理具体的本末关系时要以本振末，沿末返本。经过笔者认真细致地梳理之后，基本可以从艺术和治术两个方面来研究这些论述所蕴含的文艺思想，考察其对中国古代文论的形成与发展的促进与影响。

首先，《淮南子》的本末关系论贯穿在先秦两汉所有的艺术形式之中，在具体的艺术门类中如歌诗、乐器、乐曲、工艺中都有对本末关系的论述。就歌诗而言，《淮南子》认为道为歌诗之本，即以歌诗语言所承载的天然性、规律性的内容为本，而以语言形式为末：

> 王道缺而《诗》作，周室废、礼义坏而《春秋》作。《诗》、《春秋》，学之美者也，皆衰世之造也，儒者循之，以教导于世，岂若三代之盛哉！以《诗》、《春秋》为古之道而贵之，又有未作《诗》、《春秋》之时。夫道其缺也，

---

① 王振复：《中国美学范畴史》第二卷，山西教育出版社2006年版，第193页。

不若道其全也。诵先王之《诗》、《书》，不若闻得其言；闻得其言，不若得其所以言。得其所以言者，言弗能言也。（《泛论训》）

这段文字不仅指出《诗》、《春秋》的产生是用来补救道的缺失，而且还进一步指出后人学习诵读《诗》、《书》时要透过文字领悟语言背后的"所以言者"，即"弗能言"的道，"故繁称文辞，无益于说，审其所由而已矣。"（《人间训》）《泰族训》和《泛论训》中还谈到了这些"弗能言"之道的具体内容，而且讨论了歌诗等文学语言艺术把握不好本末关系，失本而崇末会出现鬼、淫、愚、拘、忮、訾、僻等偏误：

五行异气而皆适调，六艺异科而皆同道。温惠柔良者，《诗》之风也；淳庞敦厚者，《书》之教也；清明条达者，《易》之义也；恭俭尊让者，礼之为也；宽裕简易者，乐之化也；刺几辩义者，《春秋》之靡也。故《易》之失鬼；乐之失淫；诗之失愚；《书》之失拘；礼之失忮；《春秋》之失訾。六者，圣人兼用而财制之。失本则乱，得本则治。（《泰族训》）

《诗》之失僻，乐之失刺，礼之失责。（《泛论训》）

这种对于歌诗之本——道的内容的具体解释，以及对文学艺术失去对道的承载之后的各种批判，是中国古代文论中"文以载道"说的早期表述，对整个中国古代文学乃至各种学术创作都有深远的影响。

《淮南子》对音乐艺术方面的本末关系也有多方面的探讨。不仅指出道是乐曲、乐器的本主："故百家之言，指奏相反，其合道一体也。譬若丝竹金石之会乐同也，其曲家异而不失于体。

伯乐、韩风、秦牙、管青,所相各异,其知马一也。故三皇五帝,法籍殊方,其得民心均也。"(《齐俗训》)"至言不文,至乐不笑,得道而德从之矣。"(《泛论训》)"故使之见者,乃不见者也;使鼓鸣者,乃不鸣者也。"(《说山训》)这段话论述本与末的关系,在思想方面具有兼容性,强调艺术表现的多样性、丰富性。这样一来,本与末的对应关系就得到了充分的展现,承认艺术形式多样化的必要性、合理性。而且强调了相对于声音形式而言,内在的真挚情感才是音乐艺术表演能打动人心,引起共鸣的根本原因:

> 今不知道者,见柔懦者侵,则矜为刚毅;见刚毅者亡,则矜为柔懦。此本无主于中,而见闻舛驰于外者也,故终身而无所定趋。譬犹不知音者之歌也,浊之则郁而无转,清之则燋而不讴。及至韩娥、秦青、薛谈之讴,侯同、曼声之歌,愤于志,积于内,盈而发音,则莫不比于律而和于人心。何则?中有所本主,以定清浊,不受于外而自为仪表也。(《泛论训》)

这段论述强调艺术表演者对主体性的守持和发挥,"中有所本主"指的就是歌者的主体性。把艺术表演者的主体性视为本,凸现出艺术的独立自主性。更为可贵的是,《淮南子》还指出了音乐艺术以"悲丽"为审美的根本标准:"故不得已而歌者,不事为悲;不得已而舞者,不矜为丽。歌舞而不事为悲丽者,皆无有根心者。"(《诠言训》)这对中国古代诗文情感表达以悲情为主的审美取向具有指导性意义,既是对屈原"发愤抒情"说的继承发展,也是司马迁"发愤著书"说及韩愈"不平则鸣"说等文论之先导。

在技艺方面《淮南子》也谈到了本末关系,既指出了高超至道之境的技艺是本,而施展技艺所凭借的工具为末:"羿之所以射远中微者,非弓矢也;造父之所以追速致远者,非辔衔也。"还指出工艺制造中的本末关系是末由本生成,不可以末为本:"瓦以火成,不可以得火;竹以水生,不可以得水。"瓦器是由火生成,不可把瓦器之形末当作其火之本;竹器是由水生成,不可把器之末当作水之本。如果本末倒置,以末为本的话,就会出现末不成形器的情况:"今使陶人化而为埴,则不能成盆盎;工女化而为丝,则不能织文锦。"(《兵略训》)工艺制造中的本往往是隐蔽的,末之形往往是显在的,就像玉工的精湛技艺化生在精美的玉器中一样,技艺之本是无价的,而有形之玉璧却往往是千金的:"玉待礛诸而成器,有千金之璧,而无锱锤之礛诸。"(《说山训》)所以《淮南子》告诫人们千万不可以弃本逐末,塞源背本:"食其食者不毁其器,食其实者不折其枝,塞其源者竭,背其本者枯。"(《说林训》)

综上所述,《淮南子》在艺术层面对本末关系的论述是丰富而细致的,不仅明确了道是一切艺术的内在品质之本,而且对于道的显现在具体的艺术作品中体现的不同也有所揭示,还从文艺作品的内部结构和外部形态上揭示了情志为本,形式为末、道之艺为本,器之形为末的本末关系,最后《淮南子》还强调了艺术创造能够做到本末兼顾,"能两美者"是很难的,由于艺术作品的根本是隐蔽在作品外显的形态之中的,过分地追逐艺术形态外在的因素就会出现本末俱损的现象:

饰其外者伤其内,扶其情者害其神,见其文者蔽其质。无须臾忘为质者,必困于性;百步之中,不忘其容者,必累其形。故羽翼美者伤骨骸,枝叶美者害根茎,能两美者,天下无之也。(《诠言训》)

这里既指出情、文、质、形、质等不同因素之间的相辅相成的关系，而且强调了本末倒置、舍本逐末就会"害其神"、"蔽其质"、"困于性"、"累其形"。

在治术范畴内《淮南子》还谈到了如何确定一些事物的本末的原则，再次强调了末不可强于本的道理。在《诠言训》中作者以音乐和仁义智勇作喻，说明了确定事物之本的一个原则就是抓住其最显著的特征：

> 徵音非无羽声也，羽音非无徵声也，五音莫不有声，而以徵羽定名者，以胜者也。故仁义智勇，圣人之所备有也，然而皆立一名者，言其大者也。

徵音中有羽音，羽音中有徵音，一个音节中五音均有发声，但人们以徵羽定名，却是根据音节中的主音来确定名称的；圣人往往是仁义智勇俱有修为的，但大多数圣人成名却只缘于其中最显著的一项修为。所以说抓住事物的显著特征往往也就抓住了事物最本质的东西，这一条原则可以说适合一切事物，包括文学艺术。

在《修务训》中作者通过对自然规律的分析，得出了以"以大氏为本"的原则来确定事物的本末：

> 夫橘柚冬生，而人曰冬死，死者众；荞麦夏死，人曰夏生，生者众。江、河之回曲，亦时有南北者，而人谓江、河东流；摄提镇星日月东行，而人谓星辰日月西移者；以大氏为本。

事物总是有特例的，就像橘柚在冬天开花结果，但人们却说冬天是树木死亡的季节；荞麦在夏天就成熟了，可人们却说夏季是开始生长的季节；江河曲折回流，时而向南流，时而向北流，但人们却说江河东流；摄提镇星向东移动，而人们却说星辰日月是向西移动的；面对这些纷繁复杂的现象，如何确定何为本主，何为枝末呢？作者提出"以大氐为本"，即以其显现的普遍规律为本，以其偶然现象为末；以一般性为本，以特殊性为末，从事物的普遍性现象得其本主。

《淮南子》把治术的根本追溯到道的境界，也就为中国古代统治思想奠定了艺术的品格。上述治术所涉及的治身与治国的关系、仁义与法度的关系、情理与政令的关系、确定事物本末关系的规律及本末一体、以本振末，虽然是在统治术的层面上谈本末，但其所涉及的重要范畴都和古代的文艺范畴紧密相联，对中国古代文论思想、范畴的发展影响甚巨。

三 本末论的渊源与创新

很多学者都把《淮南子》看作是杂家的代表作之一，原因就在于《淮南子》对先秦诸子百家的学术思想都有所吸收和借鉴。关于《淮南子》的学术流派问题不是我们这里要解决的问题，我们要解决的是《淮南子》的艺术本末论的思想来源及其创新所在，以揭示出其艺术本末论在中国古代文论发展史上的独特贡献。

关于文艺的本与末，先秦时期已经开始从本体论的高度加以探讨，提出一系列重要的命题。《左传·昭公元年》写道："天有六气，降生五味，发为五色，征为五声。"[1] 这段话出自秦国医和之口，阐述的是先秦医家思想，秉持的是气本原的理念。按照这种理念去审视以色彩、声音为媒介的艺术，它们都是六气所派生，声色为末，六气为本。《左传·昭公二十五年》还有如下记载：

---

[1] 杨伯峻：《春秋左传注》，中华书局1981年版，第1222页。

> 气为五味，发为五色，章为五声，淫错则乱，民失其性。是故为礼以奉之……为九文、六采、五章以奉五色，为九歌、八风、七音、六律以奉五声。①

这段话出自郑国子大叔之口，他所秉持的也是气本原的理念，并且对于气所派生的声音、色彩及其各种表现形式作了说明，把宇宙本原与具体的艺术媒介之间的关联作了描述。

道家秉持的是道本原的理念，对于道与文艺的关联，先秦道家也作了阐释。《文子·道原》篇写道："无形而有形生焉，无声而五音鸣焉，无味而五味形焉，无色而五色成焉。故有生于无，实生于虚。"② 这是以无为本，以有为末，以有形和无形来界定本末。《淮南子·原道训》引录了上面的论述，把它作为自己的立论基础。另外，《列子·天瑞篇》写道：

> 故有生者，有生生者；有形者，有形形者；有声者，有声声者；有色者，有色色者；有味者，有味味者。生之所生者死矣，而生生者未尝终。形之所形者实矣，而形形者未尝有。声之所声者闻矣，而声声者未尝发。色之所色者彰矣，而色色者未尝显。味之所味者尝矣，而味味者未尝呈。皆无为之职也。③

这段论述也是从本与末的关系切入，涉及形、声、色这些可以诉诸感性观照的存在物与无为之道的关系，它们都是道的派生物。

---

① 杨伯峻：《春秋左传注》，中华书局1981年版，第1457—1458页。
② 李定生、徐慧君：《文子要诠》，复旦大学出版社1988年版，第41页。
③ 严北溟、严捷：《列子译注》，上海古籍出版社1995年版，第5页。

和文艺理论密切相关的概念还有文,对此,先秦典籍也把它置于道的统辖之下加以论述。《周易·系辞下》写道:"道有变动,故曰爻;爻有等,故曰物;物相杂,故曰文。"① 这是把文说成是道的变动所生,是对道的变动所作的显现。《韩非子·解老》写道:"道者,万物之所然也,万理之所稽也。理者,成物之文也;道者,万物之所以成也。"② "凡理者,方圆、短长、粗靡、坚脆之分也。"③ 这里所说的文,指有形之物具体形态和属性,它为道所派生。

综上所述,先秦诸多学派已经从不同角度涉及形而上之道与文艺的关联,即本末之间的关系。但是,这些论述只是以道与物的层面看待道与声音、色彩、有形存在物之间的关系,还没有深入到艺术本体和内部。它们对于道与声、色、形、文的论述是概括性的,而不是对于文艺本末关系进行具体说明。《淮南子》的贡献在于它把先秦的本末论向前推进了一步,深入到文艺本体。它不但论述无形之道与文艺的本末关系,而且对于文艺本身也用本与末的理念加以审视,并且对各种艺术要素加以分解,各自与本与末建立起对应关系。它对本与末的划分不是在一个层面进行,而是在多个层面展开,是对本与末理念的进一步细化、具体化,使之成为文艺理论的基础和灵魂。并且渗透到文艺理论的诸多要素之中,使文艺理论的本末论获得相对独立的地位,而不再完全依附于哲学本末论的理论体系。

《淮南子》的文艺思想与道家哲学思想的渊源关系是显而易见的,尤其对道本体论的继承与发展在《淮南子》中是坚定不移且贯彻始终的。《淮南子》对本末概念的一个基本界定:"无

---

① 高亨:《周易大传今注》,齐鲁书社2000年版,第443页。
② 陈其猷:《韩非子集释》,上海人民出版社1974年版,第365页。
③ 同上书,第369页。

形为本,有形为末",即来源于老庄的思想。《老子》第二十五章云:"有物混成,先天地生。寂兮寥兮,独立而不改,周行而不殆,可以为天地母。吾不知其名,强字之曰'道',强为之名曰'大'。"① 老子在这里已经提出了一种可以从文学思想范畴加以认识的理念,即无处不在,无所不包的"道",是不可能用任何形式来加以表达的;任何个别形式的表现手段在道的面前都注定是苍白软弱的。《庄子·大宗师》中更是取消了对道感官把握的可能性:

夫道,有情有信,无为无形,可传而不可受,可得而不可见;自本自根,未有天地,自古以固存;神鬼神帝,生天生地;在太极之先而不为高,在六极之下而不为深,先天地而生而不为久,长于上古而不老。②

庄子的阐述使道成为万物生成的一个根由,也就是只确认了道之本,承载道的有形之物在庄子看来无足轻重,即否定了形之末的价值。《淮南子》继承了老庄关于道体无形的思想,确立了艺术以道为本的指导原则。但《淮南子》的艺术思想不仅来源于道家,也吸收了儒家典籍《易传》中的道器观,形成了更具进步性的认识。《易传·系辞》云:"形而上者谓之道,形而下者谓之器。"③ 这里出现了道、形、器三个概念,道不是形亦不是器,这是显在的;而这里的形与器显然亦是两个不同的概念。简单地说器是物自身、物本体,是与人类意识无关的一种存在,而形是器在人类感觉中的存在样态,是能够被人类的感官系统所感觉到

---

① 王弼:《老子注》,《诸子集成》,中华书局1995年版,第14页。
② 郭庆藩:《庄子集释》,中华书局1978年版,第246—247页。
③ 高亨:《周易大传今注》,齐鲁书社1998年版,第407页。

的一种存在。正是由于这种对形与器的区分，启发了《淮南子》作者对形的价值的认识。作为根本的无形之道，在产生万物之后，消融于万物之中内化为万物的属性，所谓"物物者亡乎万物之中"，但人们可以通过各种具体的事物形态即形来感知它的存在。《原道训》中说："山以之高，渊以之深，兽以之走，鸟以之飞，日月以之明，星历以之行，麟以之游，凤以之翔。"道虽不可见，但人们可以通过渊泉、浮云、高山、走兽、飞鸟、日月、星历、麟、凤等具体的事象来推知道的存在，来感知道的存在，也就是说道是通过物之形来作为中介而被人所感知的，肯定了作为末的物之形的重要性，这使《淮南子》艺术本末论富有自己的创造性和进步性。《淮南子》以无形之道为本，以有形之物为末的思想对中国古代文学创造中以质为本，以文为末，文质并重的观念有所丰富。

《淮南子》以"神为本，形为末"来界定艺术本末概念，基本上是对道家形神观的继承与发挥。《庄子·知北游》中说："精神生于道，形本生于精，而万物以形相生。"认为人是由形与神构成的，并且开始频繁以形神对举。《庄子·达生》篇云："弃事则形不劳，遗生则精不亏。"《天地》篇亦云："德全者形全，形全者神全。"在庄子看来，一个人所能达到的最高境界，就是精神与"道"合一，至于形体或残或全，或丑或美，都无足轻重。《庄子》中赞美了众多外形丑陋而却能以身悟道，从而具有超人的智慧和高尚情操的人物，如《人间世》里的支离疏，《德充符》里的哀骀它、瓮㼜大瘿及兀者王骀、申屠嘉、叔山无趾等，认为这些人物都属于"形残而神全"的奇人。通过这些人物形象，我们可以看出，重神轻形是《庄子》一书形神观的基本取向，但它着重讨论的是形神与生命的关系而不是形与神的关系。《淮南子》继承了《庄子》以神为本的思想，并首次把形神论引进文艺范畴中来，以"君形者"为神的代名词，强调了文艺作品的内容与形式之间的本末关系。更为可贵的是,《淮南子》不仅重神,对形的认识也较之前贤更为深刻,初步形成了形神统一的思想。《俶真训》曰:"昔公牛哀转病也,七日化为虎。其兄掩户而入觇之,则虎搏而杀之。是故文章成兽,爪牙移易,志与心变,神与形化。方其为虎也,不知其尝为人也;方其为人也,不知其且为虎也。二者代谢舛驰,各乐其成形。"文中所谓"神与形化"包含了两层意思:就人化为虎而言,是外形的改变影响了心志,体现了"形"对"神"的反作用力;就为人、为虎各自而论,"形"与"神"都有着完美的统一。可以说《淮南子》中的形神本末论,对中国古代文论中的形神论的形成与发展的影响更为直接,魏晋时代形成的艺术传神论就是在此基础上的进一步阐发。

《淮南子》中把本末概念界定为"情志为本,声言为末"的思想依据首先来自于《庄子》中对言意关系的探讨。《庄子·外物》篇中云:"荃者所以在鱼,得鱼而忘荃;蹄者所以在兔,得兔而忘蹄;言者所以在意,得意而忘言。"这里强调了表达的内容是根本的,表达形式则是一种不可完全表达内容的工具,形式与内容之间永远存在着不可跨越的距离。《庄子·秋水》篇中还说:"可以言论者,物之粗也;可以意致者,物之精也;言之所不能论,意之所不察者,不期粗精焉。"追求超越言意之外的空灵境界。

其次,《淮南子》以情之真为本的观念也是受到了《庄子》对真情的强调及楚辞"发愤抒情"创作风格的启发。《淮南子·齐俗训》称:"故强哭者虽病不哀,强亲者虽笑不和,情发于中而声应于外。"这种说法显然是承袭了《庄子》的真情说。《庄子·渔父》云:"真者,精诚之至也。不精不诚,不能动人。故强哭者虽悲不哀,强怒者虽严不威,强亲者虽笑不和。真悲无声而哀,真怒未发而威,真亲未笑而和。"但《淮南子》对此也有其自身的创造性，即不仅认识到真情为本，而且认识到本之情必须借助末之形来表达是一种必然，即所谓"情发于中而声应于外"。这就超越了《庄子》仅限于对情之本的阐述，同时也强调了文艺作品的声音、动作及语言等形式存在的必要性。这一点可以说是《淮南子》吸收了屈原创作楚辞以"发愤抒情"的结果。要求在作品中表达情志，这一主张在《楚辞》中是非常突出的：《离骚》中云："苟余情其信姱以练要兮，长颇颔亦何伤？""荃不察余之中情兮，反信谗而齌怒。"《九章·惜诵》中云："情沉抑而不达兮，又蔽而莫之白。""心郁邑余侘傺兮，又莫察余之中情。"《九章·抽思》云："兹历情以陈辞兮，荪详聋而不闻。"《九章·思美人》云："申旦以舒中情兮，志沉菀而莫达。"淮南王刘安曾对屈原及其作品给予了高度评价，强调了屈原作品的"怨刺"特色。这也可以印证屈赋抒情以言声的创作主旨，对《淮南子》情志为本、声言为末的艺术本末论的形成有启迪之功。

《淮南子》与《文子》的渊源关系极为明显，其文艺理论的本末观，对《文子》亦有继承。《文子·精诚》有如下一段：

> 故秦楚燕魏之歌，异声而皆乐也。九夷八狄之哭，异声而皆哀。夫歌者乐之征也，哭者哀之效也。愔于中，发于外，故在所以感之矣。①

这段话强调以精诚为本，同时承认艺术表现的多样性、丰富性。《淮南子·修务训》基本照录上述文字，再联系文中所引《齐俗训》的相关论述，可以看出《淮南子》所持的艺术表现多样性的理念，是对《文子》的继承。

---

① 李定生、徐慧君：《文子要诠》，复旦大学出版社1988年版，第63页。

最后,《淮南子》把情感作为艺术创造的内在本因,与《礼记·乐记》中关于音乐的产生与主体内心情感关系的讨论有相似之处。《乐记》认为音乐的本源在于人心感物:"乐者,音之生也;其本在人心之感于物也。"而且主体内心的情感状态决定着音乐的表现形式:"其哀心感者,其声噍以杀;其乐心感者,其声啴以缓;其喜心感者,其声发以散;其怒心感者,其声粗以厉;其敬心感者,其声直以廉;其爱心感者,其声和以柔。"与此类似,前引《淮南子·泛论训》亦强调了音乐的产生是因为"中有本主",那些能歌善乐者如韩娥、秦青、薛谈、侯同、曼声等之所以能"愤于志,积于内,盈而发音,则莫不比于律,而和于人心",正是由于"中有本主,以定清浊,不受于外,而自为仪表也。"但《淮南子》对文艺创作过程中的情感的变化以及由内在情感而形诸动作、最后成为艺术形式的过程的描述,比《乐记》更为具体和深化。即指出了音乐的本源是在内在情感,而且强调了情感表达不仅决定音乐形式,而且情感与形式要达到完美统一才能"自为仪表",不能为"愤于中"的内容找到恰好的"形于外"的方式,就会如"不知音者之歌","浊之则郁而无转,清之则燋而不讴"。

《淮南子》继承先秦儒家以情志为本的理念,具体论述过程中对儒家相关典籍作了整合。如《本经训》论述人的自然情感表现漫无定性,本于《礼记·檀弓下》的这段文字:

> 人喜则斯陶,陶斯咏,咏斯犹,犹斯舞,舞斯愠,愠斯戚,戚斯叹,叹斯辟,辟斯踊矣。①

《淮南子·本经训》的相关论述与此相似,只是文字上有所更

---

① 朱彬:《礼记训纂》,中华书局1996年版,第138页。

改。接着论述"饰喜"、"饰哀"、"饰怒"的一段，则是本于《荀子·乐论》：

> 且乐者，先王之所以饰喜也；军旅铁钺者，先王之所以饰怒也。①

荀子的论述带有明显的工具论色彩，《淮南子》对它进行改造，与《礼记·檀弓下》的相关论述整合在一起，成为阐发情志为本、声言为末的严密论断。

总之，《淮南子》的艺术本末论，对前贤的思维成果有所吸收、借鉴，但也有自己的独创和发挥，重本而不废末，追求本末完美结合。其"无形为本，有形为末"观，糅合了道家道体无形论和儒家的道器观，修正了道家重本抑末的偏颇，使形的价值得到了应有的重视。其"神为本，形为末"观，则对道家的形神论进行了合理发挥，发掘出了形对神的反作用，追求形神统一，这对艺术本末论具有极大的启发意义。其"情志为本，声言为末"观，既吸收了《庄子》的言意论和真情论思维成果，亦借鉴了《礼记·乐记》中关于音乐艺术形成论的理论成果，最终使本末论在艺术范畴内呈现出比较成熟的理论形态，为中国古代文论的进一步发展成熟做出了奠基性贡献。

第二节　《淮南子》的感应论

生命一体、万物相通是中国古代源远流长的哲学理念，亦是《淮南子》感应论的重要哲学基础。中国古人认为世界中的任何具体事物都与整个世界是同构的，自然具有人格品性，人格亦法

---

① 梁启雄：《荀子简释》，中华书局1983年版，第279页。

式自然，万物之间都有相互感通之处。这种天人同构的思想，在先秦典籍中多有体现，表达了古人试图解释不同事物之间因同构关系而形成的相互转化的意愿。虽然中国古代的感应观念起源很早，《周易》即是古人感应思想的智慧结晶，先秦时期，系统性的感应理论已经出现。《淮南子》之前的《礼记·乐记》的《乐本》篇从音乐发生的角度对感应现象的表述，具有初步的理论高度。而《淮南子》吸收借鉴了先秦典籍中的感应思想，对艺术范畴的感应现象，从不同的角度进行了论述，既涉及了艺术感应的特征与规律，又讨论了千差万别的主体之间的相互感应，以及接受主体的心理特征在艺术感应中的重要意义，对艺术感应理论的系统化、深刻化作出了贡献。

一　玄妙深微——艺术感应的神秘性特征

《淮南子》全书涉及艺术感应的篇目很多，在《原道训》、《俶真训》、《览冥训》、《泰族训》等篇中还有比较集中的论述。而这几篇对艺术感应有较多论述的篇目有一个共同特点，就是对道之玄妙深微的特点不遗余力地进行了描写。在《淮南子》看来，艺术源于人与物之间的一种感应，而这种感应恰是"道"的体现，因而艺术感应也具有道之玄妙深微的特点。《淮南子·要略》中自述作《览冥训》的目的是："览冥者，所以言至精之通九天也，至微之沦无形也，纯粹之入至清也，昭昭之通冥冥也。……乃以明物类之感，同气之应，阴阳之合，形埒之朕，所以令人远观博见者也。"这段话说明，要理解感应现象，就得追溯至具有"至精"、"至微"、"无形"、"纯粹"、"至清"、"昭昭"、"冥冥"这些特征的道，正是由于道在万物之间的贯通，才为感应现象提供了最终的存在根据。既然道是感应发生的存在根据，那么道的神秘性也必然会显现在各种感应现象中，从而也使艺术感应的发生具有玄妙深微的审美特征。

首先,《淮南子》认为艺术感应的发生是神秘莫测的。在《览冥训》中,作者不仅列举了大量的万物感应的事例,而且描述了万物感应玄妙深微的特征:

> 夫物类之相应,玄妙深微,知不能论,辩不能解。故东风至而酒湛溢,蚕呼丝而商弦绝,或感之也。画随灰而月运阙,鲸鱼死而彗星出,或动之也。故圣人在位,怀道而不言,泽及万民。君臣乖心,则背谲见于天。神气相应,征矣。

这里所列举的几个感应事例都是人类的理性思维难以解释清楚的,具有极强的神秘性,就连圣人都难以言说其中的道理,只能用心去体悟。《淮南子》对天地万物之间发生感应的现象,是用"神"和"气"这两个具有神秘特质的概念去定义的。"神"是对生命玄妙莫测的存在状态的一种表述;而"气"是宇宙生命生息变化的律动,万物秉气而生,精气变幻彰显着生命不可知的流转变化。上引这段话中也提及了发生在艺术领域中的感应现象,艺术感应和其他感应现象一样,都具有玄妙神秘的特质。

其次,《淮南子》强调了圣人对艺术感应的体认具有神秘性。《淮南子》通过对能够体认天地感应现象的圣人所具有的道的品格的描写,说明了认识艺术感应发生的玄机是非常困难的,只有与道相通的圣者才能做到:

> 是故圣人将养其神,和弱其气,平夷其形,而与道沈浮俯仰,恬然则纵之,迫则用之。其纵之也若委衣,其用之也若发机。如是,则万物之化无不遇,而百事之变无不应。(《原道训》)

这段话说明圣人之所以能够"万物之化无不遇,而百事之变无不应",是因为其能够"与道沉浮俯仰"。只有通过养神、和气、夷形,也就是达到极诚极敬的境界,与道相通,才能够了彻天地的意志,窥得万物生成的奥妙,从而直达心理信念中的无限本体,有感必应的天地万物便神妙地消融在一己之心中。圣人体认感应现象时的这种"若委衣"、"若发机"的精神状态是极为神奇的,这也是艺术感应具有神秘性特征的一个原因。

第三,《淮南子》认为艺术感应的传播具有神秘性。对此,《览冥训》除了直陈其"知不能论,辨不能解"之外,还借历史故事作了形象的论述:

> 昔雍门子以哭见于孟尝君,已而陈辞通意,抚心发声。孟尝君为之增欷鸣唈,流涕狼戾不可止。精神形于内,而外谕哀于人心,此不传之道。使俗人不得其君形者而效其容,必为人笑。

这个故事讲雍门子以哭声获得孟尝君的赏识,阐发了艺术感应的发生是"不传之道"的观点,人类有限的语言和理性思维还无法把艺术感应发生的内在机密传达给别人。只有把艺术感应归结到道的玄妙性上,才可以对其有深刻的体认。道是不可言说的,艺术感应也是不可言说的。

认为万物之间的感应具有神秘性,这种观念先秦时期就已经存在,并不是《淮南子》的首创。可是,如果把先秦时期有关神秘感应的记载与《淮南子》加以比较,就会看出二者之间的差异,以及《淮南子》在这方面所取得的超越。天人感应的神秘性,是先秦典籍经常出现的话题,举其典型者加以辨析。《国语·周语上》写道:

> 国之将兴,其君齐明衷正,精洁惠和,其德足以昭其馨

香，其惠足以同其民人，神飨而民听，民神无怨，故明神降之，观其政德，而均布福焉。国之将亡，其君贪冒辟邪，淫泆荒怠，粗秽暴虐，其政腥臊，馨香不登，其刑矫诬，百姓携贰，明神不蠲，而民有远志。民神怨痛，无所依怀，故神亦往焉，观其苛慝，而降之祸。①

这是把天人感应与世道盛衰相沟连，指出这种感应的神秘性。其与人世发生感应的神灵作为主宰出现，它有自己的意志和选择，根据世间治乱决定赐福还是降祸。承认有意志的主宰神的存在，是先秦时期天人感应神秘性的重要体现，神秘性通过有意志的主宰神显示出来。

《淮南子·俶真训》也有类似题材的天人感应段落：至德之世，"洛出丹书，河出绿图"；夏桀、殷纣乱世，"当此之时，峣山崩，三川涸，飞鸟铩翼，走兽挤脚。"那么，对治德之世和乱世作出回应的主体是什么角色，文中没有回答，回避了这个话题。《览冥训》对于神秘的天人感应也有叙述："昔者师旷奏《白雪》之音，而神物为之下降，风雨暴至，平公癃病，晋国赤地。庶女叫天，雷电下击，景公台陨，支体伤折，海水大出。……由此观之，上天之诛也，虽在圹虚幽间，辽远隐匿，重袭石室，界障险阻，其无所逃之，亦明矣。"这是以灾异来说明天人感应的神秘性，虽然也承认作为具有神性的上天的存在，但是，和先秦的相关记载加以对比，对主宰神的意志没有作过分渲染。由于《淮南子》把道作为万物感应神秘性的根源，因此，先秦时期作为天人感应神秘性来源的有意志的神灵，它的作用被淡化，有时则避而不提，即使出现有意志的主宰神，也把它置于道的统辖之下。

---

① 徐元诰：《国语集解》，中华书局2002年版，第28—29页。

感应现象，因其不落形迹而又包含以意会通的微妙玄机引领人无限遐思，故而又有导向艺术与审美的可能性。感应是一种洞悉真际、直指本根的直觉体悟，主体精神与道境相通的精神状态与艺术感应中主体精神与艺术境界的契合，两者之间有着相似的审美体验。《淮南子》对感应现象的神秘性的揭示，正说明了感应思想进入艺术和文学理论范畴的审美特性。

二　气韵流荡——艺术感应的生命特质

感应是发生在天地万物各种生命体之间的一种现象，这一方面说明感应所具有的生命特征是其具有审美价值的根因；另一方面也说明各种生命体之间具有某种相通性。《周易·乾·文言》就对万物之间的相通、感应作过论述："同声相应，同气相求。水流湿，火就燥。云从龙，风从虎。圣人作而万物睹。"[①] 这里显示的是同类事物之间的相通，并且因相通而相感应。《淮南子》"以道家为旨归"，认为生命万物相通于道。道是生命的最终根据，抽象的形上之道始终不离现实的形下世界，正是由于形下世界向形上道体的贯通和形上道体向形下世界的落实，使得物各自为物。但这时的万物又不仅仅是物，而是彰显着本真道体的物，这才是万物相通的根由，也是万物之间发生感应的生命根据。

《淮南子》对感应现象的生命根据多有论述。首先，认为天地交感的相互作用是生命生成的保证。《天文训》中认为"天之袭精为阴阳，阴阳之专精为四时，四时之散精为万物"，"故分而为阴阳，阴阳合和而万物生"。这里的"阴阳"及"精"均指"气"的存在状态。《淮南子》吸收了先秦之气论和阴阳五行说，把生命的生成过程看作是阴阳之气的交感作用。其次，《说林

---

① 高亨：《周易大传今注》，齐鲁书社1998年版，第51页。

训》中还指出生命万物的聚散亦受相互交感的作用:"赤肉县则乌鹊集,鹰隼鸷则众鸟散。物之散聚,交感以然。"第三,《淮南子》还以阴阳二气"合气而为音",指出了音乐艺术的生成过程亦是阴阳二气交互感应的过程。《天文训》中说:"二阴一阳成气二,二阳一阴成气三,合气而为音,合阴而为阳,合阳而为律,故曰五音六律。"意思是说"二份阴气加一份阳气,反转成为阳气,与三份阳气组合而成六律。所以便产生五音和六律。"[①]音乐的产生源于阴阳二气的交感化和,《淮南子》的这种思想赋予艺术以生命的内涵,艺术的生命律动正是源于气韵感应。天地交感,生命化生,这样的哲学文化观潜在地影响着中国的艺术创作与审美观念,中国古典艺术创作所描绘的生命景象,从自然界的"草长莺飞"到人物的"一笑一颦",无不充满流转变化的生机,无不以生命充盈的气韵生势见长。

生命体之间的相通性、秉气而生的同源性是感应现象发生的前提,道为艺术感应提供了一种存在根据,气为艺术感应的发生提供了生命的通道。但是,在艺术感应中,生命体应该具有什么样的生命特质,才能够"通神明之德",到达玄远幽深的道之境,即与艺术之审美境界相应和?《淮南子》在这方面亦进行了努力探索,认为主体的精神状态与真挚情感才是艺术之"感"与"应"的生命内容。

首先,《淮南子》认为艺术感应之所以发生,需要"精诚"的精神状态。作者强调精诚的精神状态是感应的首要条件,《泰族训》云:"故圣人者怀天心,声然能动化天下者也。故精诚感于内,形气动于天,则景星见,黄龙下,祥凤至,醴泉出,嘉谷生,河不满溢,海不溶波。"有精诚的精神状态,天地之道所渗透的精神意识与人类的审美精神才能够相互契合,故而《泰族

[①] 陈广忠:《淮南子译注》,吉林文史出版社1990年版,第128页。

训》认为圣人涵养精神,重点就在于使精神到达精诚之境:"故圣人养心,莫善于诚,至诚而能动化矣。"而精神不能达于至诚境界,既不能感动,亦不会应化。《淮南子》还论述了主体不同的精神状态在艺术感应中具有不同的审美层次,《缪称训》说:

> 说之所不至者,容貌至焉。容貌之所不至者,感忽至焉。感乎心,明乎智,发而成形,精之至也。可以形势接,而不可以照讹。

这里列举了三种精神状态:语言认知的精神状态、神情容貌有所感应的精神状态、直觉感悟与艺术境界瞬间契合的精神状态。语言的表达与解读都属于理性认识,它在艺术感应中作用是极其有限的;外在神情容貌有所感应是一种理性有所介入的心理活动;而只有摒弃知性,以心灵直觉的方式进行的审美体验才是艺术感应发生的终极状态。艺术感应的发生不是凭借语言、容貌,而是依靠艺术直觉的瞬间意会,而这种艺术直觉的感会,只有在精诚的精神状态下才能体会发生,所谓"精之至也"。在《泰族训》中《淮南子》还以治术为例说明了精神状态不同,就会所产生的不同的感应效果:

> 故人主有伐国之志,邑犬群噪,雄鸡夜鸣,库兵动而戎马惊;今日解怨偃兵,家老甘卧,巷无聚人,妖菑不生。非法之应也,精气之动也。故不言而信,不施而仁,不怒而威,是以天心动化者也;施而仁,言而信,怒而威,是以精诚感之者也;施而不仁,言而不信,怒而不威,是以外貌为之者也。

这段话表达了两层意思:一是说明了感应现象的发生是"精气

之动",揭示了万物之间的感应是一种生命的交感互动;二是说明了以不同的精神状态去感应万物之间的生命律动,会出现不同的效果。以"天心动化者也",是道与万物之间的生命契合,这是一种取消了主体性的精神状态,这种状态下,万物一体,感应无处不在;以"精诚感之者也"是人以至诚的生命精神去感召外物,就会收到很好的艺术效果;而以"外貌为之者也",精神未达至诚,与事物之间只是外形上的感应,缺少至诚之生命内涵,就会出现感而不应的局面。

其次,《淮南子》认为艺术感应还要求真挚的内在情感。《齐俗训》中说:"且喜怒哀乐,有感而自然者也。故哭之发于口,涕之出于目,此皆愤于中而形于外者也。"这段话不仅说明了人内心积蓄的情感向外表达是一种感应现象,而且强调了艺术感应中的情感表达是一种自然流露。《修务训》中的一段话则说明了音乐艺术的产生是创作主体的情感受到外物感召的结果:

> 故秦、楚、燕、魏之讴也,异转而皆乐;九夷八狄之哭也,殊声而皆悲;一也。夫讴者,乐之征也;哭者,悲之效也。愤于中则应于外,故在所以感。

这段话指出,艺术表演可以是多种多样的不同风格,但蕴含在艺术形式中的情感在生命本质上则是一致的。歌唱是表达快乐的方式,哭泣是表达悲伤的方式,所有音乐艺术的产生都是由于积蓄在内的不同情感与外物之间发生感应的结果。而《缪称训》中亦谈到了音乐创作中情感的核心作用:"文者,所以接物也,情系于中而欲发外者也。"这里明确地把文(此处指音乐形式)的产生归结于创作主体内在情感与外物之间的相互感应。然而,《淮南子》还认识到光有情感是不够的,这种情感还必须是"至情"才能达到感应效果,《缪称训》云:"宁戚击牛角而歌,桓公举以大政；雍门子以哭见，孟尝君涕流沾缨。歌哭，众人之所能也，一发声，入于耳，感人心，情之至者也。"所有人都会唱歌哭号，但为什么只有艺术大师才能"一发声"而"感人心"呢？原因就在于艺术大师能够把"至情"融化进艺术表达之中。艺术感应是生命体之间的一种沟通，这种沟通既是精神沟通，亦是情感的沟通，是在情感沟通的基础上达到了精神上的契合。

《淮南子》不仅认为创作主体要有内在情感作为感应的心理基础，而且还认为接受主体内心亦应该有情感作为应和的基础。《主术训》中说："夫荣启期一弹，而孔子三日乐，感于和；邹忌一徽，而威王终夕悲，感于忧。"这里说孔子听完荣启期弹完一曲之后高兴了三天，是因为感染到了乐曲中欢愉的审美情感；而晋威王听完邹忌的一曲徽调琴曲，从早到晚悲哀不止，是因为感染到了琴曲中忧伤的审美情感。这里的接受主体如孔子和晋威王，他们的精神能够与艺术的审美境界相契合而持久不散，其实就是由于内心有与艺术表达形式——乐曲的审美情感内涵相一致的情感。如果说上述论述还只是模糊地意识到了接受主体在艺术感应中亦需要情感基础的话，那么，《齐俗训》中就明确地表达了这种见解："夫载哀者闻歌声而泣，载乐者见哭者而笑。哀可乐者，笑可哀者，载使然也。""载"说的就是内心积蓄的情感，人们之所以对乐与哀有不同的情感反应，正是取决于接受主体内心的情感倾向。

总之，在《淮南子》看来，万物是相通于道的，道为艺术感应的主体提供了一种共通的艺术境界；而万物又是秉气而生的，气为艺术感应的主体提供了一种共同的类的生命介质；而无论是"感"还是"应"，均是有某种生命内容的，《淮南子》认为主体的精神状态和真挚情感正是这种生命内容。所以《淮南子》认为艺术感应需要至诚的精神状态，亦需要真挚的内在情感。精诚是对精神状态的生命规定，"至情"是对感情基础的生命规定，只有达到精诚、至情，艺术情感才能够和生命之最高境界道之境相沟通，从而才能贯通于创作主体与接受主体及外在于人的生命体之间。这也就是《礼记·乐记》所说的"气盛而化神"。但《乐记》的论述过于简单，未能充分展开。精诚的精神状态与真挚的情感基础，是内化于艺术形式中的"道"与"气"，是艺术感应的生命特质，也是艺术创作、表达、接受过程中流荡不已的生命之源。《淮南子》对艺术感应过程中生命特质的这种体认为后世文论范畴中的物感说和情感论都奠定了生命的内涵。

三 同类感应——艺术感应的规律

感应是一种瞬间的直觉体悟，它的直觉性使它具有与道之玄妙接近的审美特征；感应也是一种精神与情感在不同的生命体之间进行流荡的过程，精神与情感使感应现象具有生命美学的气质。如果说直觉是一种感应的方式、精神与情感是感应的内容的话，那么《淮南子》还进一步讨论了艺术感应发生的一些规律。

万物同源同构的观念是中国传统的思维基础，和古代前贤一样，《淮南子》接受了"天人同构"这一极具普遍性的观念。正是在此观念上，《淮南子》认为"以类相从、同气相求、同声相应"是感应现象的总体规律。但《淮南子》并未因此而忽略世界万物是有差别的，所以，其对艺术感应规律的总结是从不同的层面展开的。具体说来，由于艺术感应发生的主体对象不同，因而会出现不同的主体关系，《淮南子》正是从天地与万物之间的感应、物与物之间的感应、人心与艺术之间的感应、人心与人心之间的感应，这四种不同的主体关系来探讨艺术感应规律是如何发生作用的。

首先，《淮南子》认为天地万物都是秉气而生的，从这个意义上说，各类事物之间都会发生感应现象，因为在生命本质上都是气化而成的同类。《俶真训》云:"夫天之所覆,地之所载,六合所包,阴阳所呴,雨露所濡,道德所扶,此皆生一父母而阅一和也。"天地万物都是阴阳二气交感而生,因此有共同的生命内涵,因此相互之间就会有感应现象发生。《说山训》中有一段话,就展示了主体精神状态到达道之境时,不同种类的事物之间都会发生感应:

> 詹公之钓,千岁之鲤不能避;曾子攀柩车,引辅者为之止也;老母行歌而动申喜,精之至也。瓠巴鼓瑟,而淫鱼出听;伯牙鼓琴,驷马仰秣;介子歌龙蛇,而文君垂泣。故玉在山而草木润,渊生珠而岸不枯。

在这段话中,感应现象发生在钓者与鱼之间、丧亲者与扶棺者之间、歌者与听者之间、鼓瑟者与鱼之间、鼓琴者与马之间等,可以说是几乎涵盖了有可能发生感应的所有主体。也就是说在艺术到达极致的自由境界——道之境时,万物都可能成为感应的主体,因为这是"同类相从、同气相求"的结果。《荀子·劝学》篇写道:"昔者,瓠巴鼓瑟而沈鱼出听,伯牙鼓琴而六马仰秣。故声无小而不闻,行无隐而不形。玉在山而草木润,渊生珠而崖不枯。为善不积邪?安有不闻者乎?"[①] 荀子这段论述旨在劝学劝善,并不是专门论述艺术感应。《淮南子》借鉴荀子的论述同时又加入几个相关事例,以主体的精神境界为纽带把感应现象和艺术活动紧密结合起来,把同声相应理念阐发得很充分。

其次,《淮南子》还谈到了以物象为主体的艺术感应,遵循着"以类相从、以音相应"的规律。《泰族训》中说:

---

① 梁启雄:《荀子简释》,中华书局1983年版,第6—7页。

故天之且风，草木未动而鸟已翔矣，其且雨也，阴曀未集而鱼已噞矣，以阴阳之气相动也。故寒暑燥湿，以类相从；声响疾徐，以音相应也。故《易》曰："鹤鸣在阴，其子和之。"

这段话不仅说明不同物象之间发生感应，是由于其共通的生命之气相互作用的结果，而且还明确总结出感应现象发生的规律是"以类相从"、"以音相应"，并引用《易》之诗句把这种规律应用到具体物种之间的感应现象上。《原道训》中还说："故山云草莽，水云鱼鳞，旱云烟火，涔云波水，各象其形类，所以感之。"这里以云的不同形态与不同物象之间发生的感应，来说明物象与物象之间的感应遵循着"各象其形类，所以感之"的规律。《庄子·徐无鬼》篇写道："于是为之调瑟，废一于堂，废一于室，鼓宫宫动，鼓角角动，音律同矣。夫或改调一弦，于五音无当也，鼓之，二十五弦皆动。未始异于声，而音之君矣。"①这段话阐述的是同声相应的理念，《览冥训》基本照录原文，用以说明音乐艺术中乐器的感应现象遵循"同音之相应"的规律，"故叩宫而宫应，弹角而角动"。《齐俗训》中又以乐器与风之间的感应来论述这一规律："若风之遇箫，忽然感之，各以清浊应矣。"这段话说明了箫与不同类别的风相感应，就会出现或清或浊的不同的艺术风格，这种认识更显深刻。在以物象为主体的艺术感应现象中，《淮南子》不仅揭示了艺术感应同类相从、同气相求、同音相应的规律，亦揭示了正是由于类的不同，形成了不同的艺术风格。

第三，同气相应的感应规律也适用于人与艺术之间的感应。《淮南子》认为天人是同构的，《本经训》中说："天地宇宙，一

---

① 郭庆藩：《庄子集释》，中华书局1981年版，第839页。

人之身也；六合之内，一人之制（形）也。"《淮南子》还具体说明了天人同构的具体模式：

> 孔窍肢体，皆通于天。天有九重，人亦有九窍。天有四时，以制十二月，人亦有四肢，以使十二节。天有十二月以制三百六十日，人亦有十二肢以使三百六十节。（《天文训》）

> 故头之圆也象天，足之方也象地。天有四时、五行、九解、三百六十六日，人亦有四支、五藏、九窍、三百六十六节。天有风雨寒暑，人亦有取与喜怒……以与天地相参。（《精神训》）

不仅人与天有同构关系，《天文训》中还说明了音乐艺术与天和人的同构关系：

> 黄者，土德之色；钟者，气之所种也。日冬至德气为土，土色黄，故曰黄钟……日冬至，音比林钟，浸以浊。日夏至，音比黄钟，浸以清。以十二律应二十四时之变……音以八相生，故人修八尺……其为音也，一律而生五音，十二律而为六十，因而六之，六六三十六，故三百六十音以当一岁之日。故律历之数，天地之道也。

这段话说明了乐器的名称来自于天地之气的感应；音乐或清或浊的审美风格来自音乐与气节的感应；音律的形成来自于天、人与艺术的同构关系。天、人、音乐三者之间的同构关系，为人与艺术之间提供了感应的通道，人与艺术在道的审美境界上契合无间；人与艺术之间之所以能够发生感应，是由于共通天地一气，"天地之合和，阴阳之陶化万物，皆乘人气者也"，遵循着同气相应的规律。

第四，就人心与人心之间的感应而言，主要是指艺术创作主体与接受主体对艺术情感的感应现象，二者之间亦有"同音相应"的规律可循。《淮南子》认为创作主体与接受主体之发生感应时，会产生相同的情感状态。《缪称训》云："故心哀而歌不乐，心乐而哭不哀。"这对创作主体与接受主体都适用，心中的感情基调是悲伤的话，无论是"感"还是"应"都不可能的欢乐，同样，心中的感情基调是快乐的话，那么创作的艺术品就不可能具有哀伤的感情，接受者亦不可能感受到悲伤而给予应和。也就是说创作主体心中的感情基调决定了艺术作品的审美风格，而接受主体受到艺术力量的感染就会产生与创作主体相同的情感状态。《缪称训》还提到了创作主体与接受主体之间的无法发生感应的情况："故倡而不知，意而不戴，中心必有不合者也。"这说明，《淮南子》认为创作者与欣赏者之间出现感而不应的现象，是因为他们之间的情感基调不一致。《泰族训》中亦通过两个与艺术相关的故事，说明了创作主体与接受主体之间"同音相应"时还会出现相似的形体特征：

> 赵王迁流于房陵，思故乡，作为《山水》之讴，闻者莫不殒涕。荆轲西刺秦王，高渐离、宋意为击筑，而歌于易水之上，闻者莫不瞋目裂眦，发植穿冠。

这段话是说赵王遭遇秦灭国之巨痛之后，在流徙之地房陵因思念故乡而创作了歌曲《山水》，听到这首歌的人没有不感动得伤心流泪的；而荆轲以必死之心去刺秦，心中自是感慨万千，和着高渐离和宋意的击筑声，他放声高歌于易水之畔，听到他的歌声的人都被他决绝奋勇的精神所感染，而表现出怒目圆睁似要撑破眼眶、头发直竖似要冲破帽子的神态。这说明《淮南子》认识到了在艺术感应现象中，创作主体与接受主体的心灵之间能够"同音相应"，不仅他们内心的情感会相互沟通，形成共鸣，而且他们外在的神情形态亦会表现出极大的相似性。《礼记·乐记》也用同类相应的理念来说明艺术感应：

> 凡奸声感人而逆气应之，逆气成象而淫乐兴焉。正声感人而顺气应之，顺气成象而和乐兴焉。倡合有应，回邪曲直，各归其分，而万物之理各以类动也。①

这段论述有着浓烈的道德色彩，主要是从善和恶方面来阐释艺术感应中的同类相动，《淮南子》中有关艺术感应同类相动的论述，则是注重生命体之间的情感相动，道德说教的色彩已经很淡。

综上所述，《淮南子》不仅从总体上总结了艺术感应的规律，而且还意识到了具体的感应现象是发生在不同的主体之间的；不仅探究了不同感应主体之间发生艺术感应现象时的差异，而且还描述了艺术感应规律在具有差异性的感应现象之中始终发生着作用；不仅揭示了艺术感应规律的生命内涵，而且揭示了艺术感应规律引起的艺术效果。可以说《淮南子》对艺术感应现象的讨论既具有宏观性的总论，又不失具体的微观分析，使艺术感应论更具理论性和系统性，为后世纯文学理论范畴的感应论提供了充分的理论资源。

四 有感有应——艺术感应之主体

中国古代的哲学观念中没有主体和客体的区分，追求的是天人合一。没有发生感应之前，人与物都以各自的状态存在

---

① 朱彬：《礼记训纂》，中华书局1996年版，第579页。

着；在艺术感应的状态中，发生感应的双方，没有主客之分，不论是人还是物，都是主体。而"感应"这个词组，是两个动词联合而成的一个并列短语，既然有感有应，那么感应就总是在主体相互之间进行的，呈现出一种有感即应的关系。《说文解字》释"感"云："感，动人心也。从心，咸声。"这明确指出"感"是打动人心的一种生命力量。人的心被某种生命力量所打动，就必然会作出某种反应，这就是"应"。《淮南子》意识到了艺术感应现象是发生在不同主体之间的"感"和"应"，不仅对主体之间的感应关系有所论述，而且还对艺术感应最重要的主体——人，在艺术感应活动中应该具备的艺术修养有所论述。

首先，《淮南子》论述了物之"感"与人之"应"之间的感应现象。《原道训》论述了外物对人的心理情感具有触动作用：

> 人生而静，天之性也。感而后动，性之害也。物至而神应，知之动也。知与物接，而好憎生焉。好憎成形，而知诱于外，不能反己，而大理灭矣。故达于道者，不以人易天，外与物化，而内不失其情。

这段论述本于《礼记·乐记》，但是作了改造。自开头至"而大理灭矣"这段与《乐记》大体相同。《乐记》在叙述由于人的好恶无节而导致"灭天理而穷人欲"的结果之后，提出的应对措施是："是故先王之制礼作乐，人为之节。"[1] 即由外在的规范来制止艺术感应过程中出现的情感表现失控现象。《乐记》虽然也提到"君子反情以和其志"，进行自我调节，但只是一带而过，

---

[1] 朱彬：《礼记训纂》，中华书局1996年版，第565页。

并没有深入论述。《原道训》则把人的自我调节作为艺术感应的重要手段，且以道相统辖，礼乐文化的色彩已经褪去，而带有道家崇尚自然的倾向。此言人之本性是静的，这是一种达到道境的无知无觉的状态，人之所以会有各种心理活动是受到了外物的感发，从理性智慧到感性之好憎情感，都与外物的感诱密切相关。这揭示了艺术感应的生理机制和心理基础，人的情感的产生都源于外物的感发和诱惑，人的心理与外物形成神秘的对应。不仅如此，《缪称训》云："春女思，秋士悲，而知物化矣。号而哭，叽而哀，而知声动矣。容貌颜色，理诎伸倨佝，知情伪矣。"这是说春秋物候的不同，感发人的不同情绪，是中国古典文学中"悲秋"主题的理论概括。春天的物象引发人的思念情怀，秋天的物象引发人的悲伤思绪，"号"与"叽"的不同情感决定了"哭"与"哀"之不同的艺术风格。这段话不仅论述了不同的物象会引发主体不同的情感表达，而且揭示出正是缘于此，艺术作品才会呈现出不同的艺术风格。

《淮南子·本经训》中进一步从艺术产生的角度论述了外物对创作主体内心各种情感的触发作用：

> 凡人之性，心和欲得则乐，乐斯动，动斯蹈，蹈斯荡，荡斯歌，歌斯舞，歌舞节则禽兽跳矣。人之性，心有忧丧则悲，悲则哀，哀斯愤，愤斯怒，怒斯动，动则手足不静。人之性有侵犯则怒，怒则血充，血充则气激，气激则发怒，发怒则有所释憾矣。故钟鼓管箫，干戚羽旄，所以饰喜也；衰绖苴杖，哭踊有节，所以饰哀也；兵革羽旄，金鼓斧钺，所以饰怒也。

这段话结尾"饰喜"、"饰怒"两句，原本出自《礼记·乐记》："夫乐者，先王之所以饰喜也。军旅铁钺者，先王之所以饰怒也。"① 《荀子·乐论》照录《乐记》上段文字。《淮南子·本经训》则对它进行改造,"饰喜"、"饰怒"不再是先王的专利,而是每个人都可以得而有之的感应方式。这段论述说明,音乐的发生是由于人的心"动",人心之所以会"动"乃是因为人对物的感应,是物促成了人的心动。人的心受到物的感召而产生各种情感,情感表达的必然性是艺术(音乐)产生的动力。可以说,《淮南子》对外物在艺术感应中的作用认识是相当深刻的,不仅论述了外物感发人心,引起艺术创作主体的创作冲动,从而推动了艺术的产生;而且进一步探讨了不同的物象会引发创作主体不同的情感倾向,从而形成艺术作品不同的艺术风格,对物象在艺术感应中的重要作用有深刻的认识,直接启发了刘勰《文心雕龙·物色》篇的理念阐述。

如果说艺术的产生是由于人应物之感而创作出来的话,那么,物象应人心之感而呈现出不同样态就体现了艺术感染力的强烈效果。对此,《览冥训》有所论述:

> 昔者,师旷奏白雪之音,而神物为之下降,风雨暴至。平公癃病,晋国赤地。庶女叫天,雷电下击,景公台陨,支体伤折,海水大出。夫瞽师、庶女,位贱尚菜,权轻飞羽,然而专精厉意,委务积神,上通九天,激厉至精。

这段话是说像师旷、庶女等等这样身微权轻的人,他们创作的演奏哭喊之所以能够使神物、雷电、海水等物象受到感召而有所作为,是由于他们"专精厉意,委务积神",其精神状态已经与上天相通,其真挚情感就能够使万物都受到震荡。这说明《淮南子》认为,在艺术感应现象中,人内心诚挚的情感通过艺术形

---

① 朱彬:《礼记训纂》,中华书局1996年版,第603页。

式传达出来，不具备主体意识的外物也会受到感召而有所"应"。其实外物受到艺术情感之"感"而以不同寻常的状态来"应"，是人的一种移情作用，即是人赋予了物以人的意识。《淮南子》的物感说，对后世文论有深刻的影响，《文心雕龙·物色篇》和《诗品序》中都明显可以见到《淮南子》物感说的痕迹。

在艺术感应中，最常见的就是艺术作品的接受主体与创作主体之间的"感"与"应"。《淮南子》对艺术感应现象中这两种主体的论述也比较充分，不仅指出了创作主体与接受主体之间有感有应，而且还对创作主体与接受主体各自所具备的艺术特征也有所探讨。

首先，《淮南子》认为感应主体双方的情感必须是真情实感，这才是艺术感应具有强烈感染力的关键。《原道训》以音乐艺术为例说明了这一点：

> 夫建钟鼓，列管弦，席旃茵，傅旄象，耳听朝歌、北鄙靡靡之乐，齐靡曼之色，陈酒行觞，夜以继日，强弩弋高鸟，走犬逐狡兔，此其为乐也，炎炎赫赫，怵然若有所诱慕。解车休马，罢酒彻乐，而心忽然若有所丧，怅然若有所亡也。是何则？不以内乐外，而以外乐内，乐作而喜，曲终而悲，悲喜转而相生，精神乱营，不得须臾平。……是故内不得于中，禀授于外而以自饰也，不浸于肌肤，不浃于骨髓，不留于心志，不滞于五藏。故从外入者，无主于中，不止，从中出者，无应于外，不行。

这段话解释了艺术感染力为什么会与音乐活动相始终的原因，强调了以心中积蓄的真挚感情去"感"去"应"，艺术感染力才会长久不衰。人们在艺术活动中发生感应，心中会产生快乐或悲伤的审美情感，但艺术活动结束之后，随着感应现象的消失，人们就会失去审美快感。《淮南子》认为这是由于创作主体与接受主体心中没有积蓄真挚情感的原因，他们都是被动地去进行即时性的"感"与"应"，从而也就不会在心中留下深远的艺术影响。所以《淮南子》强调感应主体双方内心所积蓄的真挚情感，才是艺术审美情感的表达与传播具有永久性生命力的关键所在。

其次，《淮南子》认为创作主体应该具备极高的艺术修养，艺术作品才能具有强烈的感召力。《缪称训》中云："及至韩娥、秦青、薛谈之讴，侯同、曼声之歌，愤于志，积于内，盈而发音，则莫不比于律而和于人心。"韩娥、秦青、薛谈、侯同、曼声等均是修养极高的艺术家，他们创作表演的音乐艺术是蓄积在内心的情感的一种自然流露，因此既符合艺术规律又和接受主体的心灵发生共鸣。而那些艺术修养比较差的人如文中所举的"不知音者"，他们的歌声"浊之则郁而无转，清之则燋而不讴"，既没有多少艺术性亦没有多少感染力。《淮南子》这段论述虽重在强调真挚的情感在艺术创作的欣赏中的重要作用，但同时也说明了创作主体的艺术修养不同，其创作的艺术作品的艺术感召力就会或高或低，就会影响到艺术的传达与接受。

第三，《淮南子》还讨论了接受主体内心的精神状态在艺术感应活动中的作用。《主术训》中论述了在艺术感应中，物质基础的好坏会影响接受主体是否能够与艺术情感发生感应：

> 故民至于焦唇沸肝，有今无储，而乃始撞大钟，击鸣鼓，吹竽笙，弹琴瑟，是犹贯甲胄而入宗庙，被罗纨而从军旅，失乐之所由生矣。

作者认为接受主体能够对艺术感召作出应和，需要物质基础的保障。如果一个人的思绪总是被生存问题所干扰的话，他是不可能对艺术产生感应的。这种认识比较朴素，但也相当深刻。对此，《诠言训》还有进一步的认识：

> 心有忧者，筐床衽席弗能安也。菰饭牛弗能甘也，琴瑟鸣竽弗能乐也。患解忧除，然后食甘寝宁，居安游乐。

这段话揭示了接受主体的精神状态决定着其是否能够体验到艺术快感。《吕氏春秋·季夏纪·明理》篇写道："故乱世之主，乌闻至乐？不闻至荣，其乐不乐。"① 在天下大乱、民生彫弊的情况下，乱世之主即使观赏艺术表演，也不能产生真正的快乐。《淮南子》的论述承此而来，认为接受主体只有"患解忧除"，在精神上超越现实生活中的安危忧乐，才能与艺术精神相契合，发生艺术感应。因为物质基础决定着接受主体的精神状态是否具有超越性，而接受主体精神状态是否具有超越性又决定着其是否能够进入审美体验，与艺术作品发生感应现象。

第四，《淮南子》还讨论了接受主体的审美取向在艺术感应中的作用。首先，审美取向不同，会选择不同的感应对象。《俶真训》云："夫目察秋毫之末，耳不闻雷霆之音；耳调玉石之声，目不见太山之高。何则？小有所志而大有所忘也。"接受主体心有所专亦就会有所散，这决定了接受主体对有的艺术作品有所感应，而对有的艺术作品则无所感应，即文中所说的"小有所志而大有所忘也"。《淮南子》试图解释为什么人对艺术的感应具有选择性，其回答虽然相当模糊，认为这是接受主体的精神所专注的对象不同决定的。但还是指出了在艺术感应中，主体对外物发生感应的选择性特征，这其实根据的就是接受主体内心的审美取向不同，决定了他们与不同的艺术对象发生感应。其次，

---

① 吕不韦：《吕氏春秋》，《诸子集成》六，中华书局1995年版，第64页。

审美取向在艺术感应中会形成不同的审美体验。《淮南子·人间训》云：

> 夫歌《采菱》，发《阳阿》，鄙人听之，不若此《延路》、《阳局》，非歌者拙也，听者异也。

这是说面对《采菱》、《阳阿》这种高雅艺术，生活在民间里闾的接受者欣赏起来就感觉不如《延路》、《阳局》这样的民间俗曲，不是因为高雅艺术比民间俗曲的艺术感染力差，而是欣赏者的审美取向不同。这说明接受主体由于受社会身份的限制，对艺术的接受有高雅与低俗的不同，从而也导致了在艺术感应形成不同的审美体验。《庄子·天地》篇写道："大声不入于里耳，折杨皇荂，则嗑然而笑。"成玄英疏："大声，谓咸池大韶之乐也，非下里委巷之所闻。折扬皇华，盖古之俗中小曲也。玩狎鄙野，故嗑然动容，同声大笑也。"[①]《天地》篇的这段文字，道出了艺术感应中高雅与通俗的差异，但《天地》篇只是作为抨击俗言的例证加以运用，并没有进一步的论述。宋玉的《郢中对》又称《对楚王问》提到《下里》、《巴人》，《阳春》、《白雪》，《阳阿》、《薤露》，三个层次乐曲在郢都演唱时的应和情况，得出的结论是："其曲弥高者，其和弥寡。"[②]《淮南子》提到《阳阿》，明显受到《郢中对》的启示，认为审美取向不同，决定了同一接受主体对艺术感应发生的对象具有选择性；同样，不同接受主体必然具有不同的审美取向，即使面对同一个感应对象，也会产生不同的审美体验。

另外，《淮南子》还描述了艺术感应现象中接受主体的思维

---

① 郭庆藩：《庄子集释》，中华书局1981年版，第1032页。
② 吴广平：《宋玉集》，岳麓书社2001年版，第160页。

状态。《俶真训》云：

> 夫目视鸿鹄之飞，耳听琴瑟之声，而心在雁门之间，一身之中，神之分离剖判，六合之内，一举千万里。是故自其异者视之，肝胆胡越；自其同者视之，万物一圈也。

这段话是说在艺术感应中，接受主体的思维状态是极为活跃的，思维不仅非常敏捷，而且还能够超越时空的限制，获得了极大的自由。接受主体的精神活动能够与艺术境界相契合的话，就会有万物同一的生命体验，如不能与艺术境界相契合，那么人与艺术之间的距离就算如肝胆一样在现实层面上很贴近，但在精神层面却如北胡与南越一样遥不可及。这段话涉及了接受主体的"神思"，即艺术思维的超越性，《文心雕龙》之神思说对此有明显的继承发挥。

《淮南子》的艺术感应论兼顾创作主体和接受主体，这种理论框架主要是继承儒家的传统。《礼记·乐记》在论述艺术感应过程中，经常把创作主体和接受主体作为发生感应的双方而联结在一起。不过，从总的倾向上看，《礼记·乐记》对创作主体的论述比较充分，而对接受主体一方的展示则相对不足。《淮南子》对接受主体多角度、多层次的剖析，是对《礼记·乐记》的超越。先秦道家关注的是接受主体，《庄子·应帝王》篇专门从接受主体方面进行阐述，并且提出："圣人之用心若镜，不将不迎，应而不藏。"庄子所说的应，完全是被动的、无意识的。《淮南子》虽然有明显的道家倾向，但是，它的艺术感应论并没有否定接受主体的自觉意识和情感表现的合理性，疏离了先秦道家被动的因应理念。

综上所述，《淮南子》对艺术感应主体的审美观照不仅全面而且深刻，不仅讨论了不同主体之间的"感"与"应"，而且还探讨了接受主体的精神状态和审美取向对艺术感应效果及审美风格所产生的影响。这些富有全面性与理论性的见解，深刻地影响了包括《文心雕龙》在内的后世文学理论的诸多范畴，为物感说、神思说、主体的艺术修养等提供了丰富的理论资源。

五 汉武帝时期艺术感应理念的基本形态

中国的感应思维很发达，先秦的感应理论基本上处于酝酿和发育过程中，两汉时期，尤其是西汉前期感应理念获得了长足发展。《淮南子》不仅把这种思想引入到了文艺范畴中，而且还进行了深刻而全面的探讨，加强了其后来作为文学范畴的理论性。董仲舒的《春秋繁露》是汉代重要的论述感应思想的著作，而"天人感应"说代表着汉代甚至是中国的感应理念，对后世文化有深远的影响。这两种既有一致性又有重要区别的感应思想，展现了武帝时期艺术感应理念的基本形态，把《淮南子》的艺术感应理念与董仲舒的感应思想进行比较研究，既有助于认识《淮南子》艺术感应理念的独特价值，又能够展示其所具有的时代特征。

中国古代感应思想的集大成者应该是董仲舒，他提出了一系列的概念，就天人之间的感应现象建构起了一整套比较完整的体系，把感应思想推向了成熟的形态。首先，就艺术感应规律的论述而言，董仲舒比《淮南子》更明晰、更系统，前者的论述追求理性思维的准确性而显得理论性更强，但矛盾之处也更突出；后者的论述出于直觉的感性体悟而显得更具浑融性与模糊性。与《淮南子》比较而言，董仲舒强化了"以类相动"的感应规律，认为"天道各以其类动"[1]，《春秋繁露·同类相动》就是专门论述万物怎样通过"类"而实现感应的篇章。《淮南子》意识到

---

[1] 董仲舒：《春秋繁露·三代改制文》，上海古籍出版社1989年版，第44页。

了感应现象中"同类相动"的规律性,以道家万物齐一的思想为依据,认为就道之境界而言,万物均是同类,彼此之间也是有所感应的,对于异类之间的或相斥或感应的现象没有深究。而董仲舒认为万物都有一种"去所异"、"从所同"的趋向,但他又无法忽视异类之间的感应现象,最后又提出"亦有同类相感者"[①]的论断,这就使他的理论呈现出矛盾性。

就感应发生的机制而言,董仲舒与《淮南子》一样,都是以阴阳二气作为沟通感应主体之间的生命介质,但二者的区别在于前者是以神学自然观为思想依据,而后者是以元气自然观为思想依据。董仲舒把天人秉气而生的同构性进行了系统化的说明,有《人副天数》专篇论述天人之间不仅在生理结构上具有同构性,而且在性情等心理结构上亦具有同构性。董仲舒强调了天对人的规定性,从而使天具有了高于人的神性特征,从而取消了人作为艺术感应主体的自由性。而《淮南子》的天人同构只是单纯的生理类比,并不涉及精神心体,给人留存了意识的自主性和相对自由的精神空间。董仲舒的艺术感应论趋于细密而完备,但这种把人的思想感情完全纳入天人关系的框架之内的做法,也具有一定的简单性与僵化性,不及《淮南子》把人的心性情感归结到自然天性更具艺术的自由性和超越性。

就艺术感应中的真挚情感所具有的艺术感染力而言,董仲舒的论述与《淮南子》的论述也是同中有异。董仲舒与《淮南子》一样,都承认艺术感应一定要由"情"而发才能够产生和实现。他说:"故声发于和而本于情,接于肌肤,藏于骨髓。"[②]认为唯有那种以情为本、动之以情的"声"(音乐、语言、诗歌等),才能爆发出震撼灵魂的力量,才能使感应主体由感官、存在而直

---

① 苏舆:《春秋繁露义证·郊语》,中华书局1992年版,第395页。
② 班固:《汉书·卷五十六·董仲舒传》,岳麓社1994年版,第1096页。

达生命本体的意境,使艺术感染力获得最佳效果。但不同的是,《淮南子》认为主体内心情感是"愤于志,积于内,盈而发音"(《缪称训》),既强调了在艺术感应中主体需要储备一定情感的必要性,又强调了外物对人的情感的激发作用。董仲舒则是把人的情感放进了天人同构的关系中加以论述的:

> 夫喜怒哀乐之发,与清暖寒暑贯也。喜气为暖而当春,怒气为清而当秋,乐气为太阳而当夏,哀气为太阴而当冬。四气者,天与人所同有也,非人所能蓄也。故可节而不可止也,节之而顺,止之而乱。人生于天,而取化于天。喜气取诸春,乐气取诸夏,怒气取诸秋,哀气取诸冬。[1]

董仲舒认为人有喜怒哀乐的不同情感与天有春夏秋冬四季的不同节气是同构的,所以才会与物候发生不同的情感应和。这种论述,不仅取消了艺术感应中创作主体需要蓄积情感的必要性,而且取消了外物作为感应主体的主动性。董仲舒由于受儒家节情思想的影响,认为艺术感应中情感的表达也需要节制,与《淮南子》本于道家直抒性情的思想而提出情感自由流露说明显不同,后者对文学艺术的创造及鉴赏更具有指导意义。相比之下,对情感与外物在艺术感应中的重要作用,董仲舒的论述均不及《淮南子》具有全面性和深刻性。

董仲舒亦谈到了艺术感应中的主体关系,但总的说来不及《淮南子》细腻而深刻,主要是因为他把人心、生活和社会政治在内的世界,全部纳入到他的天人感应框架中了,强调的是人对天的绝对遵从。人在什么时候应该做什么,已经被天所预设、所决定了,人不再是一种生成性的存在,而变成了一种现成性的物

---

[1] 董仲舒:《春秋繁露·阳尊阴卑》,上海古籍出版社1989年版,第66页。

质存在。因而虽然董仲舒的天人感应说更具系统性和理论性,在历史文化中也产生过极为深远的影响。但就艺术感应理念而言,董仲舒的艺术感应理念在总体上不及《淮南子》细腻、深刻,亦不及《淮南子》艺术感应论因富有兼容性与自由度对后世艺术创作的影响巨大。

汉武帝时期的艺术感应理念,还见于东方朔的《七谏》:

> 同音者相和兮,同类者相似。飞鸟号其群兮,鹿鸣求其友。故叩宫而宫应兮,弹角而角动。虎啸而谷风至兮,龙举而景云往。音声之相合兮,言物类之相感也。①

东方朔和刘安、董仲舒是同时期人,主要活动在汉武帝阶段。东方朔的上段话语糅合《周易·乾·文言》、《庄子》等文献的相关论述,和董仲舒《春秋繁露·同类相动》篇所持的理念基本相同,都把同类相应看作是生命之间的沟通。由于《七谏》是东方朔依傍屈原而抒发怀才不遇之感,因而,有关艺术感应的理念不可能充分展开,只是作为文本的一个片断出现。但东方朔把艺术感应理念直接写进文学作品中,即是一种创举,亦说明了汉武帝时期艺术感应理念已经从哲学领域全面向文学领域渗透,也衬托出了《淮南子》的艺术感应理念所具有的系统性、深刻性和全面性。

第三节 《淮南子》的异同论

异同论是代表早期人们对事物进行辩证认识的重要问题之一,其中包含着人们对事物之间的多样统一、对立统一等关系

---

① 洪兴祖:《楚辞补注》,中华书局1983年版,第255页。

的思考。同与异作为中国古代两个哲学美学概念，分别代表着古人对事物的统一性与多样性的理解，它们各自都有相对独立的内涵，两者对举时相互之间又具有相辅相成的关系。中国古代传统的观念及阴阳、五行学说都讲不同因素之间的组合、互补，《淮南子》秉持这种哲学理念，并且把它运用到对文艺现象的阐释解说之中，既论述了同与异作为相对独立的美学范畴所具有的艺术特征，也论述了二者结合时相互作用的艺术规律。

一 同的艺术特征

关于同，《说文解字》云："同，合会也。"段玉裁注曰："口皆在所覆之下，是同之意也。"[①] 根据许慎的解释和段玉裁的注释，可以从以下两个方面来理解"同"字的含义：诸多因素的会合；众人的意见统一在一个主题之下。前者说明同亦具有多样性的内涵，后者说明同更多地强调统一性，指向事物的性与质的相同性或单一性。许慎及段玉裁的解释道出了"同"的基本含义，但对字形的说明不够确切。"同，甲骨文作𠔼，与凡、槃同字。槃用为承物，承物就是把物聚集在一起，故同从槃指事，而取'会合'义。"[②] 对于同的这两方面的内涵，古人曾分别以"和"与"同"两个范畴加以区别。据《国语·郑语》记载，郑桓公曾问史伯周朝衰败的原因，史伯回答说：

> 《泰誓》曰："民之所欲，天必从之。"今王弃高明昭显，而好谗慝暗昧；恶角犀丰盈，而近顽童穷固。去和而

[①] 段玉裁：《说文解字注》，中州古籍出版社2006年版，第353页。
[②] 尹黎云：《汉字字源系统研究》，中国人民大学出版社1998年版，第162—163页。

取同。夫和实生物，同则不继。以他平他谓之和，故能丰长而物归之；若以同裨同，尽乃弃矣。故先王以土与金、木、水、火杂，以成百物。是以和五味以调口，刚四支以卫体，和六律以聪耳，正七体以役心，平八索以成人，建九纪以立纯德，合十数以训百体，出千品，具成方，计亿事，材兆物，收经入，行姟极。故王者居九畡之田，收经入以食兆民，周训而能用之，和乐如一。夫如是，和之至也。于是乎先王聘后于异姓，求财于有方，择臣取谏工而讲以多物，务和同也。声一无听，物一无文，味一无果，物一不讲。王将弃是类也，而与剸同，天夺之明，欲无弊，得乎？①

史伯认为和是多样性在事物中的共存、均衡、统一；而同则是取消多样性的单一。可以看出来，史伯所讲的和是指事物的多样性统一，而同则强调的是同性、同质的单一性。史伯是从政治角度论述和与同的关系，其中"声一无听，物一无文"已经涉及艺术上同与异之间的区别，对后来文艺思想有关同与异的探讨有启示作用。《左传·昭公二十年》亦记载了齐国大夫晏婴对于和同的理解：

和如羹焉，水火醯醢盐梅以烹鱼肉，燀之以薪，宰夫和之，齐之以味，济其不及，以泄其过，君子食之，以平其心。君臣亦然。九所谓可而有否焉；臣献其否以成其可，君所谓否而有可焉；臣献其可以去其否。……声亦如味，一气、二体、三类、四物、五声、六律、七音、八风、九歌，以相成也；清浊、大小、短长、疾徐、哀乐、刚柔、迟速、

---

① 徐元诰：《国语集解》，中华书局2002年版，第471—473页。

高下、出入、周疏，以相济也。君子听之，以平其心。……今据不然。君所谓可，据亦曰可；君所谓否，据说曰否。若以水济水，谁能食之？若琴瑟之专一，谁能听之？同之不可也如是。①

晏婴对和同的理解较之史伯，其进步之处在于他把对立相反的因素纳入到了和的范畴之中，不仅强调多样统一，而且强调对立统一，使和的内涵更具辩证色彩。其对同的理解和史伯一样，都看到了同的单一性所造成的局限，从而对同采取否定的态度。晏婴对于同与和的论述，是以味和声为例加以说明，其中的声指的是音乐，这就把和同之论进一步引进文艺领域，并且较之史伯的论述更加具体。

与同相比，和是先秦学者所极力肯定的，又经过儒家的反复论证，很快就成为一个成熟的美学范畴。孔子从理想人格的角度讲和同之辨，以和与同来区别君子与小人，他说"君子和而不同，小人同而不和"，② 肯定了和具有兼容性的审美品格，批评了同的单一性。孔子还把和与礼联系起来，为和提出了"中"的适度性原则。《中庸》进一步发挥了孔子的中和思想，从人的心性结构、情感状态来规定中和的审美内涵，使中和成为一种天人和谐的最高理想境界。荀子将和的观念运用于音乐艺术，《乐记》认为"则乐者，天地之和也。"③ 至此，和已经成为一个相对成熟的美学范畴，而同的审美内涵却渐渐被忽视了。

《淮南子》中对和亦多有论述，但其内涵已经由多样性统一提升为一种和谐融洽的精神境界，而同则兼具史伯与晏婴所论的

---

① 杨伯峻：《春秋左传注》，中华书局1981年版，第1419—1420页。
② 杨伯峻：《论语译注》，中华书局2002年版，第141页。
③ 朱彬：《礼记训纂》，中华书局1996年版，第572页。

和与同的两种内涵,并且对这两种内涵在艺术活动中的不同作用都有所探究。

《淮南子》认为事物是由多样性因素组合的,同即是多样性的统一。《说山训》中云:"是故不同于和,而可以成事者,天下无之矣。"这是说天底下没有一件事,不是和同多种因素统一作用而成就的。《主术训》云:"因天地之资而与之和同,是故威厉而不杀,刑错而不用,法省而不烦。故其化如神。"这是说能与天地万物的多样性存在达成和谐统一就会取得"其化如神"的效果。这里的同,指的都是多样性的统一。《淮南子》在此基础上,对同的这一内涵所体现出的艺术特征有进一步的论述,认为同具有艺术凝聚力。《缪称训》云:"黄帝曰:'芒芒昧昧,从天之道,与玄同气。'故至德者,言略,事同指,上下一心,无岐道旁见者,遏障之于邪,开道之于善,而民乡方矣。故《易》曰:'同人于野,利涉大川。'"这是说同可以统一人们的言行和目的,使多样事物具有整体风貌,即"上下一心,无岐道旁见者"。《兵略训》云:"故纣之卒,百万之心;武王之卒,三千人皆专而一。故千人同心,则得千人力;万人异心,则无一人之用。"这是说同具有团结人们感情意志的作用,人们的感情意志凝聚在一起就会形成一个强大的整体,对事物形成强烈的震撼与感染,而没有同的凝聚作用,单一个体的作用就微乎其微了。《淮南子》认为同所具有的艺术凝聚力来自人的求同心理,《缪称训》云:"凡人各贤其所说,而说其所快。世莫不举贤,或以治,或以乱,非自遁,求同乎己者也。"这是说求同是人之天性使然,是人类的一种心理需求,这就为同的艺术凝聚力找到了人性的根据。《淮南子》还说明了同的凝聚力会形成积极的效果。《兵略训》对此有所论述:

故同利相死,同情相成,同欲相助。顺道而动,天下为向；因民而虑，天下为斗。猎者逐禽，车驰人趋，各尽其力，无刑罚之威，而相为斥阚要遮者，同所利也。同舟而济于江，卒遇风波，百族之子，捷捽招杼船，若左右手，不以相德，其忧同也。

这段论述认为人们利益一致时可以死相报，情感一致时可以互相成就对方，欲望相同时可以互相帮助。打猎时车、马、人等各种事物都能够积极配合、相互遮挡危险，是因为利益相同；当暴风雨来临时，同船渡江的人尽管来自天南地北，但却能够相互协作、共同操持船只，团结得像一个人一样，这不是因为相互之间有恩德，而是因为有相同的忧虑。不仅从利、情、欲三个方面说明了同可以使人们忘记一己之私而成就他人，甚至不惧怕死亡的威胁，还以生活实例证明同的凝聚力可以使人为了相同的目标而超越自我。《淮南子》还论述了同的这种凝聚力在具体艺术活动中的表现，《说林训》云："舞者举节，坐者不期而拚皆如一，所极同也。"拚，通抃，指拍手。跳舞的人合着节拍舞动，坐着观赏的人不约而同地拍手相和，艺术的凝聚力使他们的精神达到了相同的境界。

　　同的多样统一内涵使事物具有强烈的凝聚力，而同的同性、同质的单一性内涵使事物具有质的规定性和永恒性。《淮南子·精神训》说："夫造化者之攫援物也，譬犹陶人之埏埴也：其取之地而已为盆盎也，与其未离于地也无以异；其已成器而破碎漫澜而复归其故也，与其为盆盎亦无以异矣。"这是说造物主所造万物虽呈现出不同的样态，但都有其质的规定性与恒定性，就像制陶艺人制造陶器一样，无论是陶泥、陶器、还是陶器碎片，它们虽形态各异但质地却是相同且恒定的。《精神训》中亦云："夫临江之乡，居人汲水以浸其园，江水弗憎也；苦洿之家，决洿而注之江，洿水弗乐也。是故其在江也，无以异其浸园也；其在洿也，亦无以异其在江也。"这段论述是以水意象为喻来说明人的修养达到与道相通的境界时，无论身处何种地位，都会以超越的精神状态来看待一己忧乐。就像以江水浇园和以污水注江一样，都以超然的态度顺应自然，无忧亦无乐。这是因为对水而言，无论在江里流还是浇到了菜园里，无论是在沟渠中还是在大河中，其质地和属性都是相同的。《淮南子》以工艺品的质地和圣人的精神状态为例说明了艺术活动中存在恒定不变的因素和超越通达的精神境界，这其实就是认识到了同的美学内涵在艺术创造的客体与主体两方面的作用。

《淮南子》不仅对同的艺术特征有所体悟，而且对同的艺术局限性也有所认识。由于同是多样因素的统一，那么只追求某种单一的因素，就会背离艺术之道。《说山训》中云："求美则不得美，不求美则美矣；求丑则不得丑，求不丑则有丑矣；不求美又不求丑，则无美无丑矣。是谓玄同。"这是说事物的审美特征是多样因素的统一，无论是审美还是审丑，目光仅定位在美或丑单方面都不可能完成审美体验，只有打破美丑界线，综合多种因素，达到"玄同"境界，才能够到达审美境界。由于同具有单一恒定性艺术特征，《淮南子》对这一特征的局限性亦有所论述。《说林训》云："以水和水不可食，一弦之瑟不可听。"这是继承了史伯和晏婴的观点，认为单一性会对事物的发展变化形成阻碍，所谓"和实生物，同则不继"。《淮南子》把这种认识运用到艺术范畴，提出了同"待异而后成"的艺术理念。

二 异的艺术特征

关于异，《说文解字》云："异，分也。从廾畀。畀，予也。"段玉裁注曰："分之则有彼此之异。竦手而予人则离异矣。"[1] 异，

---

[1] 段玉裁：《说文解字注》，中州古籍出版社2006年版，第105页。

繁体作異,"象人首戴物之形。……凡头戴物,物必突出人首之上,目标明显,引申异有突出义。突出则与众不同,故引申异又有他义、分义。"① 这说明异就是从单一分化成多样,就是在整体的基础上有彼此不同的差异,表现为艺术特征就是多样化。《淮南子》对艺术活动中诸方面的多样化特征都有细致论述。

《淮南子》认为事物的多样化存在是天道自然,为艺术的多样化特征的必然性与合理性提供了哲学依据。《淮南子》认为道分化为阴阳二气,天地万物都是秉气而生,万物承接不同的气而形成不同的物类,从而也表现出不同的审美特征。《地形训》云:

> 万物之生而各异类:蚕食而不饮,蝉饮而不食,蜉蝣不饮不食,介鳞者夏食而冬蛰。啮吞者八窍而卵生,嚼咽者九窍而胎生。四足者无羽翼,戴角者无上齿;无角者膏而无前,有角者指而无后。昼生者类父,夜生者似母。至阴生牝,至阳生牡。

这段话是秉承《大戴礼记·易本命》而来的,是说万物形成多样化存在是由于所秉持的气不同,这就承认事物的多样化特征是一种必然现象,是合理的、自然的。《地形训》中还直接论及了自然事物亦呈现出多样化的审美形态:

> 东方之美者,有医毋闾之珣玗琪焉。东南方之美者,有会稽之竹箭焉。南方之美者,有梁山之犀象焉。西南方之美者,有华山之金石焉。西方之美者,有霍山之珠玉焉。西北方之美者,有昆仑之球琳、琅玕焉。北方之美者,有幽都之

---

① 尹黎云:《汉字字源系统研究》,中国人民大学出版社1998年版,第34页。

筋角焉。中央之美者，有岱岳，以生五谷桑麻，鱼盐出焉。

这段话以包揽宇宙的视界论述了美的多样化存在，天地四方都有不同的审美特征的事物。东方医毋闾之珣玗琪玉、东南方会稽之竹箭、南方梁山之犀象、西南方华山之金石、西方霍山之珠玉、西北方昆仑之球琳琅玕、北方幽都之筋角、中央岱岳之五谷桑麻及鱼盐等，都是具有审美价值的事物。这些事物虽然审美特征各异，但在带给人们审美快感上却具有一致性。

《淮南子》不仅论述了事物审美形态的多样化存在，为异的必要性和合理性提供了哲学依据；还论述了事物的多样化存在是时代变化的必然结果，以此说明异的多样化特征亦具有时代合理性。《泛论训》中以祭礼、音乐艺术为例说明艺术形式的多样化特征是时代变化的结果：

> 夏后氏殡于阼阶之上，殷人殡于两楹之间，周人殡于西阶之上，此礼之不同者也。有虞氏用瓦棺，夏后氏堲周，殷人用椁，周人墙置翣，此葬之不同者也。夏后氏祭于暗，殷人祭于阳，周人祭于日出以朝，此祭之不同者也。尧《大章》，舜《九韶》，禹《大夏》，汤《大濩》，周《武象》，此乐之不同者也。故五帝异道而德覆天下；三王殊事而名施后世，此皆因时变而制礼乐者。

此段论述糅合《礼记·祭义》及《吕氏春秋·古乐》篇的相关记载，以此论证夏商周三代各有不同的祭礼和音乐艺术，这都是适应时代要求及部族文化的属性而形成的。这种观点启发了后人对艺术形式的时代特征及部族属性的正确认识。《泰族训》以"五经"为例对异的合理性和时代性有综合性论述：

> 天不一时，地不一利，人不一事，是以绪业不得不多端，趋行不得不殊方。五行异气而皆适调，六艺异科而皆同道。温惠柔良者，《诗》之风也；淳庞敦厚者，《书》之教也；清明条达者，《易》之义也；恭俭尊让者，礼之为也；宽裕简易者，乐之化也；刺几辩义者，《春秋》之靡也。故《易》之失，鬼；乐之失，淫；《诗》之失，愚；《书》之失，拘；礼之失，忮；《春秋》之失，訾。六者，圣人兼用而财制之。失本则乱，得本则治。其美在调，其失在权。

这段论述本于《礼记·经解》而来。天、地、时、人、事的多样化都为审美形态的多样化存在提供了合理依据，《诗》、《书》、《易》、《春秋》及礼、乐各具有不同的审美价值和功能效应，彼此不能替代，所谓"其美在调"，就是强调对于各种审美对象加以协调，使之适度、和谐。这事实上已经论及了文学作品的功能的多样化与时代性特征的关系问题，唐代白居易提出的"文章合为时为著，歌诗合为事而作"是这一理念发展成熟的理论形态。

《淮南子》还论述了异在艺术活动各个方面的作用。《泰族训》论述了文学作品的题材和主旨可以多样存在：

> 《关雎》兴于鸟，而君子美之，为其雌雄之不乖居也；《鹿鸣》兴于兽，君子大之，取其见食而相呼也；泓之战，军败君获，而《春秋》大之，取其不鼓不成列也；宋伯姬坐烧而死，《春秋》大之，取其不逾礼而行也。

这里论述了《诗经》的《关雎》、《鹿鸣》和《春秋》的相关记载各从不同的角度取材立意，阐发了文学创作可以多角度审视题材，多角度确立作品主旨的理念。

《齐俗训》中论述了主体的审美标准不同,面对同一审美对象会产生不同的审美判断:

> 老子曰:"治大国若烹小鲜。"为宽裕者曰勿数挠,为刻削者曰致其咸酸而已矣。晋平公出言而不当,师旷举琴而撞之,跌衽宫壁。左右欲涂之,平公曰:"舍之,以此为寡人失。"孔子闻之曰:"平公非不痛其体也,欲来谏者也。"韩子闻之曰:"群臣失礼而弗诛,是纵过也。有以也夫,平公之不霸也!"故宾有见人于宓子者,宾出,宓子曰:"子之宾独有三过。望我而笑,是攘也。谈语而不称师,是返也。交浅而言深,是乱也。"宾曰:"望君而笑,是公也。谈语而不称师,是通也。交浅而言深,是忠也。"故宾之容,一体也,或以为君子,或以为小人,所自视之异也。

所引老子之语见于《老子》第六十章,所引传说分别见于《韩非子·难一》和《战国策·赵策四》。这段话以讲述历史故事的方式阐发了审美标准不同会形成不同的审美判断的理念。对《老子》中的话的理解,性格宽容的人和性格苛刻的人作出不同结论;对晋平公出言不当遭到师旷举琴而撞却能自我检讨这件事,孔子和韩非子作出了截然不同的评判;客人见于宓子,对客人的言行,宓子和客人各有合乎自己标准的不同说辞。面对同一个审美对象,为什么会有不同的审美判断呢?《淮南子》认为是"所自视之异也",即审美标准不同所致。可贵的是《淮南子》不仅发现了审美标准不同,可以产生不同的审美判断,而且还肯定了审美标准的多样化存在是有其合理性的,故而其所论之"异",在思想和艺术上具有极大的包容性。《齐俗训》云:

> 王子比干非不知箕子被发佯狂以免其身也,然而乐直行

尽忠以死节，故不为也。伯夷、叔齐非不能受禄任官以致其功也，然而乐离世伉行以绝众，故不务也。许由、善卷非不能抚天下、宁海内以德民也，然而羞以物滑和，故弗受也。豫让、要离非不知乐家室、安妻子以偷生也，然而乐推诚行，必以死主，故不留也。今从箕子视比干，则愚矣；从比干视箕子，则卑矣；从管、晏视伯夷，则戆矣；从伯夷视管、晏，则贪矣。趋舍相非，嗜欲相反，而各乐其务，将谁使正乎？曾子曰："击舟水中，鸟闻之而高翔，鱼闻之而渊藏。"故所趋各异，而皆得所便。故惠子从车百乘以过孟诸，庄子见之，弃其余鱼。鹈胡饮水数斗而不足，鳝鲔入口若露而死，智伯有三晋而欲不澹，林类、荣启期衣若县衰而意不慊。由此观之，则趣行各异，何以相非也！

这段论述通过对历史人物比干与箕子的对比，伯夷、叔齐与管子、晏婴的对比，及许由、善卷、豫让、要离等这些离俗高行的人与世俗之人的对比，说明了人们由于取舍、嗜欲不同而形成相异的审美标准。曾子曾以生活现象暗示过这个道理：击水行船，鸟儿听到击水声会高飞，而鱼听到击水声则会藏到江底。《淮南子》认为这是由于主体的审美取向不同所致，并进一步以惠子、庄子和智伯的故事说明审美标准的多样化是合理的。"何以相非也！"表明了《淮南子》对审美标准多样化的态度，这种态度具有很大的包容性，不要求以单一的审美标准去判断审美对象。《说林训》中还说："异音者不可听以一律，异形者不可合于一体。"这是明确地强调，在艺术活动中，由于审美主体的多样化存在，必然导致审美标准多样化存在。

《齐俗训》接着还论述了审美视角不同，对同一个审美对象亦会形成不同的审美判断：

第一章 《淮南子》的文艺思想研究

> 故趣舍合，即言忠而益亲；身疏，即谋当而见疑。亲母为其子治秃疮，而血流至耳，见者以为其爱之至也；使在于继母，则过者以为嫉也。事之情一也，所从观者异也。从城上视牛如羊，视羊如豕，所居高也。窥面于盘水则员，于杯则隋，面形不变其故，有所员、有所隋者，所自窥之异也。

这段话论述了面对同一个审美对象，观察的角度不同会得出不同的审美判断。对与自己情趣相投的人的建议会觉得更加亲切，对与自己意见相左的人的建议会产生疑虑；亲生母亲为儿子治秃疮，"血流至耳"，人们认为这是一种爱护，而换成是继母的话，人们就会说这是嫉恨；站在城墙上看牛像羊，看羊像猪；在圆盘中照脸，脸型是圆形的，在杯子中照脸，脸型则呈现出椭圆形。审美主体面对同一个审美对象，由于亲疏关系、所处位置、参照物的形状不同，会形成不同的审美视角，因而会产生完全不同的审美判断。这说明《淮南子》已经深刻体悟到"异"在审美活动中具有多向度的审美作用，对"异"的审美特征揭示得相当细致。

《淮南子》还从艺术主体的角度论述了异的审美作用。《缪称训》论述了创作主体的情感不同决定艺术作品不同的审美风格：

> 申喜闻乞人之歌而悲，出而视之，其母也。艾陵之战也，夫差曰："夷声阳，句吴其庶乎！"同是声而取信焉异，有诸情也。故心哀而歌不乐，心乐而哭不哀。夫子曰："弦则是也，其声非也。"

申喜听到乞丐的歌声心生悲伤，夫差听到吴国的歌声明丽，认为吴国会取得战争的胜利，都是面对音乐艺术，申喜和夫差得出的审美判断不同,《淮南子》认为这是由于乞丐和吴国人寄予在歌声中的感情不同所决定的。后面的"心哀而歌不乐,心乐而歌不哀",揭示了在艺术鉴赏活动中,创作主体和审美的内心感情不同决定着艺术作品表达的情感不同主体、所引起的反应不同,从而产生不同的审美风格,亦会引起的接受主体不同的情感应和。

而《人间训》则论述了接受主体的艺术修养不同决定了艺术作品的感染效果不同:

> 夫歌《采菱》,发《阳阿》,鄙人听之,不若此《延路》、《阳局》,非歌者拙也,听者异也。

对于艺术修养不高的乡野村夫之类的接受主体而言,《采菱》、《阳阿》这类高雅艺术作品不及《延路》、《阳局》这类通俗艺术作品,能够引起强烈的艺术感染力,接受主体形成的艺术感召的差异。《淮南子》认为这主要是由于接受主体的艺术修养不同决定的。

另外,《淮南子》还注意到了人们面对同一个艺术作品,会产生不同甚至相反的审美体验,是因为主体的艺术修养不足以形成独立的审美标准,从而具有盲从倾向所致。《修务训》云:

> 昔者,谢子见于秦惠王,惠王说之。以问唐姑梁,唐姑梁曰:"谢子,山东辩士,固权说以取少主。"惠王因藏怒而待之,后日复见,逆而弗听也。非其说异也,所以听者异。夫以徵为羽,非弦之罪;以甘为苦,非味之过。楚人有烹猴而召其邻人,以为狗羹也而甘之。后闻其猴也,据地而吐之,尽泻其食。此未始知味者也。邯郸师有出新曲者,托之李奇,诸人皆争学之。后知其非也,而皆弃其曲。此未始

知音者也。鄙人有得玉璞者，喜其状，以为宝而藏之。以示人，人以为石也，因而弃之。此未始知玉者也。故有符于中，则贵是而同今古；无以听其说，则所从来者远而贵之耳。此和氏之所以泣血于荆山之下。

秦惠王对谢子前后态度的一百八十度改变，是因为他不以谢子所论为判断标准，而是盲从了别人的意见；楚人之邻对美味先甘后吐，是因为他不以味道为判断标准，而是盲从了人们的饮食习惯；人们对邯郸新曲争学后弃的态度，是因为他们不以乐曲的艺术性为判断标准，而是盲从了权威；乡人以玉为宝后又弃之，是因为他不以玉之审美特征为判断标准，而是盲从了他人。《淮南子》认为要对艺术之异同作出正确的判断，必须要以自己的艺术修养确定独立的审美标准，所谓"有符于中"，就不会出现盲从现象。

总而言之，《淮南子》对"异"的美学内涵的体认是很深刻的，既有宏观方面的总体概括，又有微观方面的具体分析，对异的审美特征多向度的阐发对中国古代文学理论的启示既是多方面的又是深刻细致的。

三 异同关系多种体认

艺术异同论主要讨论的是艺术因素之间的多样性与统一性的关系问题，在《淮南子》中，关于艺术的多样统一问题涉及了道与物的关系、是与非的关系、同与异的关系。

对道与物的关系的讨论，代表着古人对事物多样统一性质的认识。《淮南子》中对道与物关系的论述，既继承了先秦诸子的理论成果，又有自己的独特体认，反映了其艺术异同论的进步性。《淮南子》认为道体现着事物的统一性，物体现着事物的多样性。《原道训》中说："道者，一立而万物生焉。"把道确立为万物的统一性。《诠言训》认为道是万物的唯一根据，事物都是由道分化而来：

> 洞同天地，浑沌为朴，未造而成物，谓之太一。同出于一，所为各异，有鸟有鱼有兽，谓之分物。方以类别，物以群分，性命不同，皆形于有。

这段论述更恰切地阐发了异与同的原始内涵，同指事物同性同质的唯一性，而异指向事物由一向多样的分化与区别。《淮南子》对道与物关系的论述对老庄道物观有所继承亦有所修正。《老子·四十二章》说："道生一，一生二，二生三，三生万物。"[①]《庄子·知北游》论述了道是物之本性、本质所在：

> 东郭子问于庄子曰："所谓道，恶乎在？"庄子曰："无所不在。"东郭子曰："期而后可。"庄子曰："在蝼蚁。"曰："何其下邪？"曰："在稊稗。"曰："何其愈下邪？"曰："在瓦甓。"曰："何其愈甚邪？"曰："在屎溺。"东郭子不应。庄子曰："夫子之问也，固不及质。正获之问于监市履狶也，'每下愈况'。汝唯莫必，无乎逃物。至道若是，大言亦然。周遍咸三者，异名同实，其指一也。"[②]

综观老、庄的道物观，可以看出来，他们重点强调的是"同"，即强调道对万物的规定性，而《淮南子》的论述显然克服了他们的片面性，兼顾了事物的统一性与多样性。《淮南子》承认道是万物的统一性根据，又肯定了事物的多样性存在是一种必然，

[①] 朱谦之：《老子校释》，中华书局1987年版，第174页。
[②] 郭庆藩：《庄子集释》，中华书局2004年版，第749—750页。

而将两者统一起来,这是对老、庄道与物关系论的重要修正。道物关系事实上是艺术异同论的哲学根据,《淮南子》对道与物关系的论述为艺术异同论奠定了哲学与美学基础。

对是与非的辩证认识亦反映了《淮南子》关于事物的多样统一关系的理念,属于异同论的范畴。《泛论训》云:

> 夫弦歌鼓舞以为乐,盘旋揖让以修礼,厚葬久丧以送死,孔子之所立也,而墨子非之。兼爱尚贤,右鬼非命,墨子之所立也,而杨子非之。全性保真,不以物累形,杨子之所立也,而孟子非之。趋舍人异,各有晓心。故是非有处,得其处则无非,失其处则无是。丹穴、太蒙、反踵、空同、大夏、北户、奇肱、修股之民,是非各异,习俗相反,君臣上下,夫妇父子,有以相使也。此之是,非彼之是也;此之非,非彼之非也;譬若斤斧椎凿之各有所施也。

《淮南子》以孔子、墨子、扬子、孟子各自对礼乐、性情、修养等方面相互否定的态度为例,说明了是与非的标准是因人因事而异的,既不能以自己的标准去非议他人,亦不能以他人的标准来否定自我。以是非来论述事物之间的多样统一关系在《庄子》中就出现了,《齐物论》云:

> 是亦彼也,彼亦是也。彼亦一是非,此亦一是非。果且有彼是乎哉?果且无彼是乎哉?彼是得其偶,谓之道枢。枢始得其环中,以应无穷。

可以看出来,《庄子》认为是非标准是不固定的,因而就不能确定具体的是与非。《庄子》是从齐同思想出发来论是非的,因强调万物皆具道性之本根而抹杀了事物之间的区别,亦否定了人们对是非进行判断的可能。与《庄子》齐同是非的态度不同，《淮南子》认为"是非有处"，即应该从具体情境出发来看待是非，"得其处则无非，失其处则无是"。这事实上为人们判断是非提供了一个根据，也肯定了事物之间的差异是不可抹杀的。《淮南子·齐俗训》还论述了具体是非标准的多样存在是有人性基础的，所谓"故求是者，非求道理也，求合于己者也；去非者，非批邪施也，去忤于心者也。忤于我，未必不合于人也；合于我，未必不非于俗也。"这就为是非的多样存在找到了人性根据。《俶真训》的论述则明确地表达了《淮南子》对是非的宽容态度：

  百家异说，各有所出，若夫墨、杨、申、商之于治道，犹盖之无一橑，而轮之无一辐，有之可以备数，无之未有害于用也。已自以为独擅之，不通之于天地之情也。

这是说不同的是非观念都有其合理的根据，如果以某个唯一的标准去判断是非的话，就是"不通之于天地之情也"，即不合事物之天性，也就是背离了"道"的根据。比较而言，《淮南子》的是非观承继了《庄子》以道为是非最终根据的思想，但又强调对是非的判断应该从具体情境出发，又从人性的角度为是非的多样存在找到合理性根据，从而克服了《庄子》因求同而否定异的偏颇，以及对人们判断是非标准的可能性的否定。《淮南子》的是非观，为艺术异同论的合理性和兼容性提供了根据，可以说是对《庄子》是非观的重大突破。

  《淮南子》亦以异同来论述事物之间的多样统一关系。《俶真训》云：

  夫天之所覆，地之所载，六合所包，阴阳所响，雨露所濡，道德所扶，此皆生一父母而阅一和也。是故槐榆与橘柚合而为兄弟，有苗与三危通为一家。夫目视鸿鹄之飞，耳听琴瑟之声，而心在雁门之间。一身之中，神之分离剖判，六合之内，一举而千万里。是故自其异者视之，肝胆胡越；自其同者视之，万物一圈也。

这段论述结尾部分借鉴《庄子·德充符》的话语。《淮南子》认为万物之间在生命根据上具有同一性，但具体事物的样态又是千差万别的；求同者与求异者的思维差异，或者说主体的审美标准不同，使审美观照呈现出或同或异的区别。这段论述已经触及了艺术鉴赏中主体的神思问题和审美标准的异同问题，对后世的文学理论有直接影响。

《淮南子》对事物之间的异同关系非常重视，《要略》篇在论述《淮南子》各篇主旨时，提到《俶真训》和《精神训》的写作目的之一就是使人们能够对事物之间的异同关系有正确的认识：

《俶真》者，穷逐终始之化，嬴坪有无之精，离别万物之变，合同死生之形，使人遗物反己，审仁义之间，通同异之理，观至德之统，知变化之纪，说符玄妙之中，通回造化之母也。

《精神》者，所以原本人之所由生，而晓寤其形骸九窍，取象与天，合同其血气，与雷霆风雨，比类其喜怒，与昼宵寒暑并明，审死生之分，别同异之迹，节动静之机，以反其性命之宗。所以使人爱养其精神，抚静其魂魄，不以物易己，而坚守虚无之宅者也。

《俶真训》认为"通同异之理"是人类理解世界，通达奥秘之本根的基础之一；《精神训》认为"别同异之迹"可以使人的精神修养达到自由境界。可以看出，《淮南子》很重视对异同关系的正确认识，把异同关系与人类的思维高度和审美境界联系起来。

《淮南子》不仅把对异同关系的认识作为整本书的创作目的之一，而且还认为正确认识异同关系有一定的难度，只有思维能力和精神境界达到至高程度的圣人才能对事物之间的异同关系作出最深微的辨析。《修务训》云：

> 圣人见是非，若白黑之于目辨，清浊之于耳听。众人则不然。中无主以受之，譬若遗腹子之上陇，以礼哭泣之，而无所归心。故夫李子之相似者，唯其母能知之；玉石之相类者，唯良工能识之；书传之微者，惟圣人能论之。

这段话认为圣人辨别是非，就像眼睛辨别黑白、耳朵辨别清浊一样简单，但常人就很难了，这是因为圣人的学识与艺术修养及精神境界都比常人高明。《淮南子》这里明确表示辨别异同是需要一定的思维能力的，只有那些对具有相同、相似性的因素有深刻了解的人，才能对它们之间的细微差异作出辨别，尤其是对于艺术范畴内的异同关系，只有圣人才能对其中最深奥之处作出正确判断。《泛论训》不仅认为只有圣人有辨别异同的能力，还进一步探讨了圣人解决世俗之人对异同问题的"眩惑"的方法：

> 天下之怪物，圣人之所独见；利害之反覆，知者之所独明达也。同异嫌疑者，世俗之所眩惑也。夫见不可布于海内，闻不可明于百姓，是故因鬼神机祥而为之立禁，总形推类而为之变象。

这段话认为世俗之人面对异同关系总是有所眩惑，而圣人又不可能把自己的博识多见告知天下，所以才以鬼神吉凶为禁忌、总形推类为形象来解除俗众的疑惑，以引导世俗之人能正确处理事物的异同问题。

《淮南子》还谈到了艺术修养的高下制约着辨别异同关系的能力。《修务训》中以音乐艺术为例说明这一理念：

> 昔晋平公令官为钟，钟成而示师旷，师旷曰："钟音不调。"平公曰："寡人以示工，工皆以为调。而以为不调，何也？"师旷曰："使后世无知音者则已，若有知音者，必知钟之不调。"故师旷之欲善调钟也，以为后之有知音者也。

这个故事说明艺术修养一般的乐工认为晋平公的钟音调是和谐统一，只有艺术修养达到至高境界的师旷听后认为钟音不调，有不和谐的因素。也就是说艺术修养的高下决定着主体对艺术作品中异同因素的辨别能力。这就直接把异同关系的辨别与艺术鉴赏活动联系了起来，启发了后世文学理论对主体艺术修养的关注和重视。

《淮南子》虽然认为辨别异同有一定的难度，但还是对辨别异同的根据和基本标准有所论述。《原道训》说：

> 今人之所以眭然能视，营然能听，形体能抗，而百节可屈伸，察能分白黑、视丑美，而知能别同异、明是非者，何也？气为之充而神为之使也。

这里指出辨别艺术异同的根据是人的神、气，即人的生命精神，生命元气充沛饱满、精神境界清明灵动就可以区别异同、辨明是非。这种论述事实上确定了艺术异同论对生命美学特征和艺术境界的追求。《淮南子》强调了人的生命精神是辨别异同的根据，但也没有忽略人的视听感官在辨别异同关系中的作用。《主术训》以瞽师为例说明了感官认识对于辨别异同亦很重要：

> 问瞽师曰："白素何如？"曰："缟然。"曰："黑何若？"曰："黮然。"授白黑而示之，则不处焉。人之视白黑以目，言白黑以口，瞽师有以言白黑，无以知白黑，故言白黑与人同，其别白黑与人异。

盲人乐师虽然从知性上知道白与黑的区别，可是白与黑放在其眼前时却无从辨别，这是由于他因目盲而缺少感官认识的缘故。《淮南子》这里肯定了感官认识对于辨别事物异同的重要性，事实上是认识到了感性体验在艺术鉴赏活动中的重要意义。必须在拥有切身的感性体验的基础上才能对异同作出正确的判断，否则就会人云亦云，无法真正地区别异同。

综上所述，《淮南子》不仅以道物关系、是非关系、异同关系三对范畴与事物之间多样统一关系进行了论述，为艺术范畴的异同论寻找到哲学、美学以及人性和思维的根据。而且还强调了辨别异同的重要性，并从主体的艺术修养、精神境界及感官认识诸方面论述了如何辨别艺术因素的异与同。这些论述可谓既具有系统性又具有深刻性，对后世的文学理论批评有多方面的启发性。

四 艺术活动中的异同关系

《淮南子》不仅为辨别异同提供了各种根据，而且对于艺术范畴内众多因素之间所呈现出的异同状态亦有深刻而细致的认识，涉及了艺术创作的主旨与形式的关系、艺术形式与审美价值的关系、艺术形式与审美效果的关系等。

《淮南子》认为艺术主旨必须具有同的规定性和恒定性，而艺术形式却可以多样化表达。

首先，《淮南子》认为艺术境界是同，艺术形式可异。《修务训》云：

> 服剑者期于恬利，而不期于墨阳、莫邪；乘马者期于千里，而不期于骅骝、绿耳；鼓琴者期于鸣廉修营，而不期于滥胁、号钟；诵《诗》、《书》者期于通道略物，而不期于《洪范》、《商颂》。

这段话论述了艺术创作的目的是追求一种艺术境界，而不是追求某种特定的艺术作品；是追求一种超越性的审美体验，而不是追求现实的具体事物。也就是说对于艺术创作而言，高超的艺术境界是其质的规定性，即是"同"；而艺术形式可以多样呈现，不能受某种特定的艺术形式的局限，即艺术形式可以"异"样存在。

其次，《淮南子》认为艺术反映客观规律是同，艺术形式可异。《齐俗训》亦云：

> 故百家之言，指奏相反，其合道一体也。譬若丝竹金石之会乐同也，其曲家异而不失于体；伯乐、韩风、秦牙、管青，所相各异，其知马一也。

这是说诸子的创作虽观点各异，但在对世界规律的探寻上是一致的；各种乐器虽然音不同，但都合乎乐律，各个曲谱虽不同，但没有不合体制的；伯乐、韩风、秦牙、管青各自的相马术虽不同，但他们对马的特性的熟悉是一致的。这说明《淮南子》认为所有艺术作品都在一定程度上遵循着某种客观规律，这是它们的同，而艺术品却总是以各种千差万别的形态存在着，这是它们的异。

再次，《淮南子》认为艺术表达情感是同，艺术形式可以是异。《主术训》云：

> 故古之为金石管弦者，所以宣乐也；兵革斧钺者，所以饰怒也；觞酌俎豆，酬酢之礼，所以效善也；衰绖菅屦，辟踊哭泣，所以谕哀也。此皆有充于内而成像于外。

这是说古代的礼乐创作都是以表达感情为目的，这是它们的同；但表达的感情可以是多样的，表达的方式亦可以是多样的。《修务训》云："故秦、楚、燕、魏之谓也，异转而皆乐；九夷八狄之哭也，殊声而皆悲；一也。"这也是说各地的风俗礼乐方式样态不同，但其表达感情的目的却是一致的。

第四，《淮南子》认为艺术题材是同，艺术形式可以是异。《齐俗训》云：

> 今屠牛而烹其肉，或以为酸，或以为甘，煎熬燎炙，齐味万方，其本一牛之体。伐楩柟豫樟而剖梨之，或为棺椁，或为柱梁，披断拨槷，所用万方，然一木之朴也。

这段话论述加以引申，就可以得出如下结论：艺术作品的题材相同，但艺术形式和审美特征却可以多样化，就像同是牛肉可以做成或酸或甜的味道；木质相同，却可以做成棺椁、柱梁等不同的器物一样。

《淮南子》还谈到了艺术作品的审美价值具有一致性，而美的形式却可以是多样的。《说林训》：

第一章 《淮南子》的文艺思想研究　　　　　　　　73

> 佳人不同体，美人不同面，而皆说于目；梨橘枣栗不同味，而皆调于口。

> 西施毛嫱，状貌不可同，世称其好美均也；尧舜禹汤，法籍殊类，得民心一也。

这是说美的艺术形态就像西施毛嫱一样各有其审美特征，像梨橘枣栗一样各有各的美感体验，但它们具有同样的审美价值和艺术效果。《齐俗训》说："夫玉璞不厌厚，角䚡不厌薄，漆不厌黑，粉不厌白，此四者相反也，所急则均，其用一也。"这是说玉器工艺制造中，追求的是玉质越厚越好；制作刀剑外壳上的角饰，则追求的是越薄越好；漆饰器物，追求的是漆越黑越好；装饰颜面，追求的是铅粉越白越好。这四种呈现出相反倾向的审美追求，它们都有其各自适用的急需之处，所以在审美价值上是一致的。

《淮南子》还谈到创作主体的精神境界具有超越性是同，艺术门类多样是异。《齐俗训》云：

> 昔者冯夷得道，以潜大川；钳且得道，以处昆仑。扁鹊以治病，造父以御马；羿以之射，倕以之斫。所为者各异，而所道者一也。夫禀道以通物者，无以相非也。譬若同陂而溉田，其受水均也。

冯夷、钳且、扁鹊、造父、羿、倕都是古代传说中技艺高妙和得道之人，他们的精神境界都与道齐同，但他们从事的技艺门类却是各不相同的。《淮南子》把这种理念扩展到艺术领域，认为主体的艺术修养程度可以具有"同"，即一致性，而他们所从事艺术门类却可以是丰富多彩的，具有"异"的多样性。

总之，《淮南子》从多个角度论述了艺术创作中各种不同因素之间的异同关系，不仅涉及艺术因素的方方面面，而且还相当的深刻、细致，对后世的艺术理论及文学理论具有多向度的启示。

五 同"待异而后成"的艺术规律

《淮南子》不仅论述了艺术活动中的异同关系，而且还讨论了异同因素之间的相互作用的艺术规律。首先《淮南子》论述了艺术因素中同对异具有统摄作用。《泰族训》云：

> 琴不鸣，而二十五弦各以其声应；轴不运，而三十辐各以其力旋。弦有缓急小大然后成曲；车有劳逸动静而后能致远。使有声者，乃无声者也；能致千里者，乃不动者也。

这段论述以琴和车轮为例，说明"缓急小大"这些不同的弦音能形成和谐的乐曲、车轮有三十个辐条能够形成合力使车轮转动，都是由于具有恒定性的琴体与车轴在起着统领作用的结果。这是说艺术创作中，具有质的规定性的因素对具有多样性的因素有统辖作用。《齐俗训》论及上古各代的礼乐习俗时说："礼乐相诡，服制相反，然而皆不失亲疏之恩，上下之伦。"亦表达了同对异具有统摄作用的理念，礼乐习俗的形式随着时代不断变化，甚至会出现相反的形式体制，但总是受制于其质的规定性——陶冶人们的性情、规范社会秩序。

《淮南子》还论述了艺术因素中，同"待异而后成"的艺术规律。《说山训》明确表达了这一理念："事固有相待而成者，两人俱溺，不能相拯，一人处陆则可矣。故同不可相治，必待异而后成。"这是对同的单一恒定性内涵的局限性的理解，亦是对此局限性的克服。世间万物包括艺术在内，其生命状态是变动不居的，这是中国古人一致的生命理念。《淮南子》继承前人的思维成果，既承认事物的发展变化是其根本的生存状态，又承认同质性的因素只会使事物呈现出恒定不变的状态。为解决这一矛盾，《淮南子》明确提出了同"待异而后成"的观点，并运用这一观点来看待艺术活动中的同异因素，这是《淮南子》超越前人之处。《缪称训》云：

> 圣人之行，无所合，无所离。譬若鼓，无所与调，无所不比。丝管金石，小大修短有叙，异声而和。君臣上下，官职有差，殊事而调。夫织者日以进，耕者日以却，事相反，成功一也。

这是以圣人之行、音乐艺术、统治艺术、农事生产四个方面来谈异对同的促成作用。圣人之行由于其所具有的超越境界犹如艺术人生，但其精神境界上的超越性是由他们顺应万变的行为方式体现的；各种乐器有材质上的"丝管金石"，又有形制上的"小大修短"之异，但它们却正是形成和谐统一之乐曲的必要因素；君臣有上下之别，官职有大小职权之差，但正是由于这种差别，统治体制才能协调一致；纺织的人追求一天比一天织得多，耕地的人追求一天比一天耕得少，追求目标相反，但都是为了早日成就各自的事业。《淮南子》以这四个例子说明了多样甚至相反的因素能够成就同一个事物，正是由于异的多样性与差别性，使事物具有了生命之动态特征，从而成就了事物的统一性与和谐性。《泰族训》云："故张瑟者，小弦急而大弦缓"，这是说音乐创作中，具有统一审美风格的乐曲的形成，必定是"小弦急而大弦缓"，即音乐创作需要不同的音乐旋律相互配合才能产生具有审美价值的音乐作品。这就直接谈到了音乐艺术创作中异对同的生成作用，对后世艺术创作和文学创作中异同论理论的发展具有启示作用。

《淮南子·兵略训》中还借用兵法上的奇正相应的关系来论

述同"待异而后成"的规律:

> 今使陶人化而为埴,则不能成盆盎;工女化而为丝,则不能织文锦。同莫足以相治也,故以异为奇。两爵相与斗,未有死者也;鹯鹰至,则为之解,以其异类也。故静为躁奇,治为乱奇,饱为饥奇,佚为劳奇。奇正之相应,若水火金木之代为雌雄也。

陶工可以制造陶器,是由于他与陶土属于不同因素,如果为了追求同一性而让陶工化为陶土,那也就不会有陶器产生;织工可以织出锦绣,是由于织工与丝线属于不同因素,如果为了追求同一性让织工化为丝线也就不会有锦绣产生。所以说相同因素不能够产生艺术品,只有不同的因素相互作用才能产生具有统一性的艺术品。按照上述理念进行推衍,《淮南子》认为艺术创作中,具有统一性的艺术品是由具有差异性的因素相互作用形成的,就像兵法上所说的奇正相应一样,不同甚至相反因素之间的制约与促进才能使事态发生新的转机与变化,从而形成制胜的局势。《淮南子》一书的行文,遵循的就是奇正相应的原则,正如《要略》所言:"其言有小有巨,有微有粗,指奏异卷,各有为语。"

奇正思想来源于兵家著作,兵家认为作战方式,不外乎奇正,《孙子兵法·势篇》说:"凡战者,以正合,以奇胜。"又说:"战势不过奇正,奇正之变不可胜穷也。奇正相生,如循环之无端,孰能穷之哉。"《孙子兵法》认为正是由于奇正不同因素之间的相互配合,才能形成无限生机,使事物发生变化与发展。《淮南子》吸收了兵家的奇正思想,并把它与艺术创作联系起来进行论述,使"奇正相应"的思想转化为艺术上的同待异而后成的创作规律,可以说是对中国古代文学理论具有极大的启发意义。刘勰受《淮南子》异同论的启发,在《文心雕龙》中指出文学创作亦遵循同待异而成的规律。《定势》篇不仅提出了"执正以驭奇"的文学创作原则,而且指出"然渊乎文者,并总群势,奇正虽反,必兼解以俱通;刚柔虽殊,必随时而适用。"这是说文学创作中的统一性因素要依靠多样性因素来体现,从而使艺术异同理念完成了向文学理论的转换。

《淮南子》还对能够统摄不同因素之"同",所应该具备的审美特征有所论述。《兵略训》云:

> 故鼓不与于五音,而为五音主;水不与于五味,而为五味调;将军不与于五官之事,而为五官督。故能调五音者,不与五音者也;能调五味者,不与五味者也;能治五官之事者,不可揆度者也。

这段论述以音乐、烹调、军事为例,说明能够让多种不同因素相互配合形成和谐统一体的因素,往往具有超越性和宽容性,能够超越具体单一性而兼容多种因素。就像鼓音与五种基本单调不同,但能够统领五音形成音乐节奏一样;就像水与五种味道不同,却能够与各种味道融合形成美味佳肴一样;就像将军与五种基本军阶不同,却能够督察五官使军队和谐一体一样。鼓、水、将军都代表着能够超越单一性的因素,因而才能够把各种不同因素融合成一个和谐整体,既然这些因素具有极强的包容性和超越性,对这些因素也就不能以单一的标准去衡量。

《淮南子》不仅认识到了统一性对多样性具有统摄作用,多样性对统一性具有生成作用,还认识到了在最高的艺术境界中,异同因素之间会出现相互转化的现象。《人间训》云:

> 众人皆知利利而病病也,唯圣人知病之为利,知利之为病也。……利害之反,祸福之门户,不可不察也。……祸福

之转而相生，其变难见也。

这段话既表达《淮南子》对异同论的三种认识：1. 对异同关系的辨别需要主体的修养和学识达到一定的高度；2. 对异同关系的辨别关系生死祸福，非常重要，亦非常必要；3. 异同因素在一定条件下会出现相互转化的现象。《淮南子》还进一步把这种理念引入到艺术范畴，探讨了艺术活动中异同因素相互转化的条件。《说林训》云：

> 视于无形，则得其所见矣；听于无声，则得其所闻矣。至味不慊，至言不文，至乐不笑，至音不叫，大匠不斫，大豆不具，大勇不斗，得道而德从之矣。譬若黄钟之比宫，太簇之比商，无更调焉。

于无形之境中，千差万别的有形之物才能呈现于目前；于无音之境中，各种音乐旋律才会收纳于听觉之中；最高妙的味道之境是不再有单一快感的味道；至高的快乐之境是不仅仅表现于笑声的快乐；最美妙的音乐之境是不再以声音呈现的旋律……这是说艺术至境，即具有超越性的自由境界，为异同因素的相互转化提供了条件，审美客体各种不同因素之间的差别性会融通于审美主体的精神统一性之中，从而不再有异同的区别。也就是说，《淮南子》认为在自由的艺术境界中，艺术作品审美因素之间的差异性会被审美主体精神的超越性泯同为一，出现异即同、同即异的审美价值与形态的统一性。

《淮南子》不仅论述了艺术创作中异同因素之间相辅相成的关系，而且还论述了异同因素之间的配合与转化需要遵循一定的"数"。《人间训》云：

> 今万人调钟，不能比之律；诚得知者，一人而足矣。说者之论，亦犹此也。诚得其数，则无所用多矣。……铅之与丹，异类殊色，而可以为丹者，得其数也。故繁称文辞，无益于说，审其所由而已矣。

万人调试钟音，都不能与乐律相协调，如果真正掌握了乐器的规律，一个人就可以调定钟音；说者的辩论，亦如此，只要掌握辩论的方法，无须更多的人参与辩论；铅粉与丹砂既不同类亦不同色，但它们相互配合，就可以产生新的事物——丹。所以就文学创作而言，繁文赘辞无助于辩说，只要审查问题产生的根源就可以了。《淮南子》这段论述表达了异同因素相互配合时应该遵循着一定的规律，即所谓"数"。《庄子·天道》篇所载轮扁论斫的寓言曾经提到数：

> 斫轮，徐则甘而不苦，疾则苦而不入。不徐不疾，得之于入则应之于心，口不能言，有数存焉于其间。

这里所说的数，是制造车轮所要遵循的相关尺度，是对这项工艺量的规定，同时又是对客观遵循。《淮南子》把有关数的理念延伸到文艺领域，涉及文艺创作的规律。

《淮南子》对古代异同思想借鉴吸收之后，将之运用来解释艺术活动，对艺术异同理论的系统深刻化作出了自己的贡献。其理论视野涉及了艺术主体、客体、艺术境界等各个方面，为艺术异同论发展成为文学异同论奠定了坚实的理论基础。

第四节 《淮南子》文艺理念的辩证与矛盾

《淮南子》是一部在对先秦学术进行综合整理的基础上有所

发明创造的学术巨著,其文艺理念从思想特点到语言表述都是对中国古代先哲学术成果的继承、扬弃、发挥。辩证性是中国古代思想的普遍特征,《淮南子》的文艺理念不可避免地具有辩证性的思维特点。《淮南子》又是一部由多人合作完成,吸纳了诸子百家思想论说的综合性著作,这种多人参与、博杂众家之论的写作特点,决定了《淮南子》的文艺理念很难磨合得天衣无缝,因此,不少理念之间出现相互矛盾的现象亦在所难免。

一 文艺思想的辩证性

《淮南子》中具有丰富的辩证法思想,它从现实的实际情况出发,揭示了对立双方相反相成的辩证性质。《淮南子》认为对立的辩证统一是事物本身所固有的特性,相反相对的因素之间往往具有相辅相成的关系。《原道训》云:"是故贵者必以贱为号,而高者必以下为基。讬小以包大,在中以制外,行柔而刚,用弱而强,转化推移,得一之道,而以少正多。"对贵贱、高下、大小、内外、刚柔、强弱、多少等等具有对待性因素之间相互依存、互相成就的关系有清晰的论述。基于这种认识,《淮南子》注意从内外、纵横、主客、利弊等不同对立面对文艺现象进行分析,使其文艺思想表现出极强的辩证色彩。

首先,《淮南子》文艺思想的哲学根源——道,是一种具有全面辩证性的存在。在《淮南子》中道是宇宙形成的根据,亦是一切文化理念的哲学基础,对道的辩证性认识,是《淮南子》文艺思想具有辩证性的思维根据。《原道训》描述了道的存在状态:

> 夫道者覆天载地,廓四方,柝八极,高不可际,深不可测,包裹天地,禀授无形。原流泉浡,冲而徐盈,混混滑滑,浊而徐清。故植之而塞于天地,横之而弥于四海,施之

无穷而无所朝夕。舒之而幎于六合,卷之不盈于一握。

这段论述表明《淮南子》认为道既具有时间的无限性,又具有空间的无限性,它可大可小,"上通九天,下贯九野","至高无上,至深无下",充满着全部宇宙空间。这是以辩证的视角来看待道的存在状态,不仅如此,《淮南子》对道的特质的体认亦反映了辩证思维的特点。《淮南子》认为道既可以弱,又可以强,既可以柔,又可以刚,既能够阴,又能够阳,既大又小,既幽又明。如《道应训》云:"吾知道之可以弱,可以强,可以柔,可以刚。可以阴,可以阳,可以窈,可以明,可以包裹天地,可以应待无方。"《原道训》亦云:道"约而能张,幽而能明,弱而能强,柔而能刚"。同时从强弱、刚柔、大小、幽明等对立角度辩证地看待道的特性,这是道家一贯的思维特点,《淮南子》继承了这种思维特点,并把它运用到对文艺现象的理论思考之中,使《淮南子》的文艺理念既在哲学基础上具有辩证思维的特点,在具体的文艺活动的论述中亦具有辩证色彩。

其次,《淮南子》中重要的文艺范畴均呈现出辩证性特征。如本书重点研究的本末、感应、异同、文质、形神、心性、礼乐等与文艺密切相关的范畴,均是两个对立范畴的统一体,呈现出辩证统一的理论特色。就本末思想而言,《淮南子》不仅从多种角度去界定本末内涵,如以道为本以物为末,以神为本以形为末,以情为本以言为末,等等,均是从对立的两个视角出发,辩证地看待事物的本末关系;而且主张以本振末、重本而不废末,对如何处理事物的本末关系亦提出了具有辩证性的主张。就感应观而言,《淮南子》秉持万物之间生命相通,有感即有应的生命理念,论述了艺术创作的主客体之间不仅普遍存在着感应现象,而且强调以情相感以心相应才是艺术创造及欣赏过程中共鸣现象发生的内在机制。《淮南子》对艺术活动中的"感"和"应"

的分析，既重主体又重客体的思想，具有很强的辩证性。就异同观而言，《淮南子》既强调事物的多样性存在具有现实合理性，又强调统一的思想基础和审美标准具有现实必要性；既强调艺术创造主旨要具有统一性，又强调艺术形式应该呈现出多样化特征；既强调同对异具有一定的指导性，又强调同待异而后成的艺术规律，对异同关系的论述极具辩证性。就文质观而言，《淮南子》以外在修饰为文，以本然质地为质；以礼乐形式为文，以道德、性情为质；以艺术形式为文，以艺术情感为质；无论是哪种对文质内涵的界定都体现着辩证视角，并且《淮南子》对文质之间的相互关系及相互作用的分析更具辩证性。就形神观而言，《淮南子》形指事物的外在形体及艺术表现形式，神指事物的内在生命精神及艺术情感，气指生命活力的显现，《淮南子》不仅论述了形、神、气对于生命统一体缺一不可，而且对形、神、气彼此之间的关系亦进行了辩证分析。就心性观而言，《淮南子》亦以辩证性思维对心与欲之间的关系，性与情之间的关系进行了论证分析。就礼乐观而言，《淮南子》对礼乐形式与内在情性之间的关系，对礼乐制度与法律规范之间的关系等等的分析论述，都具有很强的辩证色彩。

总之，《淮南子》继承了先秦以来中国古代具有普遍性的辩证思维，其文艺理念从思想基础到具体的论证分析都具有明显的辩证性特点。

二 审美理念的辩证性

《淮南子》中有多处论及艺术审美，其论述涉及艺术鉴赏、审美主体与客体的关系、美的相对性与多样性等具体问题，这些论述反映出《淮南子》的审美理念具有很强的辩证性。

首先，《淮南子》认为审美鉴赏有高低、雅俗之别。在《淮南子》看来，审美主体的艺术修养有高低差异，这是一种客观事实；审美对象的艺术风格亦有雅俗区别，这亦是一种客观事实，所以要辩证对待艺术鉴赏活动。关于审美主体的修养差异和艺术作品的雅俗区别，《人间训》有所论述：

> 夫歌《采菱》，发《阳阿》，鄙人听之，不若此《延路》、《阳局》，非歌者拙也，听者异也。

这段话以乡野村夫为例，说明艺术修养不高的人，对于艺术成就审美感知能力就差，从而对于高雅艺术的欣赏也就无法形成审美体验。这里所说的《采菱》、《阳阿》属于古代雅乐，宋玉《对楚王问》有如下一段：

> 客有歌于郢中者，其始曰《下里》、《巴人》，国中属而和者数千人。其为《阳阿》、《薤露》，国中属而和者数百人。其为《阳春》、《白雪》，国中属而和者，不过数人而已。①

又据《新序·杂事一》所载，宋玉所说的"属而和者数百人"的歌曲是《阳陵》、《采薇》。②《人间训》所说的《采菱》当是《采薇》和《阳陵》的讹传。而《延路》、《阳局》则属于古代的通俗乐曲，属于《下里》、《巴人》一类。《淮南子》认为艺术修养的高低，与审美对象艺术风格的雅俗之间有对应关系，"鄙人"可以欣赏通俗性的音乐，却无法对高雅的乐曲产生审美的高峰体验，从而亦无法形成正确的审美判断。《淮南子》对审

---

① 萧统：《文选》卷四十五，上海同文书局光绪乙酉（1885）仿汲古阁版石印本。
② 赵仲邑：《新序详注》，中华书局1997年版，第25页。

美主体艺术修养与审美对象的雅俗风格之间的关系进行了富有辩证性的分析，为中国古代审美鉴赏理论作出了重要贡献。《庄子·天地》篇称："大声不入于里耳，《折杨》、《皇荂》，则嗑然而笑。"① 这段话是《人间训》上面论述的先声，也是把音乐鉴赏的雅俗之别作为论述话题。其中的"大声"指雅乐，《折杨》、《皇荂》则指俗乐。

其次，《淮南子》认为审美主体与客体之间具有相辅相成的辩证关系。《淮南子》认为只有审美主体而无客体对象，无法完成审美活动；而只有审美客体，没有审美客体，亦无法完成艺术体验。《齐俗训》云：

> 故瑟无弦，虽师文不能成曲；徒弦，则不能悲。故弦，悲之具也，而非所以为悲也。

这段话以音乐艺术为例，说明缺少作为审美客体的弦瑟，技艺再高超的琴师亦不可能完成乐曲的演奏；同样，没有作为审美主体的琴师，审美客体之琴瑟亦无法传达出音乐的审美情感。客体之弦只是主体表达情性的工具，并不是乐曲具有审美感染的内驱力。只有主体与客体紧密结合，才是艺术创造的规律。可见，《淮南子》对审美主、客体之间相互作用、相互依赖的辩证关系有清醒的认识。

第三，《淮南子》认为美既具有客观性，又具有主观性。这一方面表现在《淮南子》既认为美丑是一种客观存在，又认为人的主观精神可以超越美丑差异；另一方面表现在《淮南子》既以实用为美，又以精神为美。《说山训》认为美丑是一种客观存在，不会因环境改变而改变，亦不会因主观意志而改变：

---

① 郭庆藩：《庄子集解》，中华书局1978年版，第450页。

琬琰之玉在洿泥之中，虽廉者弗释；樊箄甑在衽茵之上，虽贪者不搏。美之所在，虽污辱世不能贱；恶之所在，虽高隆世不能贵。

求美则不得美，不求美则美矣；求丑则不得丑，求不丑则有丑矣；不求美又不求丑，则无美无丑矣，是谓玄同。

上引第一段话分别以美玉和破败的竹席为喻，说明美与丑来自物质的自然质性，是一种客观性存在，并不会因为其所处环境不同而发生改变。上引第二段话明是说美的最高境界是消除主观意志，能够无差别地对待美丑。也就是说《淮南子》认为人的主观精神能够超越美丑差异。《精神训》认为"性合于道"的真人就可以做到在精神上超越美丑差异：

是故视珍宝珠玉犹石砾也，视至尊穷宠犹行客也，视毛嫱西施犹颓丑也。

这段话本自《淮南子》对"真人"特性的描述，强调精神力量可以超越美丑的客观差异，也就是肯定了审美具有一定的主观性。《地形训》的论述表明《淮南子》以实用为美：

人不爱倕之手，而爱己之指；不爱江、汉之珠，而爱己之钩。

这段话是说以实用为美是人类最朴素的审美标准，就像人们都不喜欢巧工倕之手而喜欢自己的手；人们都不爱江、汉之中的宝珠而喜欢自己的钓竿一样，因为倕之手再巧、江汉之珠再美，对自己毫无用处，就不足为美。《淮南子》中对精神美的推崇随处可见，如《俶真训》云：

> 神经于骊山、太行而不能难，入于四海九江而不能濡，处小隘而不塞，横扃天地之间而不窕。不通此者，虽目数千羊之群，耳分八风之调，足蹀阳阿之舞，而手会绿水之趋，智终天地，明照日月，辩解连环，泽润玉石，犹无益于治天下也。

这段话是说只有能保持精神的超越性，才能体验天下至美之道境，与精神的超越性相比，再高的智慧、再美的艺术，都相形见绌。可见，《淮南子》以精神之美为天下之至美，是审美的至高境界。

第四，《淮南子》认为美丑具有一定的相对性，在一定的条件下可以相互转换的。这一方面表现在《淮南子》认为美丑都是相对的，《说山训》云：

> 嫫母有所美，西施有所丑。

这是说丑人嫫母有其美丽的地方，美人西施亦有其丑陋之处。这表明《淮南子》认为没有绝对的美，亦没有绝对的丑，美丑具有一定的相对性。另一方面表现在《淮南子》认为美是多样存在的，《说林训》云：

> 佳人不同体，美人不同面，而皆悦于目。
> 西施毛嫱，状貌不可同，世称其好美均也。

这两段话均认为美是多样存在的，不同样态的美都能产生审美效果，不存在单一的美，亦不存在单一的审美标准。还有一方面表现在《淮南子》认为美具有一定的适宜性，否则美丑之间就可能相互转化，《说林训》云：

　　靥䩉在颊则好，在颡则丑；绣以为裳则宜，以为冠则讥。

《淮南子》把美同适宜相联系，不但看到了美的条件性，而且朴素地意识到了美同人的目的与客观事物的统一有关。只有在人的目的和客观的规律相一致的情况下，人才能达到自己的目的，从而也才会有美。美是合目的性与合规律性的统一。

第五，《淮南子》具有既崇古又重今的审美思想。《淮南子》中的崇古思想非常明显，反复赞美远古纯朴之世的美好图景，认为远古至德之世与理想的道境合二为一。如《俶真训》云：

　　古者至德之世，贾便其肆，农乐其业，大夫安其职，而处士修其道。当此之时，风雨不毁折，草木不夭，九鼎重味，珠玉润泽，洛出丹书，河出绿图。

这段话是对古代至德之世图景的描写，其向往之情溢于言表，崇古之心不言自明。但《淮南子》亦非常重视时变，具有与时俱进的审美思想，《齐俗训》云：

　　世多称古之人而高其行，并世有与同者，而弗知贵也。是故世异则事变，时移则俗易。故圣人论世而立法，随时而举事。尚古之王，封于泰山，禅于梁父，七十馀对，法度不同，非务相反也，时世异也。是故不法其已成之法，而法其所以为法。

上引第一段话是说古今都有圣德高行之人，只不过世人往往只看到古人而忽视今人，对崇古废今的思想提出了批判。上引第二段话是说世界是不断发展变化的，古人亦是随着时事的发展变化来制定各种法则、标准的，所以应该学习古人治世的方法，而不是沿袭古人的治世法则，对泥古不化的现象进行了批判。这说明《淮南子》认为待人处事，包括进行各种审美活动，都应该具有重古亦重今的思想理念。

总之，《淮南子》在对具体的审美活动进行分析时，其论述具有鲜明的辩证色彩，对各种因素的关系能从不同角度来进行观照，所以其审美理念更具有客观性和全面性，亦更显深刻。

三　文艺理念的内在矛盾

《淮南子》是淮南文人集团共同参与编写的一部作品，其内容又是对先秦诸子各家学术思想及理论主张的综合与发挥。就作者因素而言，不同作者之间由于其学术背景的客观差异，彼此之间必然会出现思想和理论上的差异性；就思想内容而言，不同学术派别之间不同的学术观点，很难磨合得天衣无缝，因此《淮南子》的文艺理念出现矛盾之处在所难免。

首先，《淮南子》既认为天生丽质是一种至美，又认为人为修饰可以强化本然之美。《泰族训》云：

> 天地所包，阴阳所呕，雨露所濡，化生万物。瑶碧玉珠，翡翠玳瑁，文采明朗，润泽若濡，摩而不玩，久而不渝，奚仲不能旅，鲁班不能造，此之谓大巧。

这段话认为"瑶碧玉珠"、"翡翠玳瑁"之明朗的文采和温润的光泽是不可人为之"大巧"，明确以天生本然之美为天下之至美。但《淮南子》又认为人工修饰可以强化本然之美，《修务训》的论述就表达了这种理念：

> 今夫毛嫱、西施，天下之美人，若使之衔腐鼠，蒙狷皮，衣豹裘，带死蛇，则布衣韦带之人过者，莫不左右睥睨而掩鼻。尝试使之施芳泽，正娥眉，设笄珥，衣阿锡，曳齐纨，粉白黛黑，佩玉环，揄步，杂芝若，笼蒙目视，冶由笑，目流眺，口曾挠，奇牙出，靥酺摇，则虽王公大人，有严志颉颃之行者，无不悼悇痒心而悦其色矣。

这段话以毛嫱、西施为例，说明光有天然的美质是不够的，人为的修饰可以改变天然美质的审美效果。就像毛嫱、西施是天生丽质的美人，可是给她们加以腐鼠、死蛇等丑陋污秽之物来修饰的话，不但会使其顿失美感，甚至使美变成了丑。而如果给她们加以芳泽、珠饰及各种精美、雅致之物来修饰的话，那就会极大地增强美质的审美感染力。也就是说，《淮南子》一方面赞美天然美质，认为本然之美是天下至美，另一方面又肯定人工修饰之美具有一定的重要性和必要性，强调人为修饰之美对于天然美质具有改造功能，可以美化或丑化本然之美。这是对道家崇尚自然之审美理念与儒家崇尚美饰理念均有吸收而形成的矛盾。

其次，《淮南子》既崇尚悲丽之美，又肯定《雅》、《颂》之声。《淮南子》一方面认为悲丽是音乐艺术的根本特征，也是具有艺术感染力的情感风格，因而极力推崇悲丽之美。《诠言训》云：

> 故不得已而歌者，不事为悲；不得已而舞者，不矜为丽。歌舞而不事为悲丽者，皆无有根心者。

这段话明确以悲丽为歌舞艺术的"根心"，认为悲丽是歌舞艺术的根本特征。《说林训》则认为悲可以使音乐艺术具有很强的感染力：

> 善举事者，若乘舟而悲讴，一人唱而千人和。

这里以古代船歌为例，说明乐曲以悲的情感色彩来达到与听众沟通的作用，强调了悲对于音乐艺术形成共鸣效果的重要性。可见，《淮南子》以悲丽为美的理念非常明确。然而，《淮南子》中亦有以雅正之声为乐之美的思想，《泰族训》论述了雅正之声的形成，承认其亦有其人性根据：

> 民有好色之性，故有大婚之礼；有饮食之性，故有大飨之谊；有喜乐之性，故有钟鼓管弦之音；有悲哀之性，故有衰绖哭踊之节。故先王之制法也，因民之所好，而为之节文者也。因其好色而制婚姻之礼，故男女有别；因其喜音而正《雅》、《颂》之声，故风俗不流；因其宁家室、乐妻子，教之以顺，故父子有亲；因其喜朋友而教之以悌，故长幼有序。

这段话是讲各种礼乐制度的产生形成都有其人性根据，而《雅》、《颂》之声就是根据人们对音乐艺术的心理需求而产生的，这是对雅正之声的肯定。而《泰族训》还有一段论述则明显表现出扬雅正之声而抑悲丽之音的倾向：

> 今夫《雅》、《颂》之声，皆发于词，本于情，故君臣以睦，父子以亲。故《韶》、《夏》之乐也，声浸乎金石，润乎草木。今取怨思之声，施之于弦管，闻其音者，不淫则悲，淫则乱男女之辨，悲则感怨思之气，岂所谓乐哉！

这段话前半部分认为《雅》、《颂》之声是本于人性而发，不仅可以感化人心从而使社会的人伦秩序保持和谐愉悦的状态，其艺术感染力甚至可以波及金石草木，对雅正之声的赞美之情显而易见。这段话的后半部分则明显地对悲怨之音提出了批判，认为悲怨之音会使人产生淫乱之心或悲哀之情，从而无法获得快乐。这与之前对悲丽之声的推崇明显矛盾。这种矛盾的产生缘于《淮南子》是从不同的审美标准出发来评价悲丽之音和雅正之声的。一方面，《淮南子》以艺术感染力为标准，认为悲丽之声是音乐艺术的根本特征，因为悲的情感色彩的确能够产生极强的艺术感染力；另一方面，《淮南子》以人天性具有追求和乐心态的心理需求为标准，认为悲丽之音无法使人达到获得和谐快乐的审美目的，因而又对悲丽之音提出了批判。事实上这是艺术的合规律性与合目的性之间必然产生的矛盾，《淮南子》对这两者之间的关系的认识还有其历史局限性，因此反映在其审美理念上出现矛盾之处亦可以理解。

第三，《淮南子》既承认礼乐制度体情制文的合理性，同时又对礼乐制度持批判态度。这是因为一方面《淮南子》吸收儒家礼乐观，承认礼乐的产生及形成的体制有其一定的合理性和现实性，并且认为礼乐对于规范人性、救治社会有一定的积极作用。另一方面，《淮南子》又以道家思想为其根据，继承了道家对礼乐否定和批判的态度，认为礼乐的盛行会导致社会混乱、人性昏暗。《道应训》云：

> 王若欲久持之，则塞民于兑，道全为无用之事，烦扰之教，彼皆乐其业，供其情，昭昭而道冥冥，于是乃去其瞽而载之木，解其剑而带之笏。为三年之丧，令类不蕃。高辞卑让，使民不争。酒肉以通之，竽瑟以娱之，鬼神以畏之。繁

文滋礼以弇其质，厚葬久丧以亶其家，含珠鳞、施纶组以贫其财，深凿高垄以尽其力。家贫族少，虑患者贫。以此移风，可以持天下弗失。

这段话假托姜太公之口说出，表达的是道家的理念。由于行文很独特，因此，古今注家大多对其采取回避态度，极少有学者从意义方面进行阐释。这段话从"王若欲久持之"到"彼皆乐其业，供其情"，是从正面提出治国理政的纲领。"塞民于兑"，就是使百姓与欲望绝缘，处于无欲状态。"道全为无用之事，烦扰之教"，指的是引导百姓去掉全部无用之事、烦扰之教。全，谓全部。为，指治理。治理无用之事，烦扰之教，则百姓乐其业，显露真情。供，谓奉献，显现。以上是正面提出施政纲领。从"昭昭而道冥冥"到"家贫族少，虑患者贫"，是从反面立论，批判礼乐泛滥造成的危害。昭昭，本指光明，这里指礼乐泛滥。"昭昭而道冥冥"意谓礼乐盛行就会把人导入黑暗。从"去其瞀而载之木"到"虑患者贫"，都是揭露礼乐盛行对社会所造成的危害。先看"去其瞀而载之木"，许慎注："瞀，被发也。木，鹬鸟冠也。知天文者冠瞀。"[①] 许慎的解释是正确的，"去其瞀而载之木"，即变披发为戴冠，这正是礼的规定。其余事项则是解剑而带笏，以礼节使民不争，以宴乐使民娱乐，用繁文琐礼来规范百姓的性情，用厚葬久丧来消耗百姓的家产，用华美的服饰使百姓资财贫弱，以高台大宅来耗尽百姓的体力。结果造成百姓经常处于忧患之中。以上就是治国理政所要去掉的对象，实际是要无为而治。上引《道应训》的这一段话，主要揭露礼乐泛滥对人造成异化，秉持的是道家的理念，同时对墨家的节用主张亦有继承。这样一来，就与《淮南子》对礼乐所持的肯定性论断出

---

① 张双棣：《淮南子校释》，北京大学出版社1997年版，第1327页。

现抵牾，使其礼乐观无法统一起来，出现相互矛盾的悖论。

总而言之，《淮南子》继承了中国古代的辩证思维，以辩证的眼光来对待审美现象，对审美活动中的各种因素之间的相互关系能进行辩证分析，使其文艺理念显得更为全面而深刻，具有一定的历史高度。《淮南子》由于其具体的写作背景和思想背景局限，在表述文艺理念的过程中出现一些歧异与矛盾，亦具有一定的历史必然性，应该客观辩证地认识这些矛盾之处。

第 二 章
《淮南子》文艺范畴研究

中国古代的文艺范畴亦源远流长，多是在先秦就已经出现，后来才慢慢成熟为文学范畴。中国古代重要的文艺范畴如文质、形神、心性、礼乐等都是《淮南子》所运用的重要概念，其中蕴含着丰富的美学内涵。本文通过对这四组范畴的辩证分析，旨在揭示《淮南子》赋予这些范畴的文艺内涵，明晰《淮南子》的论述在这些文艺范畴演变为文学理论范畴的过程中所起的促进作用。

第一节 《淮南子》的文质论

在中国古代文论中，"文"与"质"是从人们审美视野与审美体验中同时升华出来的两个概念，也是两个使用概率很高的美学范畴。关于"文"，《国语·郑语》："物一无文。"韦昭注："五色杂，然后成文。"[1] 这里的文，指多种感性存在物相错杂，而不是以单一因素的形态呈现。《周易·系辞下》："物相杂，故曰文。"[2] 这里对文所下的定义与《国语》一致，都是强调文是

---

[1] 韦昭：《国语》，上海古籍出版社1982年版，第518页。
[2] 高亨：《周易大传今注》，齐鲁书社2000年版，第443页。

诉诸感性观照的对象,并且外观形态是多种因素相错杂。《说文解字》云:"文,错画也,象交文。""错画"是一种视觉呈现,属于一种感性体验。关于"质",《说文解字》云:"以物相赘",段玉裁注:"质,赘双声。以物相赘,如《春秋》交质子是也。引申其义为朴也,地也。如有质有文,是。《小雅》毛传云:'旳,质也。'《周礼》:'射则充椹质。'"[1]"赘"是"以物质钱"之义。这表明质是处于物与物之间的一种价值表征,蕴含着某种价值观念,是人的一种理性知觉认识。段玉裁的注道出了质的多种含义,它是物的本体,又指物的本然状态。质又是外物附加于其上的对象,箭靶称为质,杀人行刑所用的垫亦称为质,木垫则为椹,石垫则为踬,金属垫则为锧。质,本身带有吸引外物加于其上的含义。根据现代美学观点,视觉与听觉是人的主要审美器官,而人们观察和认识事物的程序,总是先有视觉之感性印象,然后才有知觉之理性认识,这说明相对于"质"而言古人对"文"的认识,表现出一种更为自觉的审美意识。一般地说,对事物外显之形表的各种考察都属于对"文"的审美体认,而对于事物本体之素、朴、大、真、善、全、粹、情、理之类的体认,就体现为对"质"的审美观照。"文"表现为外在之美、具象之美,如线条、色彩、形象及声音之高低、抑扬、徐疾,即《文心雕龙》所说的"形文"和"声文"。"质"表现为本然之美、内在之美、抽象之美,其内核是真、善、美及其统一体。先秦诸子对于这两种美的形态与观念都有自己的体认,对《淮南子》文质观影响最大的是儒道两家。相对而言,儒家追求文质统一,承认事物本然内在之美与外在之美属于两种不同的审美形态,而道家的审美视点则聚集于质,不认为美的本体之外有美的形式,把本体之真与善界定为美,对事物外部之文不以为

---

[1] 段玉裁:《说文解字注》,中华书局1981年版,第281页。

然。《淮南子》的文质论是在对儒道两家文质观糅合的基础上，作了进一步的发挥创造。

一 文的内涵

《淮南子》对文与质各自内涵的界定既是对先秦儒道文质观的继承，又具有其自己的时代特性。简单说来，根据文所修饰的主体对象不同，《淮南子》赋予文三种不同层次的含义：物之文、礼乐之文、情志之文。这种分类既反映了先秦至汉初，先民思维的关注重点由望天转向视人并不断向人内心深处探究的客观事实，又体现了《淮南子》对文独特的理性认识。

首先，《淮南子》沿着先秦诸子把事物外在具象如色彩、形象及声音的高低等纳入"文"的范畴的思路继续前进，认为事物所具有的修饰性因素为文。如《齐俗训》云：

> 古者，民童蒙不知东西，貌不羡乎情，而言不溢乎行。其衣致暖而无文，其兵戈铢而无刃，其歌乐而无转，其哭哀而无声。凿井而饮，耕田而食。无所施其美，亦不求得。亲戚不相毁誉，朋友不相怨德。及至礼义之生，货财之贵，而诈伪萌兴，非誉相纷，怨德并行，于是乃有曾参、孝己之美，而生盗跖、庄蹻之邪。故有大路龙旂，羽盖垂緌，结驷连骑，则必有穿窬拊楗、抽箕踰备之奸；有诡文繁绣，弱緆罗纨，必有菅屩跐蹐、短褐不完者。

这里两处所说的"文"，"其衣致暖而无文"、"诡文繁绣"，均指衣服上的文饰，是人有意而为之的审美需求。其实《淮南子》的这段话揭示了"文"的一个潜在的发展规律，即对事物外在形式美的追求是随着人类的发展进步逐渐开始的。远古时代，生产水平低下，物质相对贫乏，人们对事物实用性的需求远远超过了对其进行审美观照的需求,这时文的价值尚未被人类开发出来,此即所谓"衣至暖而无文"。而当物质达到一定的丰富程度时,人们对物质的观照就不仅仅以实用性为标准,文作为审美需求也就进入了人们的视野,片面发展即为"诡文繁绣"。

其次,《淮南子》继承了儒家以礼乐之形式为文的思想,《齐俗训》说:"礼者,实之文也;仁者,恩之效也。故礼因人情而为之节文,而仁发饼以见容。"又云:"礼者,体情制文者也。"《泛论训》亦有"故礼者,实之华而伪之文也"。这里确定了礼是为了对人情有所规范而制定出来的一种形式,即礼为情性之文。先秦礼乐是一体的,乐是作为礼的"声文"的形式出现。各种典礼仪式上必然奏乐,这是为了配合行礼的动作及节奏,以造成激发情感的气氛并将人的情感逐渐推向高潮,收到最佳的陶染性情的效果。《周易·贲·彖》称:"观乎天文,以察时变,观乎人文,以化成天下"的思想,为以礼乐为文指出了教化目的。那么,什么是文呢?《易传》给出的答案称:"文明以止,人文也。"高亨注:"社会之制度,文化教育皆在使人有所止,故曰:'文明以止,人文也。'"[1]《礼记·礼器》云:"先王之立礼也,有本有文。忠信,礼之本也;义理,礼之文。无本不立,无文不行。"这里把义理说成是礼之文,何谓义?何谓理?对此,《礼器》给出了自己的回答:"礼也者,合于天时,设于地财,顺于鬼神,合于人心,理万物者也。"理,主要指顺应,即顺应天地人神。再看义:"丧祭之用,宾客之交,宜也。"[2]这里的义指的是适宜,礼仪程序及所用物品都合适、得体。孔子非常向往"周礼",以周礼"郁郁乎"之文为最高审美标准。《论语·八佾》云:"周监于二代,郁郁乎文哉!吾从周。"这里的

---

[1] 高亨:《周易大传注》,齐鲁书社1981年版,第172页。
[2] 孙希旦:《礼记集解》,中华书局1998年版,第625页。

文还主要是指国家制度和礼仪规范,孔子的"文质彬彬"说最早把文质概念引进人文范畴,自此人们开始转向观照人自身的内在的德性修养与外在修饰及行为表现。荀子由于对人性的关注,则进一步把人的情感志向的外在表现与文联系了起来:"凡礼,始乎梲,成乎文,终乎悦校。故至备,情文俱尽;其次,情文代胜;其下,复情以归大一也。"① 《淮南子》不仅吸收了儒家以礼乐为文的思想,而且比荀子更细致地体悟了礼乐修饰情感的作用,《本经训》中对礼乐表现情志之文的多样性有更加充分的揭示:

> 故钟鼓管箫,干戚羽旄,所以饰喜也;衰绖宜杖,哭踊有节,所以饰哀也;兵革羽旄,金鼓斧钺,所以饰怒也。必有其质,乃为之文。

显然,《淮南子》的作者们不仅赋予了文以礼乐的内涵,而且认为礼乐之文的多样性存在是以人之天性为依据的。类似论述见于《荀子·乐论》,但是《乐论》的相关论述很简单:"且乐者,先王之所以饰喜也;军旅斧钺者,先王之所以饰怒也。"和荀子的论述相比,《淮南子》把情志之文所修饰的类别进一步扩大,并且列出用于修饰的具体物类事象。不同的文修饰不同的情志,《淮南子》赋予这一理念的根据,这为后世对艺术范畴之文的多样化理解提供了哲学依据。《淮南子》继承先秦儒家对于文的修饰功能的体认,并且在理论上进一步加以系统化。

再者,《淮南子》明确地把文规定为艺术情感的表现形式。《缪称训》说:"文者,所以接物也;情系于中而欲发于外者也。"这里的界定既揭示了文形成的心理机制,也说明了艺术情

---

① 王先谦:《荀子集解》,中华书局1988年版,第355页。

感之文产生的必然性。文以接物的理念,在《礼记·礼器》已经初见端倪,其中写道:

> 礼之以多为贵者,以其外心者也。德发扬,诩万物,大理物博。如此,则不得不以多为贵乎?故君子乐其发也。[1]

对此,孙希旦作了如下解说:

> 礼之多、大、高、文者,皆多之属也。外心,谓发其心于外也。诩,普也,遍也。物犹事也。天地与圣人之德,发扬昭著,遍于万物,其理至大,其事甚博,非备物不足以称之。故君子之于礼乐,其发见于外,而极夫仪之盛,凡以求称乎德之盛大而已。[2]

《礼记·礼器》把礼分为多、大、高、文与少、小、下、素两类,前面所说的"礼之以多为贵"者,就包括礼之以文为贵。礼的形式崇尚多、大、高、文,其中很重的一个原因,就是因为它要"诩万物",也就是要使内在的美德普及万物,就是要接于物,而且所接之物要达到极限。《礼记·礼器》前面的论述是文以接物理念的萌芽,文在其中还没有被单独提出来。《淮南子·缪称训》所说的"文者,所以接物也",则是把文作为独立的论述对象,不再与其他事物相混淆。《礼记·礼器》论述文可以"诩万物",把文看作是德的发扬,是站在道德本位上立论。《淮南子·缪称训》则是从情感本位立论,肯定文的接物功能,即它的辐射功能,而这种辐射功能又与文的表现功能密不可分,是

---

[1] 孙希旦:《礼记集解》,中华书局1998年版,第628页。

[2] 同上。

表现功能的客观效应。人们对文的审美意识来自于对天地自然万物所呈现出的纷繁复杂的样态的观照,反过来说,正是由于审美客体呈现于主体的审美感官之中,审美主体才可依据客体之美进行模拟和再现,对客体之美进行再创造。审美客体的多样化呈现,必定引发人的多样化模拟和千变万化的再创造,于是就有了文的多元化。这里的"文者,所以接物也",正是对这种审美心理产生原因的一个探索,说明了正是由于外物和人心的相互作用,为人们对文进行审美观照提供了一个契机。但是人心与外物交接只是文产生的心理前提,真正推动文形成的内在动力是什么呢?《荀子·礼论》有过充分的论述:"故说豫娩泽,忧戚萃恶,是吉凶忧愉之情发于颜色者也。歌谣謸笑、哭泣啼号,是吉凶忧愉之情发于声音者也。刍豢、稻粱、酒醴、饣鬻、鱼肉、菽藿、酒浆,是吉凶忧愉之情发于饮食者也。"①《淮南子》吸收了荀子的思想成果,为文的形式提供了情的内涵,认为文是"情系于中而欲发于外者也"。但是荀子的立论并没有触及"文者,所以接物"的内容,他充分论述情感表现的必然性及其依托的媒介,并没有谈到情感表现所具有的接物功能和效应。就此而言,《淮南子》是继承荀子的论述同时又有所超越。至于"文者,所以接物"的具体表现,则在艺术感应的相关论述中作了阐释。用《缪称训》的话语表达,那就是"文情理通,则凤麟极矣",这就是文以接物的效应。人心由于外物的激发触动而产生的情感思想才是文形成的内在之质,文是情志的表现形式。《淮南子》的情文观直接启发了刘勰对于文之形态的划分,《文心雕龙·情采》篇云:

故立文之道,其理有三,一曰形文,五色是也,二曰声

---

① 王先谦:《荀子集解》,中华书局1988年版,第364页。

文，五音是也；三曰情文，五性是也。五色杂而成黼黻，五音比而成《韶》、《夏》，五情发而为辞章，神理之数也。①

刘勰把文分为三类：形文、声文、情文，而情之文的说法明显借鉴了《淮南子》对文与情关系的阐述。认为文是情感自然流露的表现形式，是六朝时期以表现情感为文学主要特征的纯文学观的先声，为文学情感论作出了重要贡献。

二 质的内涵

质指事物的本、体、实，《礼记·礼运》篇中就把"还相为质"与"还相为本"相提并论，含义明显是相同的。《淮南子》中的质最基本的一个含义就是指事物的实体，比如《原道训》和《说林训》中都以"质的"指称弓矢的标的物。但真正与文对应，在中国古代文质论中发挥作用的却是质在这一基本义上的引申义。具体到文艺范畴，《淮南子》中质的含义也可以分为三层：物之纯朴质地、人之仁义道德、内心之真挚性情。

《淮南子》中质与文相对的第一层含义是指事物未经人工修饰之本然质地。作为物之实体进入人们的审美视野时，它所呈现出的素、朴、纯、粹的样态就是人们对质作出的审美界定。"见素抱朴"是老子的审美追求，他以"朴"形容一切事物的自然之质，他以"朴"称道："朴虽小，天下莫能臣也"、"化而欲作，吾将镇之以无名之朴"，称得道圣人是"敦兮其若朴"。（《老子·十五章》）。《淮南子》也很崇尚事物本然纯洁的质地之美。《原道训》说："所谓天者，纯粹朴素，质直皓白，未始有与襍糅者也"，以至高无上之"天"来指称事物纯粹朴素的天然之美，并且强调了这种美是无需人工修饰的。《说林训》云：

---

① 周振甫：《〈文心雕龙〉译注》，江苏教育出版社2006年版，第454页。

"石生而坚,兰生而芳,少自其质,长而愈明。"这里的质,指的是天然素质,出于自然。《泰族训》中还说:

> 天地所包,阴阳所呕,雨露所濡,化生万物。瑶碧玉珠,翡翠玳瑁,文采明朗,润泽若濡,摩而不玩,久而不渝,奚仲不能旅,鲁班不能造,此之谓大巧。

这里所说的"大巧"之物如"瑶碧玉珠,翡翠玳瑁",它们自身的天然本质已经"文采明朗",根本不需要人为修饰就已经是天地之至美了。《说林训》中进一步说明"白玉不琢,美珠不文"的原因是"质有余也"。以自然为美一直是中国古代艺术包括文学作品的一个审美标准,《淮南子》对事物自然纯朴质地的赞美,在中国古代艺术长河中对自然美的推崇具有承前启后的作用。

《淮南子》中质的第一种内涵是对物而言,后两种内涵则是针对人而言,指向人的仁义道德和真挚性情,与文之礼乐的内涵相对应。在中国古代,礼乐既是一种国家制度,又是一种艺术活动,对前者而言礼乐形式的质就是人的仁义道德,对后者而言礼乐形式之后的质就是人的真挚性情。《淮南子》以人之仁义道德为美是对人之质的审美要求,这更多借鉴了儒家的文质观。孔子以"仁"释道,将形而上的道落实到主体人格上面,认为道在人身上显现为内在的德性,即仁。《淮南子·主术训》中说:

> 凡人之性,莫贵于仁,莫急于智。仁以为质,智以行之。两者为本,而加之以勇力辩慧,捷疾劫录,巧敏迟利,聪明审察,尽众益也。身材未修,伎艺曲备,而无仁智以为表干,而加之以众美,则益其损。

这里明确规定人之质为仁，其他的道德品质如勇、慧、敏、察等都是对仁之质的益美之物，而那些技艺性的修为如果没有仁义为本，就会对人性造成损害。《淮南子》以内在德性仁义为人的生命本质，这虽然没有多少创见，但把仁义之质和礼乐之文结合在一起，就为礼乐形式找到了人性的根据，也就赋予了国家制度以生命的内涵，其对生命本身的崇扬，散发出葱郁的美学光辉。

《淮南子》中质的第三种内涵是指人内心的真情挚性，如果说对质之内涵的前两种界定还仅仅是反映了一种不自觉的审美意识的话，那么这种界定已经进入了文艺甚至是纯文学的范畴，完全可以说是一种美学意义上的界定。《泰族训》中明确把情规定为文学作品的本质："今夫《雅》、《颂》之声，皆发于词，本于情，故君臣以睦，父子以亲，故《韶》、《夏》之乐也，声浸乎金石，润乎草木。"《本经训》中亦有一段话说明了礼乐产生的内在根源是人因外物触动而产生的情感：

> 凡人之性，心和欲得则乐，乐斯动，动斯蹈，蹈斯荡，荡斯歌，歌斯舞，歌舞节则禽兽跳矣。人之性，心有忧丧则悲，悲则哀，哀斯愤，愤斯怒，怒斯动，动则手足不静。人之性有侵犯则怒，怒则血充，血充则气激，气激则发怒，发怒则有所释憾矣。故钟鼓管箫，干戚羽旄，所以饰喜也；衰绖苴杖，哭踊有节，所以饰哀也；兵革羽旄，金鼓斧钺，所以饰怒也。必有其质，乃为之文。

这段不仅说明了礼乐是应情感表达的需要而产生的，而且分析了不同的礼乐形式表达不同的情感内容。"必有其质，乃为之文"强调了质的多样性存在决定了文的多样性表现。《淮南子》以情为质是借鉴了荀子有关情文关系的论述，但对情之质进一步作出真的规定则吸收了庄子对性之真的强调。老子对质之美关注的重点在于以朴概括事物原始的本然状态，庄子对质之美的关注焦点则集中在强调人内在的真情实感。《淮南子》中的质既具有情感层面的内容，又追求情感的真挚性：

> 且喜怒哀乐，有感而自然者也。故哭之发于口，涕之出于目，此皆愤于中而形于外者也。譬若水之下流，烟之上寻也，夫有孰推之者！故强哭者虽痛不哀，强亲者虽笑不和，情发于中而声应于外。（《齐俗训》）

上面这段话强调了情感的表达要自然而然，如"水之下流、烟之上寻"，没有真挚的情感之质就会使表现于外的形式之文失去生命力度。《淮南子》意识到只有当质具有真的品性时，艺术形式才能具有感染力和生命力，《主术训》认为只有"抱质效诚"才能"感动天地，神谕方外"。《缪称训》中亦云：

> 宁戚击牛角而歌，桓公举以大政；雍门子以哭见，孟尝君涕流沾缨。歌哭，众人之所能也，一发声，入于耳，感人心，情之至者也。

这里所言，揭示了真情至性才是引发受众情感共鸣的艺术规律。《淮南子》以情为艺术活动之质，并且为情规定了自然真挚的品格，为魏晋时代情感美学流派的形成和晚明时期情感艺术论的发展成熟提供了理论资源。

三　文质关系模式

就《淮南子》中的文质理念而言，文与质之间呈现出更为复杂的关系，主要有两种类型。对这两种不同关系的差异进行细致分析，有利于理解古代文质论内涵的演变及其由哲学概念到艺术理论再到文学范畴的发展过程。

《淮南子》中文质对举时，文和质的第一种内涵是：文指文饰，质指质地，文质分指不同事物的不同因素，它们之间没有一个共同的本体即物自体。这种关系模式出现在人们对物的审美观照中，文与质是可以分别看待的，各自独立存在。《缪称训》中说："锦绣登庙，贵文也；圭璋在前，尚质也。"高诱注："以玉祭之者，质也。"将美丽的织物供奉在宗庙里，是看重它的文采；把圭璋之类玉器献于神前，是崇尚它的质地的纯洁。这里明显地指出有的事物可以贵文，如主要以其纹饰体现其审美价值的丝织品等事物，而有些事物则可以尚质，如主要以其质地高洁体现其审美价值的珠玉等事物。也就是说，当文与质指称同一本体的文饰与质地两种因素时，人们对事物的审美取向决定了是贵文还是尚质。文指事物的文饰时，往往给人造成华美的审美效果，而质指事物的质地时，则往往给人留下朴素的审美效果。《缪称训》用锦绣指代文饰，这种作法比较常见，很容易被人理解。以玉指代质，在其他典籍中也可以见到。《韩非子·解老》："和氏之璧，不饰以五采，隋侯之珠，不饰以银黄，其质至美，物不足以饰之。"[①] 这是把玉视为质之美者。《礼记·郊特牲》："大圭不琢，美其质也。"[②] 这是把玉视为质之美者。就此而论，《缪称训》以玉指代质，是继承的前代传统。

《韩非子·解老》用以指代美质的玉是指未经雕琢的玉，是原始状态的玉。而《礼记·郊特牲》所说的大圭，指长条形上圆下方的玉板，已经是加工过的玉器。《缪称训》以圭璋指代美质，继承的是《礼记·郊特牲》的廉洁。把锦绣和圭璋进行对举，分明指代文和质，所造成的对比效果并不鲜明。人们由锦绣

[①] 王先谦：《韩非子集解》，中华书局1998年版，第133页。
[②] 朱彬：《礼记训纂》，中华书局1996年版，第401页。

很容易联想到文饰、而圭璋也容易引起这方面的联想。《诗经·卫风·淇奥》赞扬贵族君子的美德和风度，先是说他"如切如磋，如琢如磨"，后面又说他"如金如锡，如圭如璧"。圭璧是经过打磨的玉器，而不再是原始状态的玉。《缪称训》把文界定为文饰，把质界定为质地，含义是明确的，但用作例证的大圭，则不是十分恰当。而《说林训》所举的例子，倒是最为恰切："白玉不琢，美珠不文，质有余也。"借鉴韩非子的话语，用珠玉代指美质，文指修饰，珠玉都取其天然形态。

《淮南子》中文质对举时，文指修饰，质指质地，当把这种含义运用一人自身，文指外在修饰，质指人的天性真情。《诠言训》写道："饰其外者伤其内，扶其情者害其神，见其文者蔽其质。"前后相贯通，文指"饰其外"，谓外在修饰；质指天性本然。这里的文质有内外之分，因此就使得它们在指代本然与外在修饰的同时又有了形式与内容的含义。文指外在形式，质指内在本质。

《淮南子》中文质对举时，第二种内涵是文指艺术形态（包括艺术活动和作品），质指人的真情挚性，质是文的本体。《本经训》在叙述人的喜怒哀乐之情各种表现方式之后写道："必有其质，乃为之文。"这里所说的质，指的是人的喜怒哀乐之情；所说的文，指用以表达感情的钟鼓管箫、干戚羽旄、兵革斧钺、丧礼仪节等，它们是表达感情的媒介，属于外在形式。文和质，明显是形式与内容的关系。可以看出来，在这种关系模式中，艺术是修饰情感的，但又不是附加于情感之外的因素；艺术是为情感服务的，但又不可脱离情感而独立存在；艺术形式是情感的载体、外现形态，情感是艺术的本核、内在生命。这种文质关系模式，对中国古代文论的伟大著作《文心雕龙》的文质观影响深远，正是在《淮南子》文情（质）观的基础上，刘勰强调文学作品要"情文"、"情采"并重，并且进一步对情和文各自应该具有的特征进行了发掘。

四　文与质的相互作用

文质之辨从春秋时期就已经成为中国文人的一个重要论题,孔子明确提出"文质彬彬"的主张,《庄子》、《韩非子》对此也有重要论述。就文质关系而言,除孔子、荀子既强调质又对文有所顾及外,其他人往往将二者对立起来。如墨子提出了"先质而后文"、"多言无益"等主张;韩非则提出了"好质而恶饰",认为文饰有喧宾夺主、反客为主之弊,从而反对文饰;老庄道家则基本上认为"信言不美,美言不信","文灭质"等观点,重视质而忽视文。到了汉代,文质被纳入文艺理论体系之中,成为重要的文艺学范畴。《淮南子》在这方面的论述尤为充分,其文质观主要是在对先秦儒道两家文质观的糅合基础上有一定的创造性发挥,对古典文论的文质观的系统化作出了自己的贡献。

首先,关于要不要以文饰质的问题,不同于先秦诸子各有偏颇的回答,《淮南子》有其独创性见解。《淮南子》对文以饰质的范围进行了细致的分析,认为对于质地天然纯美的事物是不需要人工修饰;而有些事物其质地劣钝,人工修饰并不能为其增美,所以亦不需修饰;只有那些质地一般的事物,才需要人工修饰来增加其审美性。《修务训》中以人为对象说明了这种观点:

> 曼颊皓齿,形夸骨佳,不待脂粉芳泽而性可说者,西施、阳文也;嗛䁁哆吻,籧篨戚施,虽粉白黛黑弗能为美者,嫫母、仳倠也。夫上不及尧、舜,下不及商均,美不及西施,恶不若嫫母,此教训之所谕也,而芳泽之所施。

《淮南子》这里以人为例,认为像西施、阳文这样天生的美女,像尧、舜这种德性与道相合的人,他们是不需要后天的修饰、教化就拥有审美价值;而像嫫母、仳倠这样天生形态丑陋的人,丹朱、商均这类德性已失的人,对此类人任何修饰和教化都不会有审美效果。而居于这两者之间的人,才是"教训之所谕也,而芳泽之所施"的对象,因为只有修饰、教化才能使他们具有审美价值,即成为"可说者"。这样《淮南子》把文以饰质的关系仅仅限定在一般性对象范围内,从而很好地解决了关于要不要以文饰质这个问题,这说明《淮南子》的作者们已经意识到了先秦诸子文质关系说的相互矛盾之处,他们肯定了文以饰质的必要性,但这种必要性却要限定在一般性对象范围内。对于质美和质恶这类极端对象而言,以文饰质要么是没有必要,要么就是没有成效,因此也就不需要以文饰质。对文质关系的这种界定,既确定了以文饰质的必要性,又把具有特例性质的事物排斥在文质关系的讨论之外,为后世文质论的进一步发展成熟扫清了障碍。

其次,《淮南子》认为质对文具有决定作用,前引《本经训》的一段论述,谈到了艺术创作中人的喜怒哀乐之情是礼仪和乐舞艺术产生的内在动力,认为"必有其质,乃为之文"。这段话的前半部分说明:人内心充沛真挚的情感需要表达出来,这就是艺术活动产生的人性根据,也就是情感之质的存在决定了艺术形式的存在。而这段话的后半部分还包含有深一层的意思:形式是内容的组织结构及其物质材料的表现,因此,有什么样的内容,就决定什么样的组织结构及表现方式,也决定着采取何种表现内容的媒介手段。比如,人们以钟鼓管箫、干戚羽旄表现喜悦之情;以哀绖宜杖、哭踊有节表现悲哀之情;以兵革羽旄、金鼓斧钺表现愤怒之情等等,也就是说,"质"决定着"文"所采用的方式。《淮南子》把"必有其质,乃为之文"的观念引入到艺术创作范畴,《文心雕龙》则把这种理念应用到文学创作的范畴中，他指出文学作品是"文附质"，文章的好坏关键在于情性："夫铅黛所以饰容，而盼倩生于淑姿；文采所以饰言，而辨丽本于情性。"(《情采》)刘勰最后总结出："故情者，文之经，辞者，理之纬；经正而后纬成，理定而后辞畅，此立文之本源也。"这是对《淮南子》"必有其质，乃为之文"艺术观的文论话语转换。

《淮南子》强调质对文的决定作用，反对以文害质，同时又进一步指出："无须臾忘为质者，必困于性。"高诱注："常思为质，不修自然，则性困也。"重视质而又不拘泥于质，不被重质理念所束缚，这个论述很深刻。重视质为的是保持天性本然，使作品真实可信，可是，如果时刻被重质理念所牵系，天性本然必定遭到损害，不可能使作品真实感人。《淮南子》的这段论述，明显是受《韩非子·解老》篇下面话语的启示：

> 所以贵无为无思为虚者，谓其意无所制也。夫无术者，故以无为无思为虚也。夫故以无为无思无虚者，其意常不忘虚，是制于为虚也。虚者，谓意无所制也。今制于为虚，是不虚也。[1]

《淮南子》借鉴这种理念把它整合到文质论中，提醒人们重视质但不要为重视质的理念所制，否则，适得其反，会由重质变为灭质。

第三，文对质的审美表现具有重大影响力。《淮南子》是从正反两方面来阐述这个观点的，也就是说文对质的美学价值具有消极和积极两个方面的影响。《修务训》中云：

---

[1] 王先谦：《韩非子集解》，中华书局1998年版，第131页。

今夫毛嫱、西施，天下之美人，若使之衔腐鼠，蒙猬皮，衣豹裘，带死蛇，则布衣韦带之人过者，莫不左右睥睨而掩鼻。尝试使之施芳泽，正娥眉，设笄珥，衣阿锡，曳齐纨，粉白黛黑，佩玉环，揄步，杂芝若，笼蒙目视，冶由笑，目流眺，口曾挠，奇牙出，靥酾摇，则虽王公大人，有严志颉颃之行者，无不惮悇痒心而悦其色矣。

毛嫱、西施是天下的至美之人，但这种质地之美能否得到很好的表现，或者说能否达到审美效果，取决于以什么样的文修饰和表现。文饰丑陋就会使质地之美无从展示，从而取消它的审美价值；文饰美好就会使质地之美得到更好的展示，增强它的审美价值。

　　总的说来，《淮南子》对文质之间的相互作用有辩证性的认识，质决定着文的存在和形式，而文对质的审美价值能否体现也有重要作用，所以对质和文有任何的偏颇都是不妥的。对此，《诠言训》云："饰其外者伤其内，扶其情者害其神，见其文者蔽其质，无须臾忘为质者，必困于性；百步之中，不忘其容者，必累其形"。《缪称训》则说得更为明确："以文灭情，则失情；以情灭文，则失文。"只有做到"文情理通"，才是极品，所谓"凤麟极矣"。《淮南子》此论是《文心雕龙》反对"为文而造情"，主张"为情而造文"之先河。

五　文质观与汉代其他文质观的比较

　　汉代的文质观呈现出复杂多样的状态，不同的人对文质审美观照的角度不同，从而出现不同程度的或重质或重文的倾向。

　　董仲舒是汉代儒家的代表性人物，他承袭儒家一脉对质的强调，认为"诗道志，故长于质"，而作文则需"先质而后文"。《春秋繁露·玉杯》："志为质，物为文。文著于质，质不居文，文安施质。文质两备，然后其礼成。文质遍行，不能有我尔之名；俱不能备而偏行者，宁有质而无文。……《春秋》之序道也，先质而后文，右志而左物。"这里指出对于诗文创作来说，质（志）为本，文为末，最好能够作到"文质两备"，如果不能两备则"宁有质而无文"。这种文质观和《淮南子》论述艺术创作要"文情理通"是一致的。

司马相如在谈到赋体创作时，也涉及了文质问题。《全汉文》中记载了一段司马相如对赋体创作的心得："合纂组以成文，列锦绣而为质，一经一纬，一宫一商，此作赋之迹也。赋家之心，苞括宇宙，总览人物，斯乃得之于内，不可得而传也。"司马相如是以织锦来形容赋应该达到的审美形式，这里的文指彩色丝线在锦绣等丝织物上的花纹，质指的则是锦绣等丝织物本身。司马相如认为赋体是一种以华美文辞为基础，追求更加丰富多彩的文采之美的文体。这里的文质关系，其实就是前面《淮南子》所说的文质关系模式中的第一种，只不过这里的事物本体很特别——锦绣，是经过人工修饰之后以其文饰获得审美价值之物，它的质地本身已经极具文饰特征，这就容易让读者误以为这里的文质具有相同的内涵。

刘向在《说苑·反质》中假借孔子之口说："丹漆不文，白玉不雕，宝珠不饰，何也？质有余者不受饰也。"认为质地很美的事物就不再需要人工修饰了。这和《淮南子》对质美之物不需文饰的观点完全一致。而在《说苑·修文》中，刘向用一个故事表达了对人的文质要求：

  简者，易野也。易野者，无礼文也。孔子见子桑伯子，子桑伯子不衣冠而处。弟子曰："夫子何为见此人乎？"曰："其质美而无文，吾欲说而文之。"孔子去。子桑伯子门人不说，曰："何为见孔子乎？"曰："其质美而文繁，吾欲说而去文。"故曰，文质修者，谓之君子，有质而无文谓之易野。子桑伯子易野，欲同人道于牛马，故仲弓曰"太简"。

子桑伯子不满孔子"质美而文繁"，孔子亦不满子桑伯子"质美而无文"，刘向则认为"文质修者，谓之君子"，子桑伯子虽然"质美"但"易野"、"无文"，所以不能与君子为伍。这表明刘向认为"质美"是前提，但以文饰质亦是必要的，从而强调了文对质的修饰作用。这种观点和《淮南子》中对以文饰质的必要性的论述是很相近的。

扬雄认为质是事物的根本所在，因此事物的根本区别就在于质的区别。《法言·吾子》说："有人焉，自云姓孔而字仲尼，入其门，升其堂，伏其几，袭其裳，则可谓仲尼乎？曰：其文是也，其质非也。敢问质？曰：羊质而虎皮，见草而说，见豺而战，忘其皮之虎矣。圣人虎别，其文炳也。君子豹别，其文蔚也。辨人狸别，其文萃也。"[1] 在扬雄看来，质的不同，决定了事物的不同，他从这点出发，进一步推论圣人、君子和辨人，说他们的质有虎、豹、狸之差别，所以带来了他们的文也相应地有炳、蔚、萃的差别。扬雄用假仲尼和披着虎皮的羊这两个生动的比喻形象地说明了内容决定形式、质决定文的理念。《淮南子》也曾以礼乐艺术为例阐述了这一思想，认为内在的情感之质决定了外在的乐舞及礼仪的表现形式。和《淮南子》一样，扬雄也认识到了文对质的审美价值的影响，《法言·寡见》说："言不文，典谟不作经。"[2] 强调了文辞之美对艺术作品的传播有重要作用。

---

[1] 汪荣宝：《法言义疏》，中华书局1987年版，第71—72页。
[2] 同上书，第221页。

第二章 《淮南子》文艺范畴研究

王充的文质观主要见于《论衡·书解》篇。因为痛恨当时的"虚妄"之言,王充要求文章要有充实的内容从而表现出重质的倾向,但他也认识到了文存在的必然性及其对质的反作用。《淮南子》在谈到音乐产生的过程时为文的产生提供了人性根据,而王充认为"物以文为表,人以文为基",把文的存在依据提高到了天道自然的高度。就物而言,王充认为万物皆有其文,《书解》篇云:"龙鳞有文,于蛇为神;凤羽五色,于鸟为君;虎猛,毛蚡蜦;龟知,背负文:四者体不质,于物为圣贤。且夫山无林则为土山,地无毛则为泻土,人无文则为仆人。土山无麋鹿,泻土无五谷,人无文德不为圣贤。"① 就人而言,王充不仅认为"人有文质乃成",而且认为文德是区别人的贵贱等级的标准:"大人德扩其文炳,小人德炽其文斑,官尊而文繁,德高而文积。……衣服以品贤,贤以文为差。愚杰不别,须文以立折。"这种认识虽然与《淮南子》所论述的情感的多样性决定了礼乐仪式的多样性有异曲同工之趣,但要比《淮南子》对文的认识深刻细致得多。针对文章创作,王充强调了文质要"自相副称",《论衡·超奇》篇说:"实诚在胸臆,文墨著竹帛,外内表里,自相副称,意奋笔纵,故文见而实露也。"这段话语和《淮南子》一样,王充也认识到文章创作的过程就是内在情志之质外化为言辞表达之文的过程,所以文质要"自相副称"。

汉代其文质观值得一提的还有应玚,他富有创见性地谈到了文的审美娱乐性。应玚认为对文采华美之物与质朴实用之物应该区别对待,对富有文采之物,不必都求实用,能使人怡养性情,审美游玩即可。在其著作《文质论》中有云:"若夫和氏之明璧,轻縠之袿裳,必将游玩于左右,振饰于宫房"。认为对玉璧

---

① 王充:《论衡》,上海人民出版社 1974 年版,第 432 页。

与袿裳这些文采华美之物，不必追求与金属器具一般的实用性，其存在的价值更多地体现于它的审美娱乐性。另外，和王充一样，应场也认为到万物自然均有文的因素，自然界中，百谷是土地之文，芳华是春天之文；人文世界中，仅有质亦不足以应世，还需要文的辅助："言辨国典，辞定皇居，然后知质者之不足，文者之有余。"人只有在需要言辞文辩来处理国家大事时，才会意识到只有仁德之质是不够的。应场对文的认识比《淮南子》更具有审美性，他对文的娱乐功能的开发，在历代文质论中独树一帜，自此之后，文质论由广义的文艺范畴已基本进入纯文学范畴，主要在语言文辞范围内发展。

第二节 《淮南子》的形神气论

形、神、气是中国古代用来解释人的生命构成的范畴，它们是三个独立出现的范畴，有各自的审美内涵，但由于中国古代哲学美学范畴的互渗性与意义的模糊性特点，这三个范畴相互之间又有密不可分的联系。《淮南子》中形、神、气既有各自独立的审美内涵，互相组合后又有新的审美关系。在《庄子》中形神已经构成了一个相对固定的组合，用以解释人的形体与精神之间的结构关系。《淮南子》吸收了精气论的成果，把气这一范畴加入到了形神论中，使中国古代对人的生命结构的审美观照进入一个新的阶段，其论述涉及了美与艺术，对后世艺术与文学理念的发展有重要影响。

一 形生象显

形是古人对事物外在形式的一种体认与概括，其基本义是指事物的形状、人的形貌及艺术的形式。许慎《说文解字》释形曰："形，象形。凡彡之属皆从彡。形，象也。"段玉裁注曰：

"象，当作像，谓像似可见者也。"① 而对于"彡"，《说文解字》云："彡，毛饰画文也。"段玉裁注曰："毛笔，所以画者也，其文则为彡，手之列多略不过三，故以彡象之也。毛所饰画之文成彡。"② 以此为据，从字源上讲，"可见"表示形之内涵首先是指可见之形貌；其次，"彡"表示指形是人的思维意识对形貌特征的抽象概括；再次，"饰画之文"表示形隐含着人工修饰的审美成分。《淮南子》中的形，其基本意义之一亦即指事物之可诉诸人的视觉感官的外在形态及其在人思维意识中的反映，上述形所具有的三种内涵都有体现，但《淮南子》把形的这一基本意义与艺术活动联系起来，赋予了形更为深刻的审美内涵，对后世的形神理论的发展成熟有着重大意义。

首先，《淮南子》中的形指事物的外在形体状貌特征时往往与性情联系在一起，揭示了形对性命情感具有重要作用。《原道训》云："夫性命者，与形俱出其宗。形备而性命成，性命成而好憎生矣。"这里直接把人的形体的生成与性命的出现等同，形体生成也就表征着人的性命的形成，而性命的形成则关系着人的"好憎"之情的形成。这事实上揭示了人的形体与情感之间的密切关系。人的形体是生命形成的表征，而情感是人的本质特征，凡审美必关乎情。《淮南子·泰族训》中认为文学艺术的本质在于"情"："今夫《雅》《颂》之声，皆发于词，本于情。"《淮南子》把形与性情联系起来，既揭示了人的形体与艺术情感的形成具有同在性，又为形成为艺术情感的载体即艺术形式奠定了思维理路。事实上，人的形体是各种艺术产生的载体，不仅今天的舞蹈艺术、体操艺术等人体艺术要靠人的形体来表达，而且其他各种艺术亦是人的创造物，人的形体虽然退居到后台，处于前

---

① 段玉裁：《说文解字注》，中州古籍出版社 2006 年版，第 424 页。
② 同上。

台的艺术成为形的主要内涵,人体形貌在艺术理论形成的初级阶段,与艺术之间的关系更为密切。

《淮南子》认为形貌与性情同在,因而形与性之间互相影响。《原道训》论述了事物之形与质之间的稳固联系:

> 今夫徙树者,失其阴阳之性,则莫不枯槁。故橘树之江北则化而为枳,鸲鹆不过济,貊渡汶而死,形性不可易,势居不可移也。

这里是说事物的外形与天性是同在的,形体的变化意味着性情的变化,性情的变化也就意味着事物质的变化,质变必然又会引起形变。就像橘树在江南为橘,在江北为枳一样,形变即是性变,性变即是质变,质变就会形成新的形体。

《淮南子》把这种理念与道家的全性养身理念相结合,并运用它来解释艺术活动,对人的形体与审美体验之间关系进行了多角度的论述。《说林训》以工艺制造为例,说明了事物的不同形性,规定了事物具有不同的审美特征:"巧冶不能铸木,巧工不能斫金者,形性然也。"由于木与金的形性不同,冶匠与木匠互相调换角色,就算有再高的造诣也不能以铸木斫金。而《齐俗训》则以音乐艺术为例说明了审美主体的形性不同,会对同一个艺术对象形成不同的反应:

> 咸池、承云,九韶、六英,人之所乐也;鸟兽闻之而惊。深溪峭岸,峻木寻枝,猿狖之所乐也,人上之而栗。形殊性诡,所以为乐者乃所以为哀,所以为安者乃所以为危也。

这段话借鉴《庄子·齐物论》、《庄子·达生》的论述,同时又进一步加以扩展。这里明确指出人与鸟兽"形殊性诡",即形性不同从而决定了人与鸟兽对音乐艺术的反应不同。这是从审美主体的整体形性角度来谈形与审美判断之间的关系,《淮南子》还论述了人的形体各组成部分有各自的审美职能,因而决定审美主体具有不同的审美感官。这一方面认为审美感官不同,对艺术门类的感知不同;另一方面说明人要全形养性,才能对多种艺术门类形成审美判断。《主术训》云:

>聋者可令嗺筋,而不可使有闻也;瘖者可使守圉,而不可使言也。形有所不周,而能有所不容也。是故有一形者处一位,有一能者服一事。

这是说聋子可以让他削竹制造弓箭,而不可以让他欣赏声音;哑巴可以使他守城,而不可以让他言语。形体有所残缺,能力就有所局限。所以说有某种形体特征就会有某种能力,有某种能力就会从事某种事业。这段话明确指出主体的形体器官是否健全既关系着主体是否具有一定的审美能力,亦关系着主体从事什么样的艺术门类。耳朵之形健全,才能对音乐艺术的有审美感知,眼睛之形健全,才能对各种以形质为载体的艺术形成审美感知,口舌健全,才能够对内心的艺术情感进行表达。《泰族训》中亦云:

>且聋者,耳形具而无能闻也;盲者,目形存而无能见也。夫言者,所以通己于人也;闻者,所以通人于己也,哑者不言,聋者不闻,既哑且聋,人道不通。

这段话论述了耳与目及口对于艺术的感悟与传播的具有重要作用,如果耳、目、口这些重要的审美感官不健全的话,那么就会"人道不通",也无法进入艺术活动。《说林训》中说:"象肉之味不知于口，鬼神之貌不著于目，捕景之说不形于心。"这就明确指出不能诉诸感官体验的审美形态很难被人的思维把握，"象肉"很难吃到、"鬼神之貌"谁也没见过、"捕景之说"虚幻不实，这些对象都不是人的感官体验过的，也就不可能诉诸审美表达。

《淮南子》不仅要求形全，而且要求形体自由。《主术训》以圈养动物为例说明了形体自由对于生命的重要性："故夫养虎豹犀象者，为之圈槛，供其嗜欲，适其饥饱，违其怒恚。然而不能终其天年者，形有所劫也。"形体自由的虎豹犀象，均属于生命力极强的动物；但当它们被圈养起来，形体活动失去自由，也就失去了生命活力和乐趣，生命力就会枯竭而"不能终其天年"。形体是否自由关系着生命力是否强健，事实上也关系着艺术创造者的生命力及艺术创造力。

其次，《淮南子》中的形具有生成的含义，因而具有形成艺术的创造力。形的生成功能来自于气。《本经训》曰："阴阳者，承天地之和，形万殊之体，含气化物，以成埒类，赢缩卷舒，沦于不测，终始虚满，转于无原。"这表明《淮南子》认为阴阳二气是形成万物的生命根据，事物含气才能生成，即所谓"形万殊之体"。《淮南子》对于形所赋予的生成的含义涉及了具有抽象性的是非、好憎、精神、忠信等文化范畴：

> 人生而静，天之性也。感而后动，性之害也。物至而神应，知之动也。知与物接，而好憎生焉。好憎成形，而知诱于外，不能反己，而天理灭矣。（《原道训》）

> 夫天不定，日月无所载；地不定，草木无所植；所立于身者不宁，是非无所形。是故有真人然后有真知。其所持者不明，庸讵知吾所谓知之非不欤？（《俶真训》）

> 精神形于内，而外谕哀于人心，此不传之道。（《览冥

训》)

非虑思之察,手爪之巧也,嗜欲形于胸中,而精神逾于六马,此以弗御御之者也。(《览冥训》)

喜怒形于心,奢欲见于外,则守职者离正而阿上,有司枉法而从风,赏不当功,诛不应罪,上下离心,而君臣相怨也。(《主术训》)

忠信形于内,感动应于外,故禹执干戚,舞于两阶之间,而三苗服。(《缪称训》)

上述资料中所论及的"好憎成形"、"是非无所形"、"精神形于内"、"嗜欲形于胸中"、"喜怒形于心"、"忠信形于内"等,其中之形都是指生成、形成之意,而这些所生成的对象都是人类抽象思维的产物,均具有一定的文化内涵和审美内涵,这为形最终以艺术形式为其主要内涵奠定了最初的理论思路。《淮南子》事实上已经论及了形所表达的艺术形式生成的意义:

故音者,宫立而五音形矣;味者,甘立而五味亭矣;色者,白立而五色成矣;道者,一立而万物生矣。(《原道训》)

夫有改调一弦,其于五音无所比,鼓之而二十五弦皆应,此未始异于声,而音之君已形也。(《览冥训》)

这里的"宫立而五音形"和"音之君已形"之形也都是生成的意思,但生成的对象却已经明确指向了音乐艺术的形式,这是形指向艺术形式的审美内涵的模糊表述,或者说是初级形态。

第三,《淮南子》中还赋予形具有表现、表达的内涵,并与艺术活动的许多因素都有关系。《俶真训》说:"夫唯易且静,形物之性也。""形物"指表现主体,这是要求表现者应该具有的特征，事实上涉及了审美主体进行艺术创造时所应该具有的精神状态。《缪称训》说："情系于中，行形于外。凡行戴情，虽过无怨；不戴其情，虽忠来恶。"这里的形指行为。这是强调行为应该以表达感情为主旨，离开了真情实感，行为就会失去审美价值。《齐俗训》亦论述了形是表达情感的方式："且喜怒哀乐，有感而自然者也。故哭之发于口，涕之出于目，此皆愤于中而形于外者也。"这里"形于外"的是情感，形指情感的表达，是一种自然现象，事实上揭示了形表达情感的功能是有人性的必然性的。《主术训》说："动诸琴瑟，形诸音声而能使人为之哀乐，悬法设赏而不能移风易俗者，其诚心弗施也。"这里"形诸音声"的主语是艺术主体的内心情感，形指情感的表达。这是情感需要音声来表达才能引起接受主体的感应，强调了形是对艺术情感的表达传播。《缪称训》还谈到了形的表达方式具有艺术概括性：

> 天有四时，人有四用。何谓四用？视而形之，莫明于目；听而精之，莫聪于耳；重而闭之，莫固于口；含而藏之，莫深于心。

"视而形之"的形指形容、表述，这段话一方面揭示了人作为审美主体天生具有审美表达的能力，另一方面揭示了审美主体对审美对象先有感官体验之后，才能把对象的审美特征表述出来，这事实上是一种审美概括能力的体现。《泰族训》中还论及了形作为表达的方式具有极强的艺术感染力：

> 故精诚感于内，形气动于天，则景星见，黄龙下，祥凤至，醴泉出，嘉谷生，河不满溢，海不溶波。

这是说审美主体的情感精诚的话，就可以"形气动于天"，即其艺术表现形式就会使上天受到感应，从而出现各种神异现象，事实上涉及了艺术表达与艺术感染力之间的关系。

最后，《淮南子》中的形进一步深化了形象这一范畴。先秦谈到形的问题时经常与象相联系，把形与象组合在一起成为复合词，《吕氏春秋·顺说》已经出现：

> 善说者若巧士，因人之力以自为力，因其来而与来，因其往而与往。不设形象，与生与长，而言之与响。与盛与衰，以之所归。

这里的形象，指可以诉诸人的心灵和感官把握的对象，还不是严格的美学范畴。《淮南子》对形象赋予了美学内涵。先秦典籍中形与象都表示事物在人感官中的映射，它们之间的区别在于象只能靠视觉来体悟，因而具有一定的抽象性与虚幻性，而形不但可以诉诸视觉，而且可以诉诸触觉把握，因而更具有具体性与实在性。《易传》云："在天成象，在地成形，变化见矣。"象与形是天地变化见于人心与视觉的结果，象与天和视觉相关、形与地和视觉、触觉相关，不仅说明了象比形更具抽象性，还说明了把握象与形的感官不尽相同。但形与象又是有联系的，《易传》云："形而上者谓之道，形而下者谓之器"，以形上、形下来给抽象之道与具象之器划定界线，这里虽然没有涉及象，但象既具有抽象性又具有具象性的特征说明它正是处于形上与形下之际。《淮南子》中的形总的来说是具象的，但从前面对形之内涵的论述来看，它往往又承载着抽象性的内容，因此可以说形是象的外在体现，象是形的稀薄化。

《淮南子》的形象论的价值在于，不仅对于象与形之间的关系进行了辨析，而且赋予象及形象一词美学意义。《淮南子》中形与象既单独使用，也联合使用。《原道训》说："故矢不若缴，缴不若无形之像。"这是对象的抽象性的说明，强调了象不可坐实为的具体的形体。《主术训》对象的抽象特征进行了描述：

> 故至精之像，弗招而自来，不麾而自往，窈窈冥冥，不知为之者谁而功自成。

可以看出来，这里的象已经具有道的品性，极度自由而又幽渺难测，很难看到主体意识的痕迹，却又具有极高的艺术品格。《原道训》中还把形与象组合起来说明道的特征：

> 大道坦坦，去身不远，求之近者，往而复反。迫则能应，感则能动；物穆无穷，变无形像。优游委纵，如响之与景。

这段话是说道离人身不远，飘忽不定，忽远忽近，但人可以与道发生感应，道化生芸芸众物，但人的感官又无法把握它的具体特征，却与人的生活如影随形。《兵略训》也提到了形象一词："天化育而无形象，地生长而无计量，浑浑沉沉，孰知其藏。"说的是自然对万物的化育之功，既没有感官可以把握的形体特征，也没有视觉可以把握的具象特征，处于一片浑沌状态，人类的感知无法对之进行解释。这两处的形象一词均属于并列结构，形指事物外在的、可以诉诸人的感官体验的形体特征，而象只能是用视觉进行把握的稀薄之物。

《淮南子》创造性地使用"形象"一词，无论是形还是象，都是人对物进行体认结果，形和象都具有人文理念。《淮南子》不仅分别论述了形和象所具有的审美内涵，形更多地体现着客体对象的物质属性，象更多地体现客体对象处于虚实之间的微妙样态。而且把形象组合起来运用,这是对艺术创造中观照对象的虚实之性进行融合,揭示了艺术形象是兼有虚实属性的美学原理。

二 神与化游

神是一个出现很早的审美范畴,源自于古代"灵魂不死"和"人死为鬼"的观念。《礼记·檀弓下》云:"骨肉复归于土,命也。若魂气则无不之也。"[1] 这是说人死后形体消亡而灵魂却不死,并可以自由活动。《礼记·祭义》则提出了人死为鬼神的概念:

> 宰我曰:"吾知鬼神之名,不知其所谓。"子曰:"气也者,神之盛也;魄也者,鬼之盛也,合鬼与神,教之至也。众生必死,死必归土,此之谓鬼,骨肉毙于下阴为野土。其气发扬于上为昭明,焄蒿悽怆,此百物之精也,神之著也。"[2]

这里说明气为神,魄为鬼,人是体魄与魂气的结合体,人死之后其气发扬于上而为神,神是百物之精,明鉴一切,因此,神也称为神明。神明既指具有神力的主体,又指主体所具有的超人神力。《管子·内业》云:"一物能化谓之神。"[3]《荀子·天论》亦云:"不见其事而见其功,夫是之谓神。"[4] 这两处的神指的是神变化无迹却又神奇高超的化生功能。神由具有实体性的气到一种超强神力及神力的拥有者神灵,再到表示一种奇妙无比又极度自由的境界,已经具备了比较成熟的审美内涵。《淮南子》吸收

---

[1] 朱彬:《礼记训纂》,中华书局1996年版,第152页。
[2] 同上书,第709页。
[3] 戴望:《管子校正》,中华书局1996年版,第270页。
[4] 王先谦:《荀子集解》,中华书局1996年版,第206页。

了前人对神所赋予的内涵,其中有的地方指神灵,有的地方指神力,有的地方亦指艺术境界。但《淮南子》对神所具有的审美特征却进行了细致深刻地分析,使神这个范畴的美学韵味更加丰富。

首先,《淮南子》认为神具有极强的创生力,提出"神与化游"。在《淮南子》中,神的创生功能一方面与道相关,一方面与气相关。《原道训》中的论述认为神具有与道同等的创生力:

> 泰古二皇,得道之柄,立于中央。神与化游,以抚四方。是故能天运地滞,转轮而无废,水流而不止,与万物终始。风与云蒸,事无不应;雷声雨降,并应无穷。鬼出电入,龙兴鸾集;钧旋毂转,周而复匝。已雕已琢,还反于朴,无为为之而合于道,无为言之而通乎德,恬愉无矜而得于和,有万不同而便于性,神托于秋毫之末,而大宇宙之总。其德优天地而和阴阳,节四时而调五行,呴谕覆育,万物群生,润于草木,浸于金石,禽兽硕大,豪毛润泽,羽翼奋也,角觡生焉。

这段话以泰古二皇为例说明了道的化生功能表现为泰古二皇的"神与化游",即道随着万物的形成变化而变化,从而具有无限的化生功能,使整个生命世界呈现出一派生机盎然的和谐局面。《淮南子》提出的"神与化游"涉及了艺术创造的合规律性,这里的"神"虽具有主体特征,但其实指的是道,而"化"指的是事物的千变万化与不断发展的状态。刘勰借鉴了《淮南子》的这一创造性提法,把它运用于文学范畴,提出了文学创作要"神与物游",揭示文学创作过程中创造主体与客体对象之间发生相互感应的现象,使《淮南子》的"神与化游"发展成了中国古代重要的文学理论。

《精神训》中认为阴阳二气就是神，因而亦具有生成万物的功能。

> 古未有天地之时，……有二神混生，经天营地，孔乎莫知其所终极，滔乎莫知其所止息，于是乃别为阴阳，离为八极，刚柔相成，万物乃形，烦气为虫，精气为人。

这段话明确以神指称阴阳二气形成之前的浑沌状态，它分化成阴阳二气，二气离散形成天地八极，相互结合形成万物，其中杂乱之气化生出动物，精微之气化生出人类。其实这里的神依然具有道的品性，是道的代名词。《淮南子》把道的神化功能与气联系起来，以气为中介，试图对道化生万物的具体过程进行理论解释。《淮南子》这里提到"精气为人"，无疑使人具有"精气"的特征，也就为人的艺术创造力提供了根据。《淮南子》之前已经有不少典籍提到了精气。《大戴礼记·曾子天圆》说："阳之精气曰神，阴之精气曰灵。"[1] 这是以精气为神灵。《周易·系辞上》说："精气为物，游魂为变。"[2] 这是以精气为游魂。《管子·内业》云："精也者，气之精者也。"又说："凡人之生也，天出其精，地出其形，合此以为人。"[3] 这是以精气来解释人体结构。《淮南子》借鉴吸收了这些理念，从生化的角度来论述"精气为人"，既使精气具有的主体品格，又使人具有了精气的创造力，突显了精气和人的审美内涵。

《淮南子》中的神具有精神超越性和极度自由的审美特征。《俶真训》中有两处论述了神的超越性特征：

---

[1] 王聘珍：《大戴礼记解诂》，中华书局2004年版，第99页。
[2] 高亨：《周易大传今注》，齐鲁书社2000年版，第386页。
[3] 戴望：《管子校正》，中华书局1996年版，第272页。

> 是故与其有天下也，不若有说也；与其有说也，不若尚羊物之终始也；而条达有无之际。是故举世而誉之不加劝，举世而非之不加沮，定于死生之境，而通于荣辱之理。虽有炎火洪水弥靡于天下，神无亏缺于胸臆之中矣。若然者，视天下之间，犹飞羽浮芥也。孰肯分分然以物为事也！
>
> 夫化生者不死，而化物者不化。神经于骊山、太行而不能难，入于四海九江而不能濡，处小隘而不塞，横扃天地之间而不窕。不通此者，虽目数千羊之群，耳分八风之调，足蹀阳阿之舞，而手绘绿水之趣，智终天地，明照日月，辩解连环，泽润玉石，犹无益于治天下也。

上面第一段材料说明只要有"神无亏缺于胸臆之中"，就可以超脱于世间的是非、荣辱甚至是生死对人心智及审美意识的蔽障。这段论述还涉及了审美鉴赏的境界：拥有审美对象不如获得审美快感，获得审美快感不如超越于主客分别而与审美对象融为一体，后者才是审美鉴赏的最高境界。而第二段论述则充分说明了神不受现实具象的蔽障的超越能力，任何现实的困难与障碍都无法局限它。关于神的这种超越性，《庄子·田子方》篇已经提到："古之真人，……其神经乎太山而无介，入乎渊泉而不濡，处卑细而不惫。"①《淮南子》借鉴《庄子》的论述，并且作了进一步发展。这事实上已经涉及了审美主体的"神思"问题，刘勰《文心雕龙·神思》篇对这段论述的借鉴是显而易见的。更重要的是，这段话还论述了艺术创造也需要神的这种超越性，否则就算审美主体具有极高的艺术修养，可以"耳分八风之调，足蹀阳阿之舞，而手绘绿水之趣"，也"无益于治天下"，不能以最高的艺术境界来美化社会与人生。

---

① 郭庆藩：《庄子集释》，中华书局1978年版，第727页。

《淮南子·道应训》中有一段关于"神明"的论述：

> 罔两问于景曰："昭昭者，神明也?"景曰："非也。"罔两曰："子何以知之?"景曰："扶桑受谢，日照宇宙，昭昭之光，辉烛四海。阖户塞牖，则无由入矣。若神明，四通并流，无所不极，上际于天，下蟠于地，化育万物而不可为象，俯仰之间而抚四海之外。昭昭何足以明之！"

《庄子·齐物论》有罔两问景寓言，《淮南子》同样以寓言形式，赋予两者对话以新的内容。这段话以罔两与影子的问答，说明了神所具有的自由度远远超过了光的自由度，光可以"辉烛四海"但不能入室越窗，而神明却"四通并流，无所不及，上际于天，下蟠于地"。神是绝对自由的化身，是至高的境界，是人类最终的向往。《淮南子·地形训》中还为神提供了一个人类想象可以到达的境界：

> 昆仑之丘，或上倍之，是谓凉风之山，登之而不死。或上倍之，是谓悬圃，登之乃灵，能使风雨。或上倍之，乃维上天，登之乃神，是谓太帝之居。

昆仑之丘、凉风之山、悬圃、太帝之居，都是人类想象的产物，都是人类为自由设定的境界，而最高的自由之境即是神之境。神是无形无象的，又是变动不居的，但在这段论述中《淮南子》为神提供了一个栖居之所，事实上是把神的自由品性与人的想象联系在一起，神境成为人类想象世界中的最高境界，也成为人类审美意识所追求的最高境界。

《淮南子》中的神的化生功能、超越性特征及自由品格，缘于它是万物存在的最高根据即道（气）的形态表述。但神又是古人用来解释人体结构的一个概念，它同时又是作为艺术主体的人的一种精神状态的表述，因此，《淮南子》中的神又与人之心性、形气相联系，具有鲜明的主体性特征。这一方面表现为神具有清静、虚灵的特征，一方面表现为神具有自得性特征。

从道性出发，神是变动不居的，从人性出发，神则表现出清静的特征，这是因为《淮南子》认为人性天生是静的。《原道训》认为："人生而静，天之性也"，这与《礼记·乐记》的表述相一致。《俶真训》则把人性之静与神之静联系起来：

> 水之性真清而土汨之，人性安静而嗜欲乱之。夫人之所受于天者，耳目之于声色也，口鼻之于芳臭也，肌肤之于寒燠，其情一也，或通于神明，或不免于痴狂者，何也？其所为制者异也。是故神者智之渊也，渊清则智明矣；智者心之府也，智公则心平矣。

这段话论述了人性本是静的，但人的种种欲望，包括人的感官所经历的各种审美体验，都会使人的本性出现动荡与惑乱。而神就是能够制约欲望的精神力量，《淮南子》认为有的人能够超越欲望对人的意识的控制，而与神明相通；而有的人却受制于欲望而神志痴狂，其根本原因在于人的意识是受制于神还是受制于欲。人的理性意识源自于精神，而精神清明才能保证意识具有理性的明晰；人的心灵思维源自理性意识，而理性意识公正才能保证心灵思维不会出现偏颇。从这段论述可以看出，《淮南子》不仅论述了人的精神应该具有清静的审美特征，而且正是这种特征保证了人在受到欲望感动的时候能够保持理性意识，从而不会受制于欲望的控制从而伤害甚至失去人的本性。从艺术角度讲，《淮南子》认识到审美体验在带给人审美快感的同时，如果没有精神的清静保证理性意识的存在，那么审美体验就会对人性造成伤害，使人陷于痴狂状态。这种认识是非常深刻的，自古及今，有许多艺术主体就是因为太痴迷于艺术体验而精神失常甚至失去生命。艺术是为生命而生的，如果为了艺术而失去生命，在《淮南子》看来就失去了艺术的真谛，这种论述对今天的艺术主体而言，亦有重要的警醒作用。

《淮南子》不仅论述了神的清静特征保证了人的理性意识，而且论述了神的虚灵特征保证了人的艺术思维的灵动性与自由性。精神的清静使人的感性体验能够存在于理性的畛域内而不会受到过度欲望的伤害，而精神的虚灵则使人的艺术思维能够超越客观具象的限制而到达自由的境界。作为一个哲学概念，精神之虚是相对于物之实而言的，进入到美学范畴，指的就是艺术思维之虚灵与客观对象之具象。《淮南子》对神的虚灵特征的论述正是涉及了艺术思维对客观具象的超越性。《俶真训》云："心有所至，而神喟然在之，反之于虚，则消铄灭息，此圣人之游也。"这是说思维意识所到之处，即是精神所在之地，而最高的境界就是精神摆脱现实具象的局限，到达虚灵之境，这就是得道之圣者的精神境界。《精神训》亦云："夫静漠者，神明之定也；虚无者，道之所居也。"这是说静漠的状态是精神安宁有所专注的保证，而虚无的状态，则是道的存在状态，亦即是人之精神能够超越其所专注之实物具象的局限而达到的虚灵之境。《兵略训》中具体描述了思维的虚灵状态：

> 在中虚神，在外漠志，运于无形，出于不意。与飘飘往，与忽忽来，莫知其所之；与条出，与间入，莫知其所集。

主体内在的精神境界虚灵而无形，不受思维意志的牵系，飘飘忽忽无所定，出入无间无所碍。神"因其不落形迹而又包含以意会通的微妙玄机引领人无限遐思,故而又有导向艺术与审美的可能性"①。

《齐俗训》的论述则涉及了艺术创造活动中主体精神所具有虚灵特征:

> 若夫工匠之为连锹、运开,阴闭、眩错,入于冥冥之眇,神调之极,游乎心手众虚之间,而莫与物为际者,父不能以教子。瞽师之放意相物,写神愈舞,而形乎弦者,兄不能以喻弟。

这段话是借鉴《庄子·天道》篇的寓言,同时又加以改造。《天道》篇的轮扁谈斫轮技艺的精妙时称:"得之于手而应于心,口不能言,有数存焉其间。"《齐俗训》在此基础上进一步加以发挥。这段话先以工艺制造为例说明了进行艺术创造时主体精神到达和谐自由之极境时,艺术思维就会超越审美对象的具象局限,即"而莫与物为际者",也就是与物之间不存在障碍。《庄子·知北游》写道:"物物者与物无际,而物有际者,所谓物际者也。"成玄英疏:"际,崖畔也。夫能物于物者,圣人也。圣人冥同万境,故与物无彼我之际畔。物情有别,取舍万端,故有物我之交际也。"②《齐俗训》所说的"莫与物为际",指的就是"与物无际",即与物没有彼此的崖畔。《淮南子》这段话之后以音乐艺术为例说明音乐创作主体是以意念思维来对事物进行审美体认的,他们以音乐旋律来表现精神境界、谕解舞乐内涵,这种艺术精神的虚灵境界是不具传播性的。这种不可传播性,说明艺术思维的虚灵之境只能从主体内心"自得",而不可能从外在因

---

① 王振复:《中国美学范畴史》,山西教育出版社2006年版,第180页。
② 郭庆藩:《庄子集释》,中华书局1978年版,第753—754页。

素中得到，这就涉及了神的"自得"性特征。

《淮南子》对神的"自得"性特征有充分的论述。《原道训》论述了主体清静、虚灵的精神境界缘于人能自得于内：

> 故心不忧乐，德之至也；通而不变，静之至也；嗜欲不载，虚之至也；无所好憎，平之至也；不与物散，粹之至也。能此五者，则通于神明。通于神明者，得其内者也。

《庄子·刻意》篇也有类似论述："故心不忧乐，德之至也；一而不变，静之至也；无所与忤，虚之至也；不与物交，惔之至也。无所与逆，粹之至也。"① 《原道训》对《刻意》篇的论述作了改造，使之条理更加清晰，避免了前后的重复。这段话首先描述了主体与神明相通的精神状态：与道之德相通，主体意识就会超越于自我个体的现实忧乐；精神保持清静，主体思维就能通达万物特性却又保持主体人性不被损伤；精神虚灵，嗜欲就不会成为心志的负累；心灵评判事物不偏不倚，就会公正而无差别地对待外物；精神纯洁精粹，就会专注于审美对象而不分散。能够做到这五点，精神就达到了神明之境，而与神明通达的根本原因却在于主体能够"得其内者也"。《淮南子》认为忧乐、嗜欲、好憎等因素感荡人性是必然的，《俶真训》就说："今万物之来，擢拔吾性，攓取吾情，有若泉源。虽欲无禀，其可得邪？"但《淮南子》也认为外物对人心的感荡作用是艺术产生的前提，《修务训》就说："夫訽者，乐之征也；哭者，悲之效也。愤于中则应于外，故在所以感。"但人要是不能超越外物对人心的感荡，就会迷失人性，而要超越这些感荡，靠的是艺术主体的精神保持清静、虚灵，精神的清静、虚灵只能来自于主体的内在修养。

---

① 郭庆藩：《庄子集释》，中华书局1978年版，第542页。

《原道训》中对"自得"与"得"有所界定：

> 所谓自得者，全其身者也。全其身，则与道为一矣。故虽游于江浔海裔，驰要褭，建翠盖，目观掉羽、武象之乐，耳听滔朗奇丽激抮之声，扬郑、卫之浩乐，结激楚之遗风，射沼滨之高鸟，逐苑囿之走兽，此齐民之所以淫泆流湎；圣人处之，不足以营其精神，乱其气志，使心怵然失其情性。处穷僻之乡，侧溪谷之间，隐于榛薄之中，环堵之室，茨之以生茅，蓬户瓮牖，揉桑为枢，上漏下湿，润浸北房，雪霜滚灖，浸潭苴蒋，逍遥于广泽之中，而仿洋于山峡之旁，此齐民之所为形植黎累，忧悲而不得志也；圣人处之，不为愁悴怨怼，而不失其所以自乐也。是何也？则内有以通于天机，而不以贵贱、贫富、劳逸失其志德者也。……非以一时之变化，而定吾所以自得也。吾所谓得者，性命之情处其所安也。

这段话认为"自得"即是"全其身"，而"全其身"就是"与道为一"。具体说来就是"内有以通于天机，而不以贵贱、贫富、劳逸失其志德者也"。而"得"则是"性命之情处其所安也"，强调人的性情不能被外在因素的变化所左右。《淮南子》这段论述明确说明所谓"自得"就是主体只有通过内在的修养，才能使精神境界保持一种安宁和乐的状态，就能够超越于外在事物对人心志的感荡作用，从而重新获得人性的自由。

上述观念在《庄子·田子方》篇已经出现："草食之兽不疾易薮，水生之虫不疾易水，行小变而不失大常也，喜怒哀乐不入于胸次。"[①] 这里强调内心不为外物所变，不因条件变化而生喜

---

① 郭庆藩：《庄子集释》，中华书局1978年版，第714页。

怒哀乐。《原道训》正是在此基础上进行发挥。如果再进一步追溯其渊源,那就是《庄子·德充符》篇所说的"才全":"死生存亡,穷达贫富,贤与不肖毁誉,饥渴寒暑,是事之变,命之行也。日夜相代乎前,而知不能规乎其始者也。故不足以滑和,不可入于灵府。"[①] 内心不为外在变化所干扰,保持平和虚静,当然就是处于自得状态。

《淮南子》还对精神修养的社会功能有所论述。《修务训》认为主体的社会地位取决于其精神修养所到达的不同的层次境界:

> 且夫精神滑淖纤微,倏忽变化,与物推移,云蒸风行,在所设施。君子有能精摇摩监,砥砺其才,自试神明,览物之博,通物之壅,观始卒之端,见无外之境,以逍遥仿佯于尘埃之外,超然独立,卓然离世,此圣人之所以游心。若此而不能,闲居静思,鼓琴读书,追观上古,及贤大夫,学问讲辩,日以自娱,苏援世事,分白黑利害,筹策得失,以观祸福,设仪立度,可以为法则,穷道本末,究事之情,立是废非,明示后人,死有遗业,生有荣名。如此者,人才之所能逮。然而莫能至焉者,偷慢懈惰,多不暇日之故。

这段话认为精神修养即"得"与"自得"的程度不同,其所达至的精神境界不同,就决定了主体所处的社会地位不同。其精神修养能够与道同在,"自试神明"是圣人的境界,圣人游心于世外,其生命状态本身就与艺术境界相通。"若此而不能",则退而求其次,即依靠静思、鼓琴、读书、讲辩等方法,向前贤学习,为世人解惑,"究事之情,立是废非,明示后人",这是仕人的精神境界,亦即今天的"社会精英"的精神境界。这种境

[①] 郭庆藩:《庄子集释》,中华书局1978年版,第212页。

界的人统治管理着社会，在世俗生活中体验着艺术境界带来的愉悦与超越。再次，"然而莫能至焉者"，就是那些无暇修养，其精神淹没在欲望和生存困境中而无法超越的人，他们的生命和精神根本谈不上有什么境界，也就只有受制于外在的人与事。《淮南子》此论既强调了修养精神的重要性，又论述了主体修养精神的能力与其所达至的境界层次之间的关系，还对艺术体验与精神境界层次的关系有所揭示。

《原道训》中还以音乐鉴赏为例论述了艺术接受主体内在的精神修养在艺术鉴赏活动中的重要作用：

> 不以内乐外，而以外乐内，乐作而喜，曲终而悲，悲喜转而相生，精神乱营，不得须臾平。察其所以，不得其形，而日以伤生，失其得者也。是故内不得于中，禀授于外而以自饰也。不浸于肌肤，不浃于骨髓，不留于心志，不滞于五藏。故从外入者，无主于中，不止；从中出者，无应于外，不行。

这段话说明如果接受主体内在的精神力量不足主导艺术作品的感染力，主体就只能被动地被艺术作品的审美特征和情感倾向所左右，艺术审美活动也只能停留在感官体验的浅表层次而不能达至精神陶冶的审美境界。《淮南子》认为"自得"保证了接受主体在审美鉴赏活动中的精神主动性。接受主体能够主动地以自身的精神境界去体验艺术的审美作用，既保证了主体的心志不被艺术审美特征完全控制，亦保证了主体的审美接受能够超越感官体验而进入艺术境界。

三 冲气以为和

气也是中国古代重要的哲学、美学范畴之一，古人从自身体验中发现气与生命现象须臾不可分离。气论贯穿中国哲学、美学的始终,先秦各种哲学思想都把气作为一个重要概念,后世各代亦对气有新的阐释。气为万物根本、通同一切的理念为艺术领域的主客体关系论奠定了基石;其生命精神的属性、变动不居的特点和化生万物的功能为古代艺术论提供了一种表述审美理想和艺术创造机制的方式。

气,最初是指自然云气,《说文解字》云:"气,云气也。象形。"① 中国古代较早赋予气概念以人文内涵的记载出现在《国语·周语上》中,伯阳父认为天地之气与地震的发生有关,而发生地震就预示着国亡:"周将亡矣!夫天地之气,不失其序;若过其序,民乱之也。阳伏而不能出,阴迫而不能蒸,于是有地震。"② 伯阳父所言体现了原始巫术思想,事实上是以阴阳二气是否和谐流畅来解释国家的存亡之运。春秋时期,以气的观点来解释疾病、五味、五色、五声和礼、情等现象,气的人文内涵、甚至美学内涵开始鲜明。《左传·昭公元年》记载:"天有六气,降生五味,发为五色,征为五声,淫生六疾。六气曰阴、阳、风、雨、晦、明也。为分四时,序为五节。过则为灾,阴淫寒疾,阳淫热疾,风淫末疾,雨淫腹疾,晦淫惑疾,明淫心疾。"③ 这段话以"六气"来解释与人关系极为密切的味、色、声、疾,虽然气之所指仍属自然范畴,但已经和人的感官体验紧密相连,为气进入生命范畴提供了思维理路。《左传·昭公二十五年》云:"气为五味,发为五色,章为五声,淫则错乱,民失其性。是故为礼以奉之。……民有好恶喜怒哀乐,生于六气。"这里以"六气"来解释礼与情的产生,为后世气范畴成为艺术

---

① 段玉裁:《说文解字注》,中州古籍出版社2006年版,第20页。
② 徐元诰:《国语集解》,中华书局2002年版,第26页。
③ 杨伯峻:《春秋左传注》,中华书局1981年版,第1457—1458页。

之生成根据提供了理路。《论语·季氏》中记载了孔子的"血气"说:"君子有三戒:少之时,血气未定,戒之在色;及其壮也,血气方刚,戒之在斗;及其老也,血气既衰,戒之在得。"①孔子之"血气"说是从伦理的角度把气引入了人的生命结构,为气成为生命美学的重要范畴提供了思路。《管子·中匡》中亦有"血气"之说:"公曰:'请问为身。'对曰:'道血气以求长年、长心、长德,此为身也。'"② 这是从修身养性的角度以气解释人的生命结构,是后代老庄养生说与中医经络、营卫气血之说的前期文本表述。《管子·内业》又提出了"精气"说:"凡物之精,化则为生。下生五谷,上为列星流于天地之间,谓之鬼神,藏于胸中,谓之圣人。"③ 这是认为天地间一切事物都因为有一种"精气"的流注和贮藏而后有"神",精气是主体之人与客体之物都有"神"的客观依据。《管子》的"精气"说是在更加质实的层面上对道的另一种表述,精气虽不是道本身,但作为生命体的生成根据则与道具有同质性。《孟子·公孙丑上》中提出了"浩然之气":"难言也。其为气也,至大至刚,以直养而无害,则塞于天地之间。其为气也,配义与道;无是,馁也。"④ 将气看作是存在、流变、充满于天地之间的一种生命力,"配义与道"保证了这种生命力的"浩然"之状。《孟子》之气论,虽然具有较浓的道德人格内容,但以气指称生命力亦具有明显的生命美学内涵。

老、庄道家对气亦有重要论述,是《淮南子》气论的主要思想来源。《老子》首先赋予气生成功能:"道生一,一生二,二生三,三生万物。万物负阴以抱阳,冲气以为和。"⑤《老子》

---

① 杨伯峻:《论语译注》,中华书局2000年版,第176页。
② 戴望:《管子校正》,中华书局1996年版,第118页。
③ 同上书,第268页。
④ 朱熹:《四书集注》,中华书局2003年版,第231页。
⑤ 王弼:《老子注》,中华书局1978年版,第26—27页。

把气看成是道生万物的介质,从而使气具有了主体性品格,为后世的气本原论提供了思想依据。《管子》认为精气是万物的生成根据,明显借鉴了《老子》的气论。"冲气"指阴阳二气交互变化和谐运动的生命状态,这种生命状态已经具有了审美品格。《庄子》对《老子》的气论作了进一步的发挥,以气之聚散来说明生命万物的生化流变。《知北游》云:"人之生,气之聚也。聚则为生,散则为死。若死生为徒,吾又何患!故万物一也。是其所美者为神奇,其所恶者为臭腐。臭腐复化为神奇,神奇复化为臭腐。故曰:'通天下一气耳。'"[1]《庄子》此段在理论上成熟地论证和确立了气的生命本体地位,气是生命的内在本质构成,与生死同在又超越生死,与物同在又与道贯通。天地万物一体之气,不仅给出天地万物相通的根据,而且使道物贯通有了坚实的生命介质。对后世美学意义上的形神论及气论影响重大。

《淮南子》的气论吸收借鉴了上述诸子关于气的论述,又反映了汉初气论的发展与变化。《淮南子》继承了《庄子》"通天下一气耳"的理念,认为气是道最初的存在状态,气的分化是道的生化功能的显现。《淮南子》气论的一个重要审美特征就是气的艺术生成的根据。《天文训》对气的生化功能有比较集中的论述:

> 天地未形,冯冯翼翼,洞洞灟灟,故曰太昭。道始于虚廓,虚廓生宇宙,宇宙生气。气有涯垠,清阳者薄靡而为天,重浊者凝滞而为地。清妙之合专易,重浊之凝竭难,故天先成而地后定。
>
> 明者,吐气者也,是故火曰外景;幽者,含气者也,是故水曰内景。吐气者施,含气者化,是故阳施阴化。天之偏

---

[1] 郭庆藩:《庄子集释》,中华书局1978年版,第743页。

气，怒者为风；地之含气，和者为雨，阴阳相薄，感而为雷，激而为霆，乱而为雾。阳气胜则散而为雨露，阴气盛则凝而为霜雪。

二阴一阳成气二，二阳一阴成气三，合气而为音，合阴而为阳，合阳而为律，故曰五音六律。

上引第一段论述，继承了老、庄以气为宇宙万物生成根据的观点，从宇宙生成的角度论述了气作为宇宙最初的生成物，又生成了人文世界赖以生存的天地。《淮南子》不仅具体建构了宇宙生成的初始状态，而且创造性地以气具有的不同特性，解释了天下万物"通同一气"却为何会生成形体、性质、样态等各不相同之万物的现象。气有阴阳、清浊之分，不同质性的气生成了不同的生命元素。上面所引的第二段论述，类似文字还见于《大戴礼记·曾子天圆》篇①，《天文训》的表述较之《曾子天圆》更加明晰，阴阳二气各自对应的自然现象，两篇文献所作的表述不尽相同。上引第二段论述则集中论述了气具有不同的形态和特性，正是气的这种多样性存在状态及阴阳二气不同程度的交合样态，形成了多样性存在的水火、风雨、雷电、霜雪等生命形成之前的自然物象。上引第三段论述则直接涉及了气对音乐艺术的生成作用。《淮南子》认为音乐艺术中的"五音六律"是和合阴阳二气而生成的。这种观念先秦时期就已经形成，《吕氏春秋·乐律》写道："天地之风气正，则十二律定矣。"② 天地之风气，实指阴阳二气。先秦时期有六律、六吕之称，阳为律，阴为吕。这也体现了《淮南子》对气论的继承和发展。阴阳二气生成万物的理念在《淮南子》产生之前就存在很久了，以阴阳二气来解

---

① 王聘珍：《大戴礼记解诂》，中华书局2004年版，第99页。
② 吕不韦：《吕氏春秋》，中华书局1996年版，第57页。

释艺术的起源，这种解释现在看来虽然缺乏科学依据，但却为气范畴进入艺术包括文学创作提供了理论根据，亦是中国古代艺术"气本论"的前期表述。

《淮南子》对气的论述还涉及了创作主体独特的审美个性，使气的美学意义更鲜明。《地形训》中云：

> 土地各以其类生，是故山气多男，泽气多女，障气多喑，风气多聋，林气多癃，木气多伛，岸下气多肿，石气多力，险阻气多瘿，暑气多夭，寒气多寿，谷气多痹，丘气多狂，衍气多仁，陵气多贪。轻土多利，重土多迟，清水音小，浊水音大，湍水人轻，迟水人重，中土多圣人。皆象其气，皆应其类。

此段论述是说天地间包括人类的各种生命体，由于其所秉之气不同，所以会呈现出不同的审美特征。气在不同的时空环境中会呈现出山、泽、障、风、林、木、岸下、石、险、暑、寒、谷、丘、衍、陵等特征，而生活在相应的时空环境中的人就会呈现出男、女、哑、聋、癃、伛、肿、力、瘿、夭、寿、痹、狂、仁、贪等形体、性格、人格等各方面的特征。也就是说主体秉承了什么样的气，就会呈现出不同风格的审美特征，这是把气与主体所具有的独特性联系起来。《诠言训》中云：

> 君子行正气，小人行邪气。内便于性，外合于义，循理而动，不系于物者，正气也。重于滋味，淫于声色，发于喜怒，不顾后患者，邪气也。邪与正相伤，欲与性相害，不可两立。一置一废。

此段以气之正邪来区分君子与小人。这里的正气、邪气指的是君子和小人所表现出来的人格道德修养的高下有别，这就把气与主体所表现出的个性特征联系起来。《淮南子》上述两段关于气的论述，从主体所具有的独特性及其表现两方面揭示了气与主体个性特征之间的必然联系，这种理念已经涉及了主体之气与艺术个性的关系问题，可以说是魏晋"文气"说的先声。曹丕《典论·论文》认为气是文学创作的关键因素，创作主体之气有清浊之别，因而其文学作品就会呈现出不同的个性特征，这是天生禀赋，不可强求。他说："文以气为主，气之清浊有体，不可力强而致。"这明显借鉴了《淮南子》此段对气的论述。

《淮南子》的血气论对孔子和《管子》中的血气论有所继承，但《淮南子》血气论的审美内涵却较之先秦有重大发展。首先，《淮南子》的血气虽指人的生命构成因素，但却赋予血气以情性的内涵。《精神训》云：

> 天有风雨寒暑，人亦有取与喜怒。胆为云，肺为气，肝为风，肾为雨，脾为雷，以与天地相能也，而心为之主。是故耳目者日月也，血气者风雨也。

这段论述和《文子·九守》篇所作的比附基本相同，是对《文子》理念的继承，只是《文子·九守》的配置是"脾为风，肝为雷"[①]，与《精神训》稍有差异，是由所持五行说体系不同造成的。《淮南子》认为人体结构与天体具有相应性，天有风雨寒暑的不同变化，人有喜怒取予的不同情性，人的胆、肺、肝、肾、脾五藏与天之云、气、风、雨、雷相应，人之耳目犹如天之日月，人之血气犹如天之风雨。这段论述事实上认为人的血气是人的情性之表征，犹如风雨是天象的表征一样，这就使血气具有

---

① 李定生、徐慧君：《文子要诠》，复旦大学出版社1988年版，第69页。

了性情之内涵，使生命美学的特征有所凸显。如前文所引，孔子从伦理角度论述了血气在人之生命的不同阶段会呈现出或动或刚或衰的不同特征，事实上是以血气指称人的生命力。《管子》中的血气论，指的是道生成人生命形体的介质。《淮南子》不仅认为血气是构成人体的必要因素，而且认为它是人之性情的表征。先秦时期，气范畴的生成功能和表现功能经常是放置在一起进行陈述。《左传·昭公二十五年》写道："民有好恶喜怒哀乐，生于六气。……哀有哭泣，乐有歌舞，开赴有施舍，怒有战斗。"[1]这是兼论六气的生成功能及其在人身上的表现，二者紧密相连。《逸周书·官人解》写道："气初生物，物生有声。气有刚柔清浊好恶，或发于声。"[2] 相同论述还见于《大戴礼记·文王官人》。先秦时期是兼论气的生成功能及表现，《淮南子》则把气的表现作为专门的问题加以论述，显示了气范畴由生成论、表现论相混合向表现论转向的理论趋势。《本经训》论述了血气对音乐创作主体审美情感的激发作用："人之性有侵犯则怒，怒则血充，血充则气激，气激则发怒，发怒则有所释憾矣。"这段话表明《淮南子》认为人性与外物发生交感现象时，"血充"与"气激"既是人之性情的感荡的结果，亦是其表征，正是由于血气的充激才使创作主体产生艺术创作的冲动，而艺术创作正是血气充激的结果，亦是受到感荡的性情要求表达的必然结果。可以说，血气的充激既是性情感荡的表征，亦是推动内在性情寻求外在艺术表达的动力机制。《原道训》中的一段话从反面说明了血气对人的性情的制约关系："圣人处之，不足以营其精神，乱其气志，使心怵然失其情性。"这段话是说圣人处在世俗所崇尚的

---

[1] 杨伯峻：《春秋左传注》，中华书局1981年版，第1458页。
[2] 黄怀信、张懋镕、田旭东：《逸周书汇校集注》，上海古籍出版社2006年版，第775页。

各种感官娱乐之中，却能够保证精神与气志不受感性体验的惑乱，从而保证了性情的本朴状态。反过来说，血气惑乱就会使"心怵然失其情性"，这是从反面论证了血气对情性的感荡作用。

《淮南子》还论述了血气对于人的精神境界有重要作用。《精神训》曰：

> 是故血气者，人之华也，而五藏者，人之精也。夫血气能专于五藏而不外越，则胸腹充而嗜欲省矣；胸腹充而嗜欲省，则耳目清、听视达矣。耳目清，听视达，谓之明。

这段话是说血气是人外貌形体美丽健全的保证，五藏是人的精气流注之所。人的血气能够潜蕴于五藏不会向外流失的话，人的五藏六腑就会感觉充沛，这种充沛的感觉会减省人的感官欲望，血气充沛、欲望减省就能保证人的视听通达，从而保证精神境界与神明相通。《淮南子》认为血气不仅是人的生命的构成因素，而且由于血气充沛能够扼制欲望的产生，从而亦是人的精神清明的保证。

《淮南子》还论述了心对血气的制导作用。《原道训》云：

> 夫心者，五藏之主也，所以制使四支，流行血气，驰骋于是非之境，而出入于百事之门户者也。是故不得于心，而有经天下之气，是犹无耳而欲调钟鼓，无目而欲喜文章也，亦必不胜其任矣。

这段论述认定作为五藏之主的心主宰着血气的流行，所以如果心中没有能够主宰万物的精神力量，就算有经营天下的气魄，也只能像没有耳朵的人想要协调钟鼓的音律、没有眼睛的人想要欣赏文章的辞彩一样，都是不能胜任的。"心"，在这里具有双重内涵，既指人体的一种器官，即"五藏之主也"；更指人的精神，所谓"驰骋于是非之境，而出入于百事之门户者也"，可说是神的替代词。这说明《淮南子》认为血气本身并不具备主体意识，它必须在"心"即精神力量的引导下，才能发挥作用。

《淮南子》对和气的论述亦体现出鲜明的审美特性。《精神训》中云："万物背阴而抱阳，冲气以为和。"这段话本于《老子》第四十二章，是说各种生命体的形成都是阴阳二气交互融合而形成的具有和谐特征的生命状态，"冲气"指的是阴阳二气交互融合的动态特征，"和"则说明和谐的特征是气之运动所产生的各种生命体所具有的一种基质。这段话是《淮南子》照搬了《老子》的原话，说明《淮南子》的和气论是对道家气生化万物及气赋予生命体和谐质性理念的继承。但《老子》此话重在强调阴阳二气融合在一起时的浑融原朴的状态，而《淮南子》的和气论则重点在强调阴阳二气生化成的生命体之和谐状态。《泛论训》中说："天地之气莫大于和，和者，阴阳调，日夜分，而生物。"这是明确强调和谐是生化万物之气最佳的状态，阴阳二气只有和谐交合，才能日夜分明，万物化育。

不仅如此，《淮南子·本经训》还认为阴阳二气本身就具有和谐的质性："阴阳者，承天地之和，形万殊之体，含气化物，以成埒类，赢缩卷舒，沦于不测，终始虚满，转于无原。"这是说阴阳二气自生成之时就承载着和谐的质性，这种和谐的质性在其"形万殊之体，含气化物，以成埒类"时，就自然内化为万物的生命特征。《淮南子》此处是把阴阳二气看作与道具有同等的生化功能，事实上已经是道的代名词。如果说《老子》的道还是一个预设的抽象概念，《淮南子》以气论道的理念却使道具有了一定的实体性，和谐浑融的原朴之气既是道的感性显现，亦是万物的和谐质性的生成根据。这种论述已经使气的美学内涵得以凸显。

《淮南子》不仅认为和谐是阴阳二气及万物的生命基质,而且论述了这种和谐的基质一旦破坏,就会对人之形体及精神造成伤害。《说山训》云:"天二气则成虹,地二气则泄藏,人二气则成病。"这是说阴阳二气要形成一个和谐的整体,否则人就会生病。《原道训》则具体描述了各种不和谐之气对人体造成的各种病患:"人大怒破阴,大喜坠阳,薄气发瘖,惊怖为狂。忧悲多恚,病乃成积;好憎繁多,祸乃相随。"《庄子·在宥》称:"人大喜邪?毗于阳;大怒邪?毗于阴。"①毗,指损伤。这段话是《原道训》所本。《文子·道原》篇的论述,用语与《原道训》上述文字大体一致②,《淮南子》的论述直接取自《文子》而稍加增益。人亦是阴阳二气所生成的生命体,如果人之气不和谐,那么就造成疾病与祸患,而造成人之阴阳二气不和谐的往往是人的性情,大怒、大喜、惊怖、忧悲等都会对人之气造成冲突,使其不和谐,从而导致疾病和祸患。《原道训》此论认为和气是人之形体健康的保证,而《齐俗训》则论述了气是人之精神清明的保证:"故水激则波兴,气乱则智昏;智昏不可以为政,波水不可以为平。"人体之气具有和谐的基质,而"乱"就是不和谐,气乱就意味着人体生命的和谐基质被破坏了。《淮南子》认为气乱会导致智昏,即气的不和谐会使人的精神晦暗不明,理性思维会被遮蔽,也就无法使人去正确处理社会事务。《淮南子》从人之生命的形体和精神两方面论述了和气对人的重要性,认为和气是人之形体与精神健康清明的保证。而健康清明的生命体是美好的,《淮南子》此论事实上使气的和谐状态具有

---

① 郭庆藩:《庄子集释》,中华书局1978年版,第365页。
② 李定生、徐慧君:《文子要诠》,复旦大学出版社1988年版,第42页。

生命美学的内涵。

《淮南子》还论述了精气与神气的审美特征。《天文训》云：

> 天地之袭精为阴阳，阴阳之专精为四时，四时之散精为万物。积阳之热气生火，火气之精者为日；积阴之寒气为水，水气之精者为月。日月之淫为精者为星辰，天受日月星辰，地受水潦尘埃。

这段话认为气之精者"袭"而为阴阳，袭，谓合。"专"而为四时，"散"而为万物，而日、月、星辰亦是热、寒、水、火等气之精者化生而成，可以看出来，《淮南子》特意强调气之精者为万物生成的根据。所谓"精"者，指的是事物的精华所在。古人认为物之精者可以滋养身体、营卫精神，《左传·昭公七年》记载有："子产曰：'人生始化曰魄，既生魄，阳曰魂。用物精多，则魂魄强，是以有精爽，至于神明。'"[1] 这里子产所论的精，是对生命源起构成和生命体的精神现象的相互解释与探索，认为物之精者可以强健体魄，清明精神。《管子》《心术》上下、《白心》、《内业》四篇对精气的论述在先秦典籍中最为集中，主要将精气界定为本原之气，是先于万物且构生万物的原初精华灵杰之基质。《淮南子》之精气说继承了前贤所论，也认为生命的形成源于气之精者，但《淮南子》也有自己的思维贡献，即描述了气之精者具体是怎样生成四时万物与日月水火的。中国的审美艺术往根上讲是生命，是生命的健康活跃与精神的超越境界，《淮南子》对生命形成过程中精气的生成作用的强调，事实上是对生命之美的强调，是对生命所蕴藉的活力与灵动的强调，是对气的生命美学品格的强调。

---

[1] 杨伯峻：《春秋左传注》，中华书局1981年版，第1292页。

《淮南子》不仅论述了精气是生成万物的元基，而且认为人之精气具有沟通天地万物的能力，是天人感应现象发生的根本原因。《泰族训》云：

> 故人主有伐国之志，邑犬群噪，雄鸡夜鸣，库兵动而戎马惊。今日解怨偃兵，家老甘卧，巷无聚人，妖孽不生，非法之应也，精气之动也。

这是说作为人类精华所在的代表者帝王，他的精气动荡，就会引起万物的感应：帝王"有伐国之志"，就会犬噪、鸡鸣、兵动、马惊；帝王"解怨偃兵"，就会百姓乐居、妖孽不生。这说明《淮南子》认为精气具有沟通万物的功能，它能使万物的生命状态呈现出同类相应的特征。这种理念事实上是后世艺术感应要求"气韵生动"的前期表述，艺术作品"气韵生动"就会使授受主体受到感染而体验到生命的律动，这正是艺术美的所在。

四　形神气志，各居其宜

中国古代形、气、神作为相互独立的三个概念均源远流长，但直到《庄子》中才有意识地把形与神结合起来论述人的生命结构，使形神成为中国古代美学的重要范畴之一。《庄子》中的神并不是指人的精神作用，而是指超越个体存在的天地精神，其实就是道，有时用作鬼神、神灵，有时指变幻莫测的玄妙境界。而《庄子》中的"形"指的是生命体的生理躯体，是可视、可触、可感的形体。《庄子》认为神为"形之主"，是生命体的灵魂本质所在，所以要全神以全形，因为神才能保证人的生命与天地之道相沟通。《徐无鬼》篇云："劳君之神与形。"[①]《达生》

[①] 郭庆藩：《庄子集释》，中华书局1978年版，第825页。

篇云："形精不亏,是谓能移。"①《知北游》篇云："精神生于道,形本生于精,而万物以形相生。"②《庄子·在宥》也说："抱神以静,形将自正","神将守形,形乃长生"③。《庄子》形神论强调神对形的超越作用,重神而轻形。《庄子·德充符》述及好几位形残而神全,体畸而德充者的寓言故事。立意在于这些人非但不丑,反而很美,因为美在于神,不在于形。战国后期,儒学大师荀子也援引道家的形神观于论说中,标举"心贵于形"的主张。《荀子·天论》篇云："形具而神生,好恶、喜怒、哀乐藏焉。夫是之谓天情。耳目鼻口形能各有接而不相能也,夫是之谓天官。心居中虚,以治五官,夫是之谓天君。"提出了精神随形体的出现而产生,使形神关系由二元论转向了一元论。《荀子·解蔽》中"君形"代指神,说明了神对形的统摄作用："心者,形之君也,而神明之主也。"《黄帝内经素问·六节脏象论》篇从医学的角度发挥了荀子的"形具而神生"的理念,认为"心者,生之本,神之变也。"④并对心神关系作出了说明,《灵枢经·本神》篇云："故生之来谓之精,两精相搏谓之神,随神往来谓之魂,并精而出入者谓之魄,所以任物者谓之心。"《荀子》和《黄帝内经》中的"心"是一种介于形体与精神二者之间的介质,它具有形体器官的实体,但其内涵更多是指向精神的超越虚灵。《荀子》与《黄帝内经》都论述了心是人之精神的处所,对神具有一定的制约作用,这从一定程度上强调了形体对精神的作用。

《淮南子》中的形神关系是对上述形神论成果的综合与创造。《庄子》的形神论指的是天道精神与人之形体的关系,重神

---

① 郭庆藩:《庄子集释》,中华书局1978年版,第632页。
② 同上书,第741页。
③ 同上书,第381页。
④ 谢华编著:《黄帝内经》,中州古籍出版社2000年版,第486页。

而轻形；《荀子》与《黄帝内经》的形神论事实上心神论，着眼于精神但又对形体的重要性有所认识。在此基础上，《淮南子》的形神论既论及了形神关系，重神而不轻形，又借鉴了《管子》的"精气"说，创造性地把气论引入形神论，以形、气、神三维结构来解释人体生命的构成及其相互关系，丰富了人体自身的认知，亦丰富了中国古代艺术的形神论。《淮南子》认为形、气、神对人的生命构成都有其不可或缺的重要性，因此提出了"各居其宜"的主张。《原道训》以得道者为例说明了形神气志各居其宜是一种极致的境界：

> 是故得道者，穷而不慑，达而不荣，处高而不机，持盈而不倾，新而不朗，久而不渝，入火不焦，入水不濡。是故不待势而尊，不待财而富，不待力而强，平虚下流，与化翱翔。若然者，藏金于山，藏珠于渊，不利货财，不贪势名。是故不以康为乐，不以慊为悲，不以贵为安，不以贱为危，形神气志，各居其宜，以随天地之所为。

从这段话可以看出，《淮南子》认为得道之人只要做到"形神气志，各居其宜"，那么无论身处何种境地都可以获得人生的尊贵而避免人生的险恶，其生命形体不会受到侵犯和伤害，其生命精神则超越于各种情感欲望的拖累而"随天地之所为"。也就是说《淮南子》认为"形神气志，各居其宜"才能达到生命真正的自由境界，亦是生命的最高审美形态。《原道训》还从反面举例说明形神气志一旦失位离舍对生命所造成的束缚与侵害：

> 今夫狂者之不能避水火之难，而越沟渎之险者，岂无形神气志哉？然而用之异也。失其所守之位，而离其外内之舍，是故举错不能当，动静不能中，终身运枯形于连嵝列埒

之门，而蹟蹈于污壑阱陷之中。

这段话认为形神气志是每个生命体都具备的，而圣人和狂者的区别就在于形神气志是否"各居其宜"。狂者形体受困、精神受阻、举措不当、动静失常，终身不得自由的原因就在于其形神气志"失其所守之位，而离其外内之舍"。《淮南子》认为形神气志虽然是每个生命体都具有的，但是否能够使其"各居其宜"则决定着生命形态是否可以获得自由的境界。"各居其宜"的理念，反映出《淮南子》既重视形神气志等各种生命要素共处于人体一身的和谐性与整一性，又重视各种生命要素独特的生命作用与状态。这是《淮南子》形神论最显著的理论贡献。

《淮南子·原道训》中还具体论述了形、气、神三者对于生命统一体而言，缺一不可的关系：

> 夫形者，生之舍也；气者，生之充也；神者，生之制也。一失位，则三者伤矣。是故圣人使人各处其位，守其职，而不得相干也。故夫形者非其所安也而处之则废，气不当其所充而用之则泄，神非其所宜而行之则昧。此三者，不可不慎守也。

从这段话可以看出，《淮南子》认为形体是生命的载体，气是生命活力的保证，神是生命存在的根据。此三者相互依存，从不同角度共同建构了生命统一体，"一失位，则三者伤矣"。形、气、神三者各处其位，各司其职，互不侵犯才能保证生命体的和谐健美，人对形体、精神、血气的保全、持守应该慎重对待。《淮南子》此处虽对形、气、神三者的界定有一个从形下向形上过渡的思维趋向，从某种程度上对形、气、神的人文价值有一个从低到高的定位，但还是强调了对于人体生命而言，形、气、神共同构成一个有机整体，人的生命的审美状态缺其一不可。《淮南子》之前的形神论都概略地以形指形体，神指精神，气指血气或精气，《淮南子》超越性地对形、神、气各自独特的作用在生命体中进行了定位，使其生命价值落到了实处，并且在一定程度上克服了前人形神论中对形体的重要意义有所忽略的缺陷，使形神论的美学意义更为成熟。

《淮南子》不仅从宏观的角度认为形神气志应该"各居其宜"，而且从微观角度对形与神、气与神之间的关系也有所论述。就人的形体与精神二者之间的关系而言，《原道训》认为神主形从，神对形具有制导作用：

> 故以神为主者，形从而利；以形为制者，神从而害。贪饕多欲之人，漠眯于势利，诱慕于名位，冀以过人之智植于高世，则精神日以耗而弥远，久淫而不还，形闭中距，则神无由入矣。是以天下时有盲妄自失之患。此膏烛之类也，火逾然而消逾亟。

此段认为精神主导形体的话，形体无往而不利；而形体制导精神的话，精神就会受到危害。那些贪欲无厌、惑于势利名位的人，希望凭借过人的智慧而能久立高名于世，其精神每天都大量损耗，过久地浸淫在欲望名位的得失之中无法超越，就像形体关闭了门户，精神无法回复其位一样。天下时常出现盲目狂妄、丧失自我的人，他们的生命体就像燃烧的蜡烛一样，火焰愈炽，形体消失愈快。《淮南子》的神主形从论，不仅强调了精神对形体的制导作用，而且强调了精神的饱满与损耗会直接影响到形体的健美与消亡。这种理念表明《淮南子》发现了人的精神意识的审美价值，形体是天赋所得，但精神意识才是生命形态的主导者，甚至可以决定形体的存亡。

《淮南子》这里虽然强调了神对形的主导作用和神对生命审美形态的价值高于形体，但并没有忽略形体价值的意思。《精神训》就论述了形神相依的关系：

> 是故精神，天之有也；而骨骸者，地之有也。精神入其门，而骨骸反其根，我尚何存？
>
> 故形有摩而神未尝化者，以不化应化，千变万化，而未始有极。化者，复归于无形也；不化者，与天地俱生也。

上引第一段话认为精神与形体都是人生命构成的必要元素，精神散靡为气、形体化归于土，就意味着生命的结束，这是生命大化的自然规律。《淮南子》此论是以人的生死现象论形神关系，形与神都是生命的表征，它们的离散标志着生命的消亡。但形体与精神本身是向生成者的回归，并未终结，尤其精神是永远不会死亡的。上引第二段话就反映了《淮南子》认为精神不死的理念。这段话认为形体会有生成与消亡的变化，而精神没有定形，随万物而变化而无终极。形体随着生命的消亡而归于无形之本，精神则始终与天地之本同在。《俶真训》论述了形神相扶才是生命理想状态的保证：

> 是故形伤于寒暑燥湿之虐者，形苑而神壮；神伤乎喜怒思虑之患者，神尽而形有余。故罢马之死也，剥之若槁；狡狗之死也，割之犹濡。是故伤死者其鬼娆，时既者其神漠。是皆不得形神俱没也。夫圣人用心，杖性依神，相扶而得终始。是故其寐不梦，其觉不忧。古之人有处混冥之中，神气不荡于外，万物恬漠以愉静，捴枪衡杓之气莫不弥靡，而不能为害。

这段话说明形体被严寒、酷暑、干燥、潮湿的外在因素侵害时，形体枯竭而精神健壮；精神被喜怒、思虑等内心意念困扰时，精神枯竭而形体完备。疲马死于形体受累，狡狗死于精神衰竭，形体受伤死亡的人灵魂不宁，寿终正寝的人精神安宁。最理想的生命状态就是圣人"杖性依神，相扶而得终始"，这是形体与精神和谐共处，同生同散的生命状态。

《淮南子》还论述了形体对精神的作用，《俶真训》云：

> 昔公牛哀转病也，七日化为虎。其兄掩户而入觇之，则虎搏而杀之。是故文章成兽，爪牙移易。志与心变，神与形化。方其为虎也，不知其尝为人也。方其为人，不知其且为虎也。二者代谢舛驰，各乐其成形。

这段话以古代传说为例，认为形体的变化会引起心神的变化。公牛哀化为虎时，其形体变成了野兽，其心神也不再具有人的意识内涵。《淮南子》此论认为一定的形体与一定的精神相互适应，形体的变化意识着其精神内涵的变化。"神与形化"的观点，既表明《淮南子》对形神关系的认识具有相当的深刻性与辩证性。

在《淮南子》中，形的内涵具有实体性色彩，气介于实体性与抽象性之间，而神的内涵则指抽象的意识形态。《淮南子·精神训》谈到了形与气的关系："夫木之死也，青青去之也。夫使木生者岂木也？犹充形者之非形也。"指出形是生命的形体，而气则是充实形体使生命具有活力的因素，即"青青"，也就是生命力的表征。《淮南子》认为形是生命的载体，而气则是那个使生命呈现出生机与活力的基质。

《淮南子·精神训》对均属意识形态的气与神的关系亦有所论述：

夫孔窍者，精神之户牖也，而气志者，五藏之使候也。耳目淫于声色之乐，则五藏摇动而不定矣；五藏摇动而不定，则血气滔荡而不休矣；血气滔荡而不休，则精神驰骋于外而不守矣；精神驰骋于外而不守，则祸福之至，虽如丘山，无由识之矣。使耳目精明玄达而无诱慕，气志虚静恬愉而省嗜欲，五藏定宁充盈而不泄，精神内守形骸而不外越，则望于往世之前，而视于来事之后，犹未足为也，岂直祸福之间哉？

《精神训》这段论述与《文子·九守》[①]篇的论述基本相同，应该是取自《文子·九守》，但在具体论述过程中词语句式有所变换。追溯其思想渊源，则来自《老子》第四十七章"不出户，知天下"的论述。这段话说明《淮南子》认为血气与精神在人的生命体内所处的位置不同，精神通过人体的各种孔窍出入，而血气则主要在人的五藏之间流动。但气与神之间却有着相互作用的关系：耳目等形体感官受到乐舞艺术的审美愉悦，五藏之间的血气就会摇动不定，血气动荡就会使精神外流，精神向外流溢就会导致人的意识昏聩、理性缺失，就算祸福如山丘一样显现于眼前，人也无法识别。气志虚静愉悦而没有欲望就会使五藏定宁而充满生命活力，精神贯注于体内而不外流就会使人的意识思维通达古今、智知后世。可以看出《淮南子》认为人的生命力的充盈与否直接关系着人的精神思维能力的明智与否，生命力旺盛，就需要血气宁定，血气宁定就意味着精神内守而不外溢，精神饱满就能使人思维明晰、意识通达。气的充盈与否关系着神的内守与外溢，而神的旺盛与否则关系着气的聚散，《精神训》又云：

---

① 李定生、徐慧君：《文子要诠》，复旦大学出版社1988年版，第70—71页。

> 五藏能属于心而无乖，则悖志胜而行不僻矣；悖志胜而行之不僻，则精神盛而气不散矣。精神盛而气不散则理，理则均，均则通，通则神，神则以视无不见，以听无不闻也，以为无不成也。是故忧患不能入也，而邪气不能袭。

此段论述了神对气的制约作用，认为五藏之血气的流行受内在精神的引导就会避免昏乱之志、邪僻之行，没有昏乱之志、邪僻之行就能保证精神旺盛而血气不散。精神旺盛、血气不散，思维就明晰有理智，理智就会公平辩证地看待事物，做到公平辩证地看待问题就与真理规律相通，通就能与神明相接，无所不能，也就不会受到忧患与邪气的侵袭。《淮南子》认为气与神相辅相成，共同成就着人的思维意识和精神境界。

《淮南子·原道训》的论述还涉及了气与神在艺术鉴赏活动中的关系：

> 今人之所以眭然能视，营然能听，形体能抗，而百节可屈伸，察能分白黑、视丑美，而知能别同异、明是非者，何也？气为之充而神为之使也。

这段话表明，《淮南子》认为人之所以能够对事物的黑白、美丑进行辨别，对艺术具有审美能力，是"气为之充而神为之使"，即是生命活力充沛保证了精神能够自由驰骋古今。也就是说，《淮南子》把人的审美能力及其生命活力及精神状态联系起来，使气与神的美学价值更加鲜明。

总之，《淮南子》以形、气、神三维结构看待人体生命，对中国的生命美学贡献巨大。把形、气、神定位为人的生命形体、生机活力、精神境界，亦显示了《淮南子》深刻的审美理念。这种定位与后世对艺术作品审美结构的划分基本一致，无外乎艺术形式、艺术生命（气韵生动）、艺术境界三个方面，这说明《淮南子》对形、气、神的论述具有深远美学影响。

五 养神、和气、全形

《淮南子》不仅论述了形、神、气各自的审美特征及其相互关系，而且认为生命过程中人的形、神、气受到侵害是不可避免的，从而提出要养神、和气、全形的主张，因而从多角度论述了对神、气、形如何进行营卫。

首先，《淮南子》认为外物对人的性情和精神的动荡是不可避免的：

> 今万物之来，擢拔吾性，攓取吾情，有若泉源。虽欲无稟，其可得邪？（《俶真训》）
>
> 夫人之拘于世也，必形系而神泄，故不免于虚，使我可系羁者，必其有命在于外也。（《精神训》）
>
> 夫声色五味，远国珍怪，瑰异奇物，足以变心易志，摇荡精神，感动血气者，不可胜计也。（《本经训》）

从上述引文来看，《淮南子》认为人心与外物之间必然会发生交感作用，这是人的欲望、情感、包括艺术创造发生的内在机制，外物对人的情性欲望的感发作用是源源不断的，人想要摈弃欲望、情性是不可得的。精神就像盆中之水一样易浊而难清，只要轻轻一挠就会动荡，人生一世挠搅不断，心神志气就难得须臾平息。所以《淮南子·原道训》提出要养神、和气、平形：

> 夫精神气志者，静而日充者以壮，躁而日耗者以老。是故圣人将养其神，和弱其气，平夷其形，而与道沈浮俯仰。恬然则纵之，迫则用之。其纵之也若委衣，其用之也若发

机。如是，则万物之化无不遇，而百事之变无不应。

这是说，精神气志在虚静中每日将养充实就会不断壮大，而在烦躁中每天消耗就会不断老弱。圣人就是以"将养其神，和弱其气，平夷其形"的方式保持着理想的生命状态而与道沉浮、与化相应。这说明《淮南子》认为养神、和气、平形是人追求理想生命状态的生存方式。

关于如何养神、和气、平形，《淮南子》既提出了总的要求，又对神、气、形各自的营卫方式有具体论述。《精神训》云：

> 轻天下，则神无累矣；细万物，则心不惑矣；齐死生，则志不慑矣；同变化，则明不眩矣。
>
> 达至道则不然，理情性，治心术；养以和，持以适；乐道而忘贱，安德而忘贫；性有不欲，无欲而不得。心有不乐，无乐而不为。无益情者，不以累德；而便性者，不以滑和。故纵体肆意，而度制可以为天下仪。

上述第一段话可说是《淮南子》对如何营卫神、气、形提出的总原则，即主体要具有齐同生死、超越物欲的精神境界。第二段话则提出了具体的营卫方式：理情、养和、乐道、忘欲。

《淮南子·精神训》中认为嗜欲使人形体受损、"气越"、"心劳"，所以要去欲：

> 是故五色乱目，使目不明；五声哗耳，使耳不聪；五味乱口，使口爽伤；趣舍滑心，使行飞扬。此四者，天下之所养性也，然皆人累也。故曰：嗜欲者，使人之气越；而好憎者，使人之心劳；弗疾去，则志气日耗。夫人之所以不能终

其寿命，而中道夭于刑戮者，何也？以其生生之厚。夫惟能无以生为者，则所以修得生也。

《老子》第十二章写道："五色令人目盲，五音令人耳聋，五味令人口爽，驰骋田猎令人心发狂。"①《文子·九守》②、《庄子·天地》③对《老子》的上面论断都有发挥，《精神训》上面论述前半部分的用语句式与《文子·九守》、《庄子·天地》多有雷同，继承借鉴的痕迹极其明显。这段话认为色彩、音乐、美味、取舍四者是天下人将养性情的事物，然而过度沉迷于此四者对人的形体与心神都会造成伤害。嗜欲会使人精气离散，好憎会使人心神劳累，不能及时去除的话就会对人的生命力造成损耗。人之所以不能善终，而中途夭亡或死于刑戮之下，就是因为他们用太多的嗜欲来养生，只有不以嗜欲养生的人才能真正得到长生。《淮南子》此论是认为沉迷于欲望对人的生命从形体到精神都会造成伤害，真正懂得养生的人就应该减少欲望、学会超越感官欲望对心神的惑乱。

由于神具有清静、虚灵、超越的审美品格，所以《淮南子》在谈到如何养神时，继承了老庄反向思维的特点，从"不"的角度讲如何避免对神的侵害。《俶真训》强调了神不可事：

是故至道无为，一龙一蛇，盈缩卷舒，与时变化。外从其风，内守其性，耳目不耀，思虑不营。其所居神者，台简以游太清，引楯万物，群美萌生。是故事其神者神去之，休其神者神居之。道出一原，通九门，散六衢，设于无垓坫之

---

① 王弼：《老子注》，中华书局1996年版，第6页。
② 李定生、徐慧君：《文子要诠》，复旦大学出版社1988年版，第70—71页。
③ 郭庆藩：《庄子集释》，中华书局1978年版，第453页。

宇，寂寞以虚无。非有为于物也，物以有为于己也。是故举事而顺于道者，非道之所为也，道之所施也。

夫人之事其神而娆其精，营慧然而有求于外，此皆失其神明而离其宅也。

《淮南子》认为在人生命的理想状态下精神与道相通，道不可为，神亦不可事，事之反而去之，内心清静精神才不外溢。《精神训》提出要休神：

清目而不以视，静耳而不以听，钳口而不以言，委心而不以虑。弃聪明而反太素，休精神而弃知故，觉而若昧，以生而若死，终则反本未生之时，而与化为一体。

这段话事实上是说人要减省感官欲望，不可让感官愉悦遮蔽了心智神明，减省欲望就是保证精神不受蛊惑，就是休神，而休神就可反本于道、与化一体。《本经训》的论述则说明了为什么减省感官欲望就可休神：

精泄于目，则其视明；在于耳，则其听聪；留于口，则其言当；集于心，则其虑通。故闭四关则身无患，百节莫苑，莫死莫生，莫虚莫盈，是谓真人。

《淮南子》认为人的感官审美与思维意识都是精神作用的结果，目视明、耳听聪、口言当都是由于精神流注其间，所以要"闭四关"，即减省感官欲望就是休神。《兵略训》则提出要虚神：

在中虚神，在外漠志，运于无形，出于不意。与飘飘往，与忽忽来，莫知其所之；与条出，与间入，莫知其所集。

这里所说的虚神也就是休神,让神清静不劳累的意思。虚神、漠志,思维就会无限自由,无所不在,无所不能。

《淮南子·泰族训》谈到营卫血气要"执中含和"、"终和且平":

> 故大人者,与天地合德,日月合明,鬼神合灵,与四时合信。故圣人怀天气,抱天心,执中含和,不下庙堂而衍四海,变习易俗,民化而迁善,若性诸己,能以神化也。《诗》云:"神之听之,终和且平。"夫鬼神视之无形,听之无声,然而郊天、望山川,祷祠而求福,雩兑而请雨,卜筮而决事。《诗》云:"神之格思,不可度思,矧可射思。"此之谓也。

这段话强调了执中含和、终和且平是理想的生命状态,也是神、气最理想的状态。所谓"执中含和",是说人的精神坚守于形体之内,和谐的生命血气使生命呈现出最美的形态。所谓"终和且平",是说超越于世俗欲望的神气在体内和谐共存,接受主体的审美判断就不会出现偏颇。

关于养形《淮南子》亦有独特的认识,既提出了养形的基本原则,又论述了具体的养形方法。《淮南子》认为人之形体与天地有形万物相应,所以《精神训》论述了养形应顺应天地阴阳四时的生长变化:"是故圣人法天顺情,不拘于俗,不诱于人,以天为父,以地为母,阴阳为纲,四时为纪,天静以清,地定以宁,万物失之者死,法之者生。"《本经训》亦云:"法阴阳者,德与天地参……内能治身,外能得人。"《淮南子》以效法阴阳四时的变化为养形的基本准则,圣人追求理想的人生状态就是师法天地四时的。《淮南子》的这种论述既反映了古人天人一体的生命理念，又暗合于现代科学养生的观念。《淮南子·精神训》还论述了具体的养形方法："若吹呴呼吸，吐故纳新，熊经鸟伸，凫浴蝯躩，鸱视虎顾，是养形之人也，不以滑心。"这是对道家养生导引术的继承与发展，既讲究呼吸吐纳，又要求模仿动物的形体动作来锻炼身体，还强调了心境要保持平和虚静。《淮南子》的这种论述对后代道教养生术及现代养生方法有健康有益的启示。

《淮南子》从生命完整体的角度出发，不仅对形、神、气各自独立的范畴内涵有充分体察，而且论述了形、神、气三者各司其职又三位一体的关系，为形神气发展为重要的文学范畴奠定了理论基础。

第三节 《淮南子》的心性论

心与性是中国古人进行自我认识的两个重要范畴，由于其蕴含着丰富的生命理念，从而亦成为中国古代重要的文艺范畴。心、性均是指向人的内在生命精神的两个范畴，二者之间常常可以互相指代，因此本节把它们放在一起进行论述。

一 心论的思想来源

在中国古代人的意识中，心是一个含知、情、意、理于一体的范畴，心一方面指心脏，然后引申为人的思维器官和精神意识，即指思维主体；另一方面指知、情、欲、志、意等，即指主体思维活动。在中国古代文化框架中，心既有形上之维，所谓最初一念之本心即是；又有生命根据，所谓性、命等即是；既有存在之所，所谓心胸、心宅和灵台即是；又有超越性、虚灵性，所谓魂、灵、神即是。总之，心在古人的意识中，是人与外界、自我与外物、情感与景物相通交感的重要媒介。心成为一个具有哲学内涵的范畴大约是在春秋时期，此前出现的《周易》、《诗经》乃至金文和甲骨文中虽多有心字出现，但大都指心脏这一感觉器官，引申为心所体验到的情感、情绪等。春秋时期，随着人们抽象思维水平的提高，心的形上之义得到了充分开发，心情、意志、精神状态甚至心灵境界等逐渐成为心的主要内涵，心成为一个总括心理活动的范畴。先秦诸子从自己的哲学观念出发，对心范畴的美学内涵从不同层面、不同角度均有深刻的体认，《淮南子》的心论是对先秦诸子心论的全面吸收和发挥。

儒家对心范畴的阐释是《淮南子》心论的重要思想来源。《论语·为政》记载孔子对心具有美学意义的体认："七十而从心所欲，不逾矩。"孔子这里所说的心已经是一个包含各种心理活动在内的范畴。孔子此论一方面主张"从心所欲"，这是承认人的心理欲望具有一定的合理性；另一方面又主张"不逾矩"，这是认为对人的心理欲望要进行适当的限制。这其实是一种理想的生存状态，使人性在合理的限度内得到满足，这是一种由满足而自由，由自由而审美的心理状态。孔子之后孟子对心有更深刻的论述。《孟子·告子上》曰："耳目之官不思，而蔽于物。物交物，则引之而已矣。心之官则思，思则得之，不思则不得也。此天之所与我者。"[①] 在孟子看来，心是比耳目更为高级的感觉器官，耳目只具有接受外物的感触机制，而心则有主动认识的思维机制，因而心既可认识外物其及道理，又可认识人自身的内在心性。《孟子·公孙丑上》认为人心是仁义之性的根端："恻隐之心，仁之端也。羞恶之心，义之端也。辞让之心，礼之端也。是非之心，智之端也。"[②] 孟子认为人的仁义道德之善性根源于

[①] 焦循：《孟子正义》，中华书局1987年版，第792页。
[②] 同上书，第234页。

心，而心又具有思维功能，所以人应该认识、扩充和发扬自己内心已经存在的本性之善端，从而使人具有完美的人格。在此基础上他提出既要"尽心""知性"，又要"寡欲""养心"。《孟子·尽心上》云："尽其心者，知其性也。知其性，则知天矣。存其心，养其性，所以事天也。"① 尽心即思，充分发挥心的思维功能就可以认识人的善性，进而可以通达天命，与道相契。人能保存其善良之心、养护自己的道德本性就能顺天道而行。荀子确立了心为神明之主的思想，《荀子·解蔽》篇云："心者，形之君也，而神明之主也。"② 荀子这里所说的心已经超越了心脏实体而成为一个具有虚灵性的存在。"形之君"的说法为后来的《淮南子》所吸收。《荀子·不苟》篇中还提出了养心致诚的观点："君子养心莫善于诚，致诚则无他事矣。"③ 诚心说对《淮南子》的心论也有重要影响。另外，荀子从心物关系的角度对心的内涵的阐发，对后来心范畴的美学意蕴产生了重要影响。先秦儒家从孔子到孟子、荀子对心范畴作了多方论述，其核心是以主体道德和主体思维论心，强调通过向内反观人性和向外体认物理而达到主体道德的自觉，以之治国安民实现仁政德治的理想社会。

道家对心亦有深刻的论述，亦是《淮南子》心论的重要思想来源。老子所谓人心主要是指人的思维意识，既不同于儒家以心指人的善性与道德，亦不同于法家以心指人的功利欲望。《老子》以道为本，从体道的角度出发，以"虚静"为心的审美状态。《老子》第三章曰："圣人治，虚其心，实其腹，弱其志，强其骨。常使民无知无欲，使智者不敢为，则无不治。"④ "虚其心"并不是无心无思，而是强调人的欲望、情感、思虑都要去

---

① 焦循：《孟子正义》，中华书局1987年版，第793页。
② 王先谦：《荀子集解》，中华书局1988年版，第397页。
③ 同上书，第46页。
④ 朱谦之：《老子校释》，中华书局1984年版，第15—16页。

除人的刻意所为,而是要顺应大化之道,呈现出一种柔和无争、自然无为的状态。老子的"虚其心"由庄子发展为"心斋",并进一步对如何"虚其心"从具体操作层面做出了说明。《庄子·人间世》云:"敢问心斋。……曰:若一志,无听之以耳而听之以心,无听之以心而听之以气!听止于耳,心止于符。气也者,虚而待物者也。唯道集虚。虚者,心斋也。"①庄子以虚释"心斋",要求去除感官体验的主动性,强调以生命本体与外物融而为一的境界。而"坐忘"就是庄子提出的"心斋"之法,是到达天人合一、人道合一的生命完美境界的途径。庄子在"虚"的基础上,对心的审美状态有进一步的规定,"游"的提出使心范畴获得了无限自由的审美内涵,对《淮南子》及后世心范畴的美学意蕴有深刻影响。

先秦诸子对心的论说集中在生命本体上,心作为一个重要范畴在《管子》中得到了特别的强调。《管子》赋予了心作为生命主宰者的地位,《心术上》写道:"心之在体,君之位也;九窍之有职,官之分也。心处其道,九窍循理;嗜欲充益,目不见色,耳不闻声。故曰:上离其道,下失其事。"②《管子》明确认定心是人得以为人的关键所在,并且在与道、气关系的辨析中使心范畴的本体内涵更为深刻。《管子·枢言》云:"道之在天者,日也。其在人者,心也。故曰:有气则生,无气则死,生者以其气。"③认为气是道之用,是让心充实丰盈的基质,而心则是容纳涵蕴气的所在。《管子》还将人的感官欲望与心灵状态联系起来,《内业》篇云:"凡心之刑,自充自盈,自生自成。其所以失之,必以忧乐喜怒欲利。"④认为正是人的各种感官欲望使心

---

① 郭庆藩:《庄子集解》,中华书局1978年版,第147页。
② 黎翔凤:《管子校注》,中华书局2004年版,第759页。
③ 同上书,第241页。
④ 同上书,第931页。

失去了自足和乐的完美状态，因而要"定心"以使生命体能够自由自在地吐纳生息，达到高妙超越的精神境界。《管子》对心的深刻论述对《淮南子》的心论亦具有重要启发。此外，1993年湖北荆门郭店一号楚墓出土的竹简《性自命出》中对心亦有突出论述。竹简中有大量以心构形的字，如叹、爱、悔、仁、德、哀等等与生命主体的情感、思想、德性相关的字大都以心构形，这说明心之于生命体的重要意义已经被人们充分认识到了。《性自命出》对性、心、物三者之间关系的论述对《淮南子》及后世心物关系的美学阐发具有重要的启发。《性自命出》第1简云："人虽有性，心无奠（定）志；待物而后作，等悦而后行，待习而后奠（定）。"第5、6简云："凡性为主，物取之也。金石之有声，弗扣不鸣，人之虽有性心，弗取不出。"这里认为天予之性只是潜在的质素而已，人心受到外物的感召才能使人性跃动起来，从而使生命体呈现出生机。

　　《淮南子》的心论是在先秦诸子心论的基础上的细致化与深刻化。在《淮南子》的生命理念中，心是一个极为重要的所在，它既是人体最重要的器官，亦是人的意识之所，即人之为人的思维之源；既是人与外界进行沟通交流的媒介，亦是人对外界事物及审美体验进行认识、容纳，甚至合而为一的精神寓所。

二　论心的审美特征

　　《淮南子》吸收了老庄道家以和论心、以虚论心及荀子以诚论心的思想，对心范畴所具有的审美特征分别从和、虚、诚三个不同层面进行了深入论述，使心范畴的审美特征更为突显。《淮南子》从道的高度出发，认为和谐快乐是心灵最高的审美状态，这表现为道心、天心和圣人之心；从人心向道的修为角度出发，认为人要从繁乱的世俗、无边的欲望之中超越，就要修养心灵，使其返归于虚静的天然状态，这就是虚心、静心、慎心；从道德教化及艺术感染的角度出发，认为诚挚的生命体验与情感共鸣是人心与外物、人心与人心互相理解、契合无间，从而达到无限自由的保证，这就是诚心、真心。

就"和"这一心灵特征而言，《淮南子》从三个角度对心灵之和所具有的审美价值、超越性内涵及社会功用等方面进行了论述。首先，《淮南子》继承了道家对人心性的理解，认为人天生之纯朴本心与道相通，具有和乐、超越的特征。《泰族训》对圣人之心所具有的和乐特征有精彩的描写：

> 故圣人怀天气，抱天心，执中含和，不下庙堂而衍四海，变习易俗，民化而迁善，若性诸己，能以神化也。《诗》云："神之听之，终和且平。"

这里不仅认为圣人之"天心"具有"执中含和"的特征，而且描述了这种心灵状态所具有的强大的教化功能，并引《诗》为证，使心灵的和乐状态由功用目的转向审美目的。《淮南子》以"神化"来概括心灵和乐的功效，已经契合了包括文学在内的所有艺术活动的社会功效，所谓"神化"就是一种精神上的感应与共鸣，而心灵的和乐自足是艺术产生感染动化功效的前提条件。另一方面，"神化"是一种具有超越性的表述，心灵境界和乐自足的精神状态，其对社会的强大教化功能是超越于实际行为的，是一种纯精神感应活动。《精神训》对圣人之心的超越状态有详细的描绘：

> 若然者，正肝胆，遗耳目，心志专于内，通达耦于一，居不知所为，行不知所之，浑然而往，逯然而来，形若槁木，心若死灰。忘其五藏，损其形骸。不学而知，不视而见，不为而成，不治而辩，感而应，迫而动，不得已而往，

> 如光之耀，如景之放，以道为绅，有待而然。抱其太清之本，而无所容与，而物无能营。廓惝而虚，清靖而无思虑。

这段话以赋笔手法描绘了圣人之心的超越状态，作者用一连串的四字句把圣人之心超越行为、知觉、形体却又无所不能、无所不至、无所不成、无所不在的精神状态揭示得既全备且深刻。其中的"正肝胆，遗耳目"，是化用《庄子·大宗师》的"忘其肝胆，遗其耳目"之语；"形若槁木，心若死灰"见于《庄子·齐物论》；"居不知所为，行不知所之"，见于《庄子·庚桑楚》。道家认为圣人之心即是通道之心，是超越任何具体的、有限的、经验的存在，是一种极度自由且全能的心灵状态。这种心灵状态在《淮南子》亦称之为"玄鉴之心"，《修务训》写道：

> 故美人者，非必西施之种；通士者，不必孔、墨之类。晓然意有所通于物，故作书以喻意，以为知者也。诚得清明之士，执玄鉴于心，照物明白，不为古今易意，摅书明指以示之，虽阖棺亦不恨矣。

这段话认为"执玄鉴于心"就可以"照物明白，不为古今易意"，这样就可以超越美丑、智愚等对待性，超越有限性思维及认识，从而达到全知全能的，进入自由的道境。《淮南子》这里不仅认为玄鉴之心是与道相通的圣者之心，而且论述了这种与道相通的玄鉴之心能够超越人类意识的有限性。对美丑、智愚的感知与分类使人的心灵思维局限于某一个限度而无法到达圆融通达的境界，只有玄鉴之心即道心才能超越有限的思维与认知而呈现出全能全知自由无限的状态。

《淮南子》还从社会与人心发展的角度，对人类具有"和顺"特征的"童蒙之心"进行了具有辩证性的论述。《俶真训》

写道：

> 至德之世，甘瞑于溷澜之域，而徙倚于汗漫之宇，提挈天地而委万物，以鸿濛为景柱，而浮扬乎无畛崖之际。是故圣人呼吸阴阳之气，而群生莫不颙颙然，仰其德以和顺。当此之时，莫之领理，决离隐密而自成，浑浑苍苍，纯朴未散，旁薄为一，而万物大优，是故虽有羿之知而无所用之。及世之衰也，至伏羲氏，其道昧昧芒芒然，吟德怀和，被施颇烈，而知乃始昧昧㬭㬭，皆欲离其童蒙之心，而觉视于天地之间，是故其德烦而不能一。

这段话借鉴了《庄子》的《马蹄》、《缮性》等篇的论述，《淮南子》把人类形成的童年时期称之为"至德之世"，那时人类的心智未启，"纯朴未散"，"万物大优"，人心和顺，万物群生呈现出一种自由丰足的和乐景象。随着社会的发展，人类"知乃始昧昧㬭㬭"，心智的开启意味着人类对物质的占有欲望开始强烈，所谓"而觉视于天地之间"正是人类欲望开始扩张的写照，而物欲对人天生纯朴心性的侵害导致"皆欲离其童蒙之心"。《淮南子》这里把至德之世人的心灵状态描绘成具有淳朴、自足、和乐等审美特征，这既是对道心的颂扬亦是对人理想的心灵状态的想象。社会向前发展是历史的必然，而人心物欲的扩张亦是历史的必然，《淮南子》认识到了这种必然性，但对人类失去心灵的自由和乐充满了惋惜之情，对人类"童蒙之心"充满无限怀念之情。老子曾以童子之心比喻人心的纯朴天真，《淮南子》的"童蒙之心"与《老子》所说的童子之心相近，均指人类未曾被物欲困扰之心，是一种超越之心。《老子》28章云："恒德不离，复归于婴儿。"55章云："含德之厚者，比于赤子。"《淮南子》的"童蒙之心"吸收了《老子》的理念，进一步以"和"描绘人类最初的心灵境界,赋予"童蒙之心"以审美内涵。《淮南子》认为人类的"童蒙之心"与道相通,其所具有的自由和乐的审美状态是人类心灵最理想的状态,这种理念对后世文艺理论具有深刻的启发意义,明代李贽就针对文艺创作提出了"童心"说。

《淮南子》还从正反两方面论述了人心之和的重要作用。《览冥训》以御艺为例,从御艺的客体——被御之马的角度说明"心怡气和"是到达御艺的最高境界之心态保证:

> 昔者王良、造父之御也,上车摄辔,马为整齐而敛谐,投足调均,劳逸若一,心怡气和,体便轻毕,安劳乐进,驰骛若灭,左右若鞭,周旋若环,世皆以为巧,然未见其贵者也。

《主术训》则从御艺的主体——御者的角度说明了心和是获得自由实现理想目标的重要条件:

> 今夫御者,马体调于车,御心和于马,则历险致远,进退周游,莫不如志。

这两段话从正面说明了心和是从事技艺到达道境的重要条件。上引第一段虽从客体的角度出发,论述了"心怡气和"是客体呈现出自由和乐之审美状态的心灵条件,但作者对马的精神状态的描述是为了衬托作为主体的御者的心灵状态。所以说"心怡气和"既是马的精神状态,亦是御者王良、造父的心灵状态。上引第二段则明确表达了御艺到达道之至境需要主体之御者与客体之马二者之心和合为一体的意思,所谓"御心和于马"追求的就是一种主体与客体二者合而为一的境界,这亦是一种超越物我界限的境界。

《淮南子》以御艺为例从正面论述了"和"对于人心通达于道的重要意义,又从君臣关系角度出发,从反面论述了人心之和对于统治的重要作用。《本经训》云:

> 天地之合和,阴阳之陶化万物,皆乘人气者也。是故上下离心,气乃上蒸,君臣不和,五谷不为。

《主术训》云:

> 喜怒形于心,嗜欲见于外,则守职者离正而阿上,有司枉法而从风,赏不当功,诛不应罪,上下离心,而君臣相怨也。

这两段话均认为"上下离心"必然导致"君臣不和"、"君臣相怨",所谓"离心"就是两心、异心,就是君臣之心不和谐一致。这说明《淮南子》认为君臣的心意和谐一致,乃是统治有序、社会和谐的保证。这里强调的是两方面心意的和谐一致,虽与天生本朴之一心的和乐状态已经不同,但对心灵之和谐状态的追求却是一致的。也就是说在《淮南子》中,"和"作为心灵的一种理想状态,既是个体的人应该具有的心灵状态,亦是社会关系中人与物、人与人之间应该具有的心灵状态。《淮南子》对心和功能的理解是对道家崇尚的个体自由之和、心物相融之和及儒家强调的群体之和、社会之和的综合。

就"虚"这一心灵特征而言,《淮南子》认为虚是心灵通达道境的一种修为方式,既揭示了为何要虚心的原因,又探讨了如何虚心的方法。道家从老子开始就追求虚心,认为心灵的虚静状态是与道相通的前提,《淮南子》继承了这一理念,亦以虚静为心灵获得自由与超越的审美状态。《本经训》云：

> 太清之始也，和顺以寂漠，质真而素朴，闲静而不躁，推而无故，在内而合乎道，出外而调于义，发动而成于文，行快而便于物。其言略而循理，其行悦而顺情，其心愉而不伪，其事素而不饰，是以不择时日，不占卦兆，不谋所始，不议所终；安则止，激则行，通体于天地，同精于阴阳，一和于四时，明照于日月，与造化者相雌雄。是以天覆以德，地载以乐，四时不失其叙，风雨不降其虐，日月淑清而扬光，五星循轨而不失其行。当此之时，玄玄至砀而运照，凤麟至，著龟兆，甘露下，竹实满，流黄出，而朱草生，机械诈伪莫藏于心。

这段话是对天地万物形成之初的"至德之世"之景象的描写。前文曾论及《淮南子》认为于"至德之世"，人心与道是相通为一的，都具有"和顺以寂漠"、"闲静而不躁"的特征。这里所谓的"机械诈伪莫藏于心"，就是要虚心，要去除人的主动意识的刻意性。《庄子·天地》篇称："有机械者必有机事，有机事者必有机心。"此为《淮南子》所本。这说明《淮南子》认为虚静的心灵就是去除了有为意识之后心灵所呈现出无为而自由的状态。《俶真训》中对虚静这种心灵的审美状态所具有的自由超越性有深刻的论述：

> 若夫神无所掩，心无所载，通洞条达，恬漠无事，无所凝滞，虚寂以待，势利不能诱也，辩者不能说也，声色不能淫也，美者不能滥也，智者不能动也，勇者不能恐也，此真人之道也。

《淮南子》这段话认为只要心神虚静，即所谓"神无所掩，心无所载"，"虚寂以待"，就可以超越势利、智辩、声色、美丑、勇力等因素对人心的困扰，心灵和思维就会获得高度的自由，所谓"通洞条达"、"无所凝滞"。《庄子·田子方》篇写道："古之真人，知者不得说，美人不得滥，伏戏黄帝不得友。"《淮南子》在此基础上进一步加以发挥，把真人作为虚静之心的化身加以描绘。

虚就是去实、去伪，在《淮南子》中，心之实一般指知、欲、情、志、智等能够引起人心动荡的意识；伪则一般指区别于人之自然本心的那些有意为之，具有主动性、刻意性的欲望、情感和思维活动。所以《淮南子》在强调心灵的虚静特征时总是和物欲、情志及思维对人心的惑乱联系起来进行论述。《淮南子》认为心有知，知就是对外物的一种感知功能，对外物的感知了解会更加激起人的物欲，因此《淮南子》提出要外物以虚心。在先秦典籍中，《老子》、《庄子》、《文子》、《管子》、《荀子》等在谈到心范畴时都曾论及物欲对人心的感动，《淮南子》在诸子思维成果的基础上对心物关系及心欲关系的论述更为深刻、细致。《淮南子》中的心物关系论具有辩证色彩：一方面，《淮南子》肯定了外物对人心的感发作用，认为正是由于外物的感召人的心才会活跃起来，充满生机，从而才会形成艺术产生的生理机制和心理基础。这一点本书在《感应论》、《人性论》等章节中有所涉及，这里不再赘述。另一方面，《淮南子》又认为外物对人心的激荡感发作用会使人的心灵失去纯朴虚静、与道同游的审美状态，从而提出要"外物"致虚的养心说。

《淮南子》吸收了孟子"心之官则思"的理念，把心看作是思维的主体，与耳、目、口、鼻等感官一样都是人认识世界和自身的工具。《淮南子》认为心能思虑，能通过耳目口鼻而了解事物及其道理，但正是各种物象与道理使人本心之虚静状态不断受到侵扰，所以虚心就是要抑制心的思虑功能。《俶真训》云："人之情，耳目应感动，心志知忧乐，手足拂疾痒、避寒暑，所以与物接也。"这是说心通过耳目与外物的感应而具有知忧乐的功能，从而产生各种不同的情感与思绪。《人间训》认为心有知性、知道的功能："知人之性，其自养不勃；知事之制，其举错不惑。发一端，散无竟，周八极，总一筦，谓之心。"这是说心不仅能够通过耳目等外在感官感知事物的现象变化，而且能够运用概念进行判断、推理等认识活动，深入地认知人的本性和事物的规律，将天地万物与人之性情纳于一心。但《淮南子》认为只有圣人之心才可通达人之本性与道理，饮食男女必须经过不断地修养才能去掉喜怒哀乐、好恶欲求、机智志向所造成的"心之塞"。《泰族训》云："心之塞也，莫知务通也，不明于类也。"心塞，就是人的本心遭到了欲望、意志的遮蔽而无法与道之虚静状态相通。《淮南子》认为有机心就会乱神，就会失去本心，就会远离道境，所以要虚心。《原道训》说："故机械之心藏于胸中，则纯白不粹，神德不全。"这段话本于《庄子·天地》，是说有智心就会使心灵失去纯朴，从而使人的神德不能全备。《俶真训》云："夫趋舍行伪者，为精求于外也。精有湫尽，而行无穷极，则滑心浊神而惑乱其本矣。"这是说人的行动取舍只要不是出于自然本心就会导致精神外泄，而人的精神心力是有限的，人的各种欲望却是无穷的，这样必然会使心神惑乱，丧失本朴之心。《诠言训》云："天下非无信士也，临货分财，必探筹而定分，以为有心者之于平，不若无心者也。"这里强调有心不若无心，认为有心即刻意为之，就算做得再公平、公正也不如出自本性、本心呈现出的公平、公正让人信服，这就是人们舍信士而以筹码定分的原因。这里所谓无心也就是虚心，即去掉人类意识的主动性和刻意性。因为虚静之心是人到达道境的心理准备，所以《淮南子》在许多篇章中论述了人后天产生的各种欲望、情志及思维活动对人类本朴自然之心意的遮蔽，亦反复强调了为何要虚心静意的心理原因。

其次，《淮南子》认为虚心是达道的心理前提，而要虚心就是要去除智、志、欲、情等对人之纯朴本心造成遮蔽的东西。《淮南子》还分别就欲望之心、机智之心、志意之心等对本心的遮蔽进行了论述，充分说明《淮南子》对人心思维活动的不同内容已经有比较深刻的分辨与认识。《淮南子》认为虚心就是要去掉欲望之心、忧乐之心，《原道训》：

夫喜怒者，道之邪也；忧悲者，德之失也；好憎者，心之过也；嗜欲者，性之累也。人大怒破阴，大喜坠阳，薄气发喑，惊怖为狂。忧悲多恚，病乃成积；好憎繁多，祸乃相随。故心不忧乐，德之至也；通而不变，静之至也；嗜欲不载，虚之至也；无所好憎，平之至也；不与物散，粹之至也。能此五者，则通于神明；通于神明者，得其内者也。

这段话融合了《庄子》的《刻意》、《缮性》等篇的相关论述，认为正是喜怒、忧悲、好憎、嗜欲、惊怖等人的各种欲望及强烈情感使人本然的心性发生变化，与道、德等崇高的精神境界渐去渐远，所以只有超越这些欲望和情感对心灵的困扰与束缚，才能返回虚静的心灵状态从而与道相通。所以《原道训》云："彻于心术之论，则嗜欲好憎外矣！是故无所喜而无所怒，无所乐而无所苦，万物玄同也。"这是说，洞彻道术之人，能够超越嗜欲好憎对人心的困扰，不以主观的喜怒苦乐去面对世界，从而与万物在道境上相通。《俶真训》亦云："故能有天下者，必无以天下为也；能有名誉者，必无以趋行求者也。圣人有所于达，达则嗜欲之心外矣。"这是说，去掉有为之心、超越嗜欲之心才能达于圣人之境。《淮南子》认为虚心就是要去掉人的机智之心，《本经训》云：

> 逮至衰世，人众财寡，事力劳而养不足，于是忿争生，是以贵仁。仁鄙不齐，比周朋党，设诈谞，怀机械巧故之心，而信失矣，是以贵义。

这段话论述人的仁义之心的形成的目的是为了救治机智巧故之心扩张所引起的人心及社会的纷乱。《淮南子》明确表示由于人的机智之心不断扩张，造成了人心诡诈、社会混乱，所以一定要去除人的机心、智心，才能返归本朴。《主术训》云："是故道有智则惑，德有心则险，心有目则眩。"这是说目观外物则使心惑，心灵惑乱意味着机智之心的产生、意味着道德败坏、意味着对道境的迷失。《原道训》认为以机智之心为治是不可取的："夫任耳目以听视者，劳形而不明；以知虑为治者，苦心而无功。"这是说统治者处心积虑地以机智之心来统治民众只能使心灵劳苦而没有建树。这是因为机智之心是有为之心，是"心之塞"，是对虚心的遮蔽，而《淮南子》推崇的是无为之心，是本朴自然之心。

第三，《淮南子》还论述了虚心就是去掉人的意志之心。意志之心亦是有心，相对于自然本心而言是一种伪心，所以圣人对意志之心都采取扼制的态度。《原道训》云："故得道者志弱而事强，心虚而应当。"这里的"弱志"就是对意志之心的去除与超越。《俶真训》亦云："闭九窍，藏心志，弃聪明，反无识，芒然仿佯于尘埃之外，而消摇于无事之业，含阴吐阳，而万物和同者，德也。"这里的"藏心志，弃聪明"亦是对意志之心的扼制，去掉了刻意的思维意愿，才能不受意念的束缚从而获得心灵的高度自由。《主术训》云："夫人主之听治也，清明而不暗，虚心而弱志。"所谓的虚心弱志，本于《老子》第3章的论述：

"圣人治，虚其心，实其腹，弱其志，强其骨。"认为统治者也应该"虚心而弱志"，才能使政治"清明而不暗"，并以古代的明君圣主为例说明虚心、弱志对统治的重要性。《主术训》又云：

> 尧、舜、禹、汤、文、武皆坦然天下而南面焉。当此之时，鳌鼓而食，奏《雍》而彻，已饭而祭灶，行不用巫祝，鬼神弗敢祟，山川弗敢祸，可谓至贵矣。然而战战栗栗，日慎一日。由此观之，则圣人之心小矣。《诗》云："惟此文王，小心翼翼，昭事上帝，聿怀多福。"其斯之谓欤！

这里以尧、舜、禹、商汤、文王、武王为例，说明古代的圣主明君即使把天下治理得清明太平，亦"小心翼翼"、"日慎一日"。所谓"小心"、"慎心"亦是对意志的弱化与扼制，是对虚心的一种追求。总之，《淮南子》不仅提出了要虚心的原则，而且对要"虚"掉的内容进行了细化处理，分别从欲望、情感、机智、意志等不同角度揭示了人的思维活动对心灵自由境界的遮蔽，这是对先秦诸子论述成果的深刻化与系统化，亦是《淮南子》对心范畴发展为一个成熟的文艺美学范畴的贡献之一。

《淮南子》的"虚心"论还涉及"游心"的问题。《淮南子》继承了《老子》、《庄子》的"游"论思想，亦以"游"来表述心灵的自由状态。陈鼓应先生对老庄之"游"有精到的论述："在老庄看来，'游心'就是心灵的自由活动，而心灵的自由其实就是过体'道'的生活，即体'道'之自由性、无限性及整体性。总而言之，庄子的'游心'就是无限地扩展生命的内涵，提升'小我'成为'宇宙我'。"[①]《淮南子》的游心论是

---

① 陈鼓应：《庄子新注》，上海古籍出版社1992年版，第231页。

对老庄游心论的继承与发展,① 虽然对心之所游的境界在描写上有所扩展与具体化,但均以"虚"为"游"的心理状态和审美特征。《俶真训》反复地表述了心之所"游"就是到达虚静之境:"是故圣人之学也,欲以返性于初,而游心于虚也。""心有所至,而神喟然在之,反之于虚,则消铄灭息,此圣人之游也。"明确指出所谓"游心"就是使心灵返归到虚静的本心状态,到达虚灵自由的道之境界。《诠言训》则论述了"游心"的前提就是使心灵去欲而致"虚":

> 凡人之性,乐恬而憎悯,乐佚而憎劳。心常无欲,可谓恬矣;形常无事,可谓佚矣。游心于恬,舍形于佚,以俟天命。自乐于内,无急于外,虽天下之大,不足以易其一概。日月虔而无溉于志,故虽贱如贵,虽贫如富。

这段论述认为"游心于恬"就能够超越心灵的困扰而达到与万物玄同的境界,"心常无欲,可谓恬矣"。这说明《淮南子》认为"游心于恬"就是去除人刻意的欲望之心、好憎之心之后所获得的虚静清明的境界。《修务训》则论述了"游心"就是心灵到达极度自由的精神境界:

> 且夫精神滑淖纤微,倏忽变化,与物推移,云蒸风行,在所设施。君子有能精摇摩监,砥砺其才,自试神明,览物之博,通物之雍,观始卒之端,见无外之境,以逍遥仿佯于尘埃之外,超然独立,卓然离世,此圣人之所以游心。

这段话说明精神世界是瞬息万变的,只有圣人能够使自己的心灵

---

① 参见本书第三章第一节《〈淮南子〉的神游意象》。

之思超越外物、知识及智虑对本心通达虚灵状态的遮蔽,"超然独立"于"尘埃之外",获得与道同在的自由。可以说,《淮南子》对心"游"过程的描述既从心灵修养方面论述了要去欲致虚,而且从心灵境界方面论述了虚静而灵动的精神境界是心灵最高的审美境界。《齐俗训》就从艺术创造的角度论述了"虚心"才能获得创作自由的道理:

> 故圣人财制物也,犹工匠之斫削凿枘也,宰庖之切割分别也。曲得其宜而不折伤。拙工则不然,大则塞而不入,小则窕而不周。动于心,枝于手,而愈丑。

这段话以圣人与拙工的创造活动为例,说明"动于心""而愈丑",即是说圣人以虚灵的精神境界为创造活动的心灵状态,从而"曲得其宜而不折伤";而技艺拙劣者是以刻意所为之心为创造活动的心灵状态,这是无法获得审美自由的。《淮南子》追求"游心于虚",其实就是追求一种虚静自由的心灵境界。

就"诚"的心灵特征而言,《淮南子》亦有深刻的论述。诚心指一种出于本真心灵感悟的性情表达。道家讲诚心,指向人本朴之心的真实感受,儒家亦讲诚心,指向的是以人真诚的心灵态度去感人化物。道家论诚主要见于《文子·精诚》、《庄子·渔父》,儒家论诚主要见于《礼记》的《大学》、《中庸》。《淮南子》的诚心论是对儒道以诚论心的思维成果的综合与发挥。首先,《淮南子》以诚为人之天然本心的审美特征。《泰族训》云:"故圣人者怀天心,声然能动化天下者也。故精诚感于内,形气动于天,则景星现,黄龙下,祥凤至,醴泉出,嘉谷生,河不满溢,海不溶波。"这是说保持着人之天然本心的圣人,其言行能够动化万物的原因就是其思想情感是出于其内在的本真之心,这种精诚的内心情思表达出来就会与天地万物相沟通。《缪称训》云：

> 天有四时，人有四用。何谓四用？视而形之，莫明于目；听而精之，莫聪于耳；重而闭之，莫固于口；含而藏之，莫深于心。目见其形，耳听其声，口言其诚，而心致之精，则万物之化咸有极矣。

这段话从目、耳、口、心四个人体器官之间的配合关系，说明了精诚之心对于人认识外界事物并与万物进行感应沟通具有重要作用。《淮南子》认为人的感官是分工合作的，"目见其形，耳听其声，口言其诚，而心致之精"，即是说人通过视觉和听觉对外界事物的形体、声音等特征进行认知，而语言则是表达人的真实感受的，这种真实的感受和认知则出自于心灵的精诚状态。《淮南子》以诚为心灵的审美特征源于从道家万物通于一气的理念，认为只有出于本真的心灵体验才能与万物相互感通。其次，《淮南子》认为艺术情感的感染力来自于艺术主体的诚心。《主术训》云："动诸琴瑟，形诸音声而能使人为之哀乐，县法设赏而不能移风易俗者，其诚心弗施也。"这里从正反两方面说明诗乐艺术之所以能够使人哀乐，引起人的情感共鸣，是由于主体内在诚心所致。《缪称训》云："故心哀而歌不乐，心乐而哭不哀。"这里进一步论述了心灵对情感的真切体验是诗乐艺术产生感染力的根源。第三，《淮南子》认为诚心是人格至善至美的保证。儒家认为人格是人对物体悟的不断提升，至诚无欺是人格、道德之美的保证，亦是进行教化的依据。《礼记·中庸》对诚之于心性的提升化育功能揭示得很深刻：

> 唯天下至诚，为能尽其性。能尽其性，则尽人之性；能尽人之性，则能尽物之性；能尽物之性，则可以赞天地化

育；可以先天地之化育，则可以与天地能矣。①

这里认为诚能使人的善性得到提升，人的善性提升就能明彻万物之性能，了解万物之性能就可以与之沟通，从而主体自身也就进入了一种天人合一、物我不分的境界。《淮南子》吸收了这种理念，亦以诚心为人格美的象征，《泰族训》云："故圣人养心，莫善于诚，至诚而能动化矣。"这里说明圣人养心以诚为其人格的最高境界。第四，《淮南子》提倡以诚治民。《主术训》云："昔者神农之治天下也，神不驰于胸中，智不出于四域，怀其仁诚之心。"这是以神农为例说明圣主明君治国"怀其仁诚之心"。《齐俗训》云："故礼丰不足以效爱，而诚心可以怀远。"这是把礼节和诚心作比较，认为诚心的感化作用可以到达很远的地方，而礼节再丰富对表达君主爱民之心的作用却是有限的。《兵略训》还专门以将卒关系为例说明诚心对于统摄人心的重要作用："故将以民为体，而民以将为心。心诚则支体亲刃，心疑则支体挠北。心不专一，则体不节动；将不诚心，则卒不勇敢。"这是以人体为例，说明将帅的诚心可以使兵卒凝聚成一个团结的整体，从而可以勇敢作战。《泰族训》则论述了诚心是政令得施的保证：

> 夫矢之所以射远贯牢者，弩力也；其所以中的剖微者，正心也；赏善罚暴者，政令也；其所以能行者，精诚也。故弩虽强，不能独中；令虽明，不能独行；必自精气所以与之施道。故摅道以被民，而民弗从者，诚心弗施也。

这段话强调诚心是"必自精气"，认为诚心是主体最宝贵的生命

---

① 朱彬：《礼记训纂》，中华书局1996年版，第777页。

基质，只有这种来自生命核心的情感才能使民众受到感化，从而使政令得以施行。第五，《淮南子》还讨论了致诚之法。《缪称训》云：

> 士处卑隐，欲上达，必先反诸己。上达有道，名誉不起，而不能上达矣；取誉有道，不信于友，不能得誉；信于友有道，事亲不说，不信于友；说亲有道，修身不诚，不能事亲矣；诚身有道，心不专一，不能专诚。

这段话从如何能够得到统治者的赏识谈起，认为最根本的做法就是专心致诚，以诚心修身，提升自己的人格美；以诚事亲交友会使自己的人格美得到宣扬，这样就可使自己的美名上达天听。《淮南子》强调致诚之道是心要专一，就是要求把自己全部的生命体验投注到一件事上，以最本真的情感去对待人和物。《淮南子》以诚为理想人格最重要的审美特征，这既是对主体本真生命体验的肯定，亦是对人的生命的精神品质的宣扬。以诚论人、以诚论文一直是中国古代重要的审美观念，《淮南子》对儒道诚心论进行综合与深化，具有重要的美学价值。

三 艺术心源论

在《淮南子》中，心是极为重要的生命器官，它既是人形体生命的核心所在，亦是人一切感性的艺术活动即精神生命的渊府。

首先，《淮南子》以心为身主，从而为艺术心源论确立了生理基础。《精神训》云："故心者，形之主也；而神者，心之宝也。"又云"天有风雨寒暑，人亦有取与喜怒。故胆为云，肺为气，肝为风，肾为雨，脾为雷，以与天地相参也，而心为之主。"这段话本自《文子·九守》篇，只是五脏与各种自然现象的对应关系有所不同，《九守》篇是"脾为风"、"肝为雷"，其余二者皆无二致。这里认为人与天具有同构性，心不仅是四肢九窍、五脏六腑之主，亦是喜怒哀乐好恶情感、思想道德精神之主。《缪称训》论述了心对人体器官的统摄作用："主者，国之心，心治则百节皆安，心扰则百节皆乱。故其心治者，支体相遗也；其国治者，君臣相忘也。"这里把治国与治心相提并论，认为心灵清明安宁，人的四肢百节就都会获得安宁，如果心纷乱混沌，那么人的各种器官亦会出现功能紊乱。《精神训》还论述了心对意志思维的统摄作用："五藏能属于心而无乖，则教志胜而行不僻矣；教志胜而行之不僻，则精神盛而气不散矣。"这是说五脏能够隶属于心而不悖戾，心中的昏乱意念就会自行消散，人的行为也就不会出现邪僻，人的行为端正无乖心意，人的精神就会旺盛。《淮南子》认为心通过统辖人体各种器官而获得生命的和谐统一，通过协调人的意志与行为而保持旺盛的生命力，从而获得自由通达的生命境界。《淮南子》不仅从形体与精神两方面论述了心为身主的观点，而且还探讨了心与身体器官及感官体验之间的统一关系。《主术训》云：

　　心之于九窍四支也，不能一事焉。然而动静听视皆以为主者，不忘于欲利之也。

这段话强调了心对人体器官的利导功能，认为正是心满足了九窍四肢对各种生命体验的本能感知，所以才使各种感官以心为主。《淮南子》对心与身关系的论述具有一定的辩证性，一方面强调了心对身体各种器官的统摄作用，另一方面又认识到心也要顺应各种感官的认知功能，能使感官正常地发挥作用，才能使感官接受心的统一指挥。也就是说正是由于心使人体器官实现了自身的存在价值，人体的各种器官才成就了心的主导地位。

其次,《淮南子》以心得为生命的终极体验,揭示了艺术的生命源于内心本真的生命体验,艺术的审美价值源于生命体验的个体独特性。《原道训》云:

> 夫心者,五藏之主也,所以制使四支,流行血气,驰骋于是非之境,而出入于百事之门户者也。是故不得于心,而有经天下之气,是犹无耳而欲调钟鼓,无目而欲喜文章也。

这段话是说心灵是人生命精华蕴藏之所,人正是通过心获得生命与思维的活力,所以任何生命体验与思想感悟都应该是从心灵深处获得,否则就无法真正进入艺术境界。《淮南子》的心得论一方面强调的是生命体验的真实性,另一方面强调的是个体生命的独创性。《诠言训》云:

> 故不得已而歌者,不事为悲;不得已而舞者,不矜为丽。歌舞而不事为悲丽者,皆无有根心者。

这段话强调心得是一种真实的心灵体验,如果内心没有真实的情感体验,那么任何艺术形式都将失去生命力,即所谓"无有根心",这必然会导致艺术失去其审美价值。《淮南子》揭示了艺术形式的生命力源于艺术蕴含着创作主体本真的生命体验,然而生命体验是一种极具个体性的内心活动,这种个体性决定了艺术的审美体验从根本上应该具有独特的个体风格。《淮南子》对这一点也有深刻的认识,《原道训》云:

> 夫内不开于中而强学问者,不入于耳而不著于心,此何以异于聋者之歌也!效人为之而无以自乐也。声出于口,则越而散矣。

这段话则强调了心得是一种主体独特的生命体验，模仿别人而不是出自本真的情感体验，内心就不会获得真正的审美快感，其音乐表达也就不具有审美价值。《淮南子》的心得论揭示了艺术创作不仅是生命体验的表达，而且表达的是一种具有独特性、个体性的生命体验。这种理念对中国古典艺术追求表达真性情、表现个性风格的审美价值观具有重要而深远的影响。

第三，《淮南子》以心谕为艺术传播的途径，揭示了艺术感染力来源于心灵与情感的共鸣。《淮南子》认为艺术的最高境界是一种深妙的心灵体验，它是无法用语言表达的，只有靠心灵与艺术境界相契合，才能体验到艺术所蕴含的审美情感。《缪称训》云：

> 心之精者，可以神化，而不可以导人；目之精者，可以消泽，而不可以昭誋。在混冥之中，不可谕于人。

这段话明确表达了内心的境界可以通过精神感化的方式传达，却不能直接训导别人，就像深邃的眼光可以洞察无形的道，却不能用语言把它表述清楚一样。《淮南子》认为心灵对艺术境界的把握是一种超验的存在，不能以经验的方式向外界传达，只能以心灵之间产生共鸣的方式向外传播。《览冥训》进一步强调了这个道理：

> 昔雍门子以哭见于孟尝君，已而陈辞通意，抚心发声。孟尝君为之增欷鸣唈，流涕狼戾不可止。精神形于内，而外谕哀于人心，此不传之道。

这里以雍门子以哭声得到孟尝君的赏识为例，说明内心的情感通过一种精神力量向外传达，从而使别人的内心产生一种共鸣，这是只能神会不可言传的。《淮南子》这里强调情感的感染力来自于两个心灵在内心精神上的相通相应，这是一种无法言说的存在。雍门周弹琴而孟尝君为之流涕的传说，后来具体记载于刘向的《说苑·善说》、桓谭的《新论·琴道》。

毫无疑问，《淮南子》的心灵论作为一种人学本体论，最终关注的是人如何获得和保持心灵的自由境界的问题，在对这个问题的多方探讨中涉及了对艺术创作的心理准备、心理状态、生命体验、审美传达、共鸣感应等多个文艺概念的理解与阐释，这些论述对中国古代文学、美学中的心学范畴的发展成熟具有重要的推动作用，亦对中国古代的文学艺术发生着极为深刻的影响。

四　人性论的内涵

在人类的认识史上，当人从本能的人即野蛮人转变为自觉的人之后，就开始了对自然和人的本质的认识。"性"就是反映中国古代人对自身本质认识的一个范畴，指人的本性或本质，是人区别于动物的质的规定。性字出现很早，春秋时期开始成为一个具有哲学内涵的范畴。

先秦时期儒、道、法各家都对性有自己的理论思考，对中国古代人性论的发展成熟均有启示。孔子在春秋时期提出了一个著名的论断："性相近也，习相远也。"（《论语·阳货》）认为人生而具有相近或相似的本性，只是由于后天不同环境的习染才出现品性上的差异。孔子此论承认了人具有相近的先天本性，亦认识到这种本性具有可塑性，指出性随习变。但孔子对于相近之性究竟指什么并未说明，也未涉及人性的根源及其善恶问题。战国时期人性的善恶问题成为人性论的主题，基本上有四种观点：人性无善无恶、人性有善有恶、人性本善、人性本恶。告子从人的自然性出发认为人性本无善恶，认为"生之谓性"、"食色，性也",把人性理解为生而具有的生理本能,混淆了人性和动物性的本质差别。孟子则从人的社会性出发,认为人性本善,提出了"生亦我所欲也,义亦我所欲也,二者不可得兼,舍生而取义者也"。他认为人不同于动物,人之性的本质在于其社会道德感。孟子认为人的善性包括"恻隐之心"、"羞恶之心"、"辞让之心"、"是非之心",并分别对应人之"四德",即仁、义、礼、智。荀子在前人思维成果的基础上,对先秦人性论进行了一次总结,以"性伪之分"对人的本性与德性进行了深刻考察。荀子一方面对性与伪进行了区分:"凡性者,天之就也,不可学,不可事。礼义者,圣人之所生也,人之所学而能,所得而成者也。不可学,不可事而在天者,谓之性。可学而能,可事而成之在人者,谓之伪。是性伪之分也。"(《性恶》)另一方面又揭示了性与伪的联系:"性者,本始材朴也;伪者,文理隆盛也。无性则伪之无所加;无伪则性不能自美。性伪合,然后圣人之名一,天下之功于是就也。"(《正名》)简单说来,荀子认为人天生所具有的情性为人之质朴本性,而后天所培养、习成的道德品质、礼义规范则是人性之"美",是人之所以超越动物本能而具有审美判断的根据。

儒家学派除了重点讲"性",有时也讲"情"。孔子虽然注重人的道德情感和审美情感(如哀乐好恶等),但是他还未提出"情"的范畴,更未提出"情"的系统理论。孟子从道德情感出发,认为性善情也善,"乃若其情,则可以为善矣。"(《告子上》)从而主张"寡欲",提倡"不动心"。荀子则把性情与人欲联系起来,认为"性者,天之就也;情者,性之质也;欲者,情之应也。"性是人生而具有的,情是由性的本质所产生的,欲是情对外物的感应所表现出来的。三者的关系是由性而情,由情而欲,在本质上是统一的。在性情相统一的基础上,他还提出了"六情"说:"性之好、恶、喜、怒、哀、乐谓之情"(《正名》），并且断定"六情甚不美"。但荀子不同于孟子追求"寡欲"，而提出了要以礼义"节情"、"导欲"。《礼记·礼运》提出了"七情"说，指出："何谓人情？喜怒哀惧爱恶欲七者，弗学而能。"认为人的七种不同情感状态都是先天具有的，即都是性的体现。前些年湖北荆门郭店出土的《性之命出》，据考证亦属先秦文献，其中的人性论别具一格："性自命出，命自天降，道始于情，情先于性。"把人情感状态与气联系起来论性："喜怒哀悲之气，性也。及其见于外，则物放之也。"认为气是人之性外显为喜怒哀悲之情的内在根据。

道家基本上持自然人性论，认为性是人生而具有的一种质朴的自然本性。《庄子·庚桑楚》说："性者，生之质也。"道家认为人的自然本性是天下之大美，认为人的社会道德品质和人的情欲都排除在人性之外，认为任何外在的仁义和情欲都是"乱人之性"的，都是"以物易性"。因此要达到理想的人性状态就要去仁义、抛情欲，顺应无知无欲的自然本性，向素朴的人性复归。在人情方面，道家提倡无情说，即"有人之形，无人之情"，但庄子所说的无情并非否定人的性情及其表现，而是强调不因欲望而以情害性："吾所谓无情者，言人之不以好恶内伤其身，常因自然而不益生也。"（《庄子·德充符》）

先秦法家在人性论方面提出了"自为"说，商鞅认为人的本性是为利的："民之生，度而取长，称而取重，权而索利。"（《商君书·算地》）慎到也说："人莫不自为也，化而使之为我，则莫可得而用矣……故用人之自为，不用人之为我，则莫不可得而用矣。"（《慎子·因循》）韩非子则认为人性就是"自为心"（《外储说上》），就是"利欲之心"（《解老》）甚至父母对于子女亦是"虑其后便，计之长利也。"可见，韩非子完全以功利之心来定义人性，因而他主张以权法来控制人性："赏莫如厚，民利之；誉莫如美，使民荣之；诛莫如重，使民畏之；毁莫如恶，

使民耻之。然后一行其法，禁诛于私家。"（《八经》）

　　《淮南子》吸收了儒、道、法各家有关人性的理论成果，对人性的哲学及美学内涵进行了糅合，完成了性由一个哲学范畴转换成文学理论范畴的前期理论整合工作。

　　首先，《淮南子》中人性的内涵具有三个层面，可以简单概括为道性、本性、情性。就道性而言，《淮南子》主要吸收了道家对性的理解，认为性是道于人体之中的内化，人性体现着道的属性。《淮南子》中对人的道性的叙述主要体现出三方面的特征，一是道的遍在性，表现为生命的多样化存在；二是道的虚无性，表现为理想的生命状态；三是道的静漠性，表现为人类初始的生命状态。《淮南子》继承了道家的宇宙生成论，认为道是一切生命的根据，人作为禀道而生的灵肉存在，具有与道性相统一的本性。《原道训》中详细论述了道性的遍在性：

　　　　夫道者，覆天载地，廓四方，柝八极，高不可际，深不可测，包裹天地，禀授无形；原流泉浡，冲而徐盈；混混滑滑，浊而徐清。故植之而塞于天地，横之而弥于四海，施之无穷，而无所朝夕。舒之幎于六合，卷之不盈于一握。约而能张，幽而能明，弱而能强，柔而能刚，横四维而含阴阳，纮宇宙而章三光。甚淖而滒，甚纤而微。山以之高，渊以之深，兽以之走，鸟以之飞，日月以之明，星历以之行，麟以之游，凤以之翔。

　　　　夫萍树根于水，木树根于土，鸟排虚而飞，兽蹠实而走，蛟龙水居，虎豹山处，天地之性也。

上引第一段前半部分论述是承《文子·道原》篇相关论述而来，但《淮南子》运用赋体手法强化了道性的无所不在；第一段后半部分及第二段引文中，《淮南子》以山、渊、兽、鸟、日月、星历、麟、凤、树、龙、虎、豹等具体事物的生命存在状态来说明道性，不仅文字优美流畅而且以开阔宏大的视野展示了万物正是依凭道性而具有生命的生动性。道性与人性的贯通一致使人性的美学内涵获得了终极根据。

《淮南子》对道的虚无性在人性中的反映也有论述，《俶真训》中云："是故圣人之学也，欲以返性于初，而游心于虚也。达人之学也，欲以通性于辽廓，而觉于寂漠也。"这是说圣人、达人这些对道性有所体悟的人，他们都以虚漠的精神状态为理想的生命追求。《诠言训》中则把道性的虚无性与治术联系在一起，论述了虚无是道的存在之所，亦是性的存在之处：

> 为治之本，务在于安民；安民之本，在于足用；足用之本，在于勿夺时；勿夺时之本，在于省事；省事之本，在于节欲；节欲之本，在于反性；反性之本，在于去载。去载则虚，虚则平。平者，道之素也；虚者，道之舍也。能有天下者，必不失其国；能有其国者，必不丧其家；能治其家者，必不遗其身；能修其身者，必不忘其心；能原其心者，必不亏其性；能全其性者，必不惑于道。

这段话说明《淮南子》认为治术的根本在于返性之初，全性之真，与道同在。这种理念是对道术统治思想的继承，但《淮南子》的贡献在于为治术与人性之间的联系提供了明确的逻辑关系：统治的根本在于安民，民安就要足用，足用就要适时省事，省事就要节欲反性，反性就是到达性命之初的虚漠状态。《淮南子》对人性追求虚无的精神状态的强调，使人性论开始由哲学理念向生命的审美状态转换，为人性论进入美学畛域提供了契机。

《淮南子》还从道的静漠性出发，认为人性亦具有静漠的审

美特征,《原道训》云:

> 人生而静,天之性也。感而后动,性之害也;物至而神应,知之动也;知与物接,而好憎生焉。好憎成形,而知诱于外,不能反己,而天理灭矣。

从这段话可以看出,《淮南子》认为人之性于最初状态具有静的特征,只是在生命活动过程中,性的静漠状态遭到了破坏。《俶真训》中亦表达了人性天生的安静状态为嗜欲所惑乱的观点:"水之性真清,而土汩之;人性安静,而嗜欲乱之。"《淮南子》的此论综合了《礼记·乐记》与老、庄的人性观。《礼记·乐记》云:"人生而静,天之性也。感于物而动,性之欲也。"[1] 认为人天性静漠,感物而生欲。《老子》云:"归根曰静,静曰复命。"[2](16章)认为人的生命是一个过程,而静就是这个动态过程中的人性特征。《庄子·庚桑楚》则详细论述了各种引起人性躁动的欲望,表达了以静通道的观点:"贵富显严名利六者,勃志也。容动色理气意六者,缪心也。恶欲喜怒哀乐六者,累德也。去就取与知能六者,塞道也。此四六者不荡胸中则正,正则静,静则明,明则虚,虚则无为而无不为也。"[3] 人生而静,欲望却使人躁动不安,所以要从躁返静,《淮南子》亦表达了返性之初的观点,《齐俗训》云:

> 人性欲平,嗜欲害之,惟圣人能遗物而反己。夫乘舟而惑者,不知东西,见斗极则寤矣。夫性,亦人之斗极也。有

---

[1] 朱彬:《礼记训纂》,中华书局1996年版,第564页。
[2] 王弼:《老子注》,《诸子集成》三,中华书局1996年版,第9页。
[3] 郭庆藩《庄子集释》,中华书局1961年版,第810页。

以自见也，则不失物之情；无以自见，则动而惑营。

这段话是说圣人能够超越物欲对人性的感动而返归到人性最初的平静状态。《淮南子》以性为人生的"斗极"，能够返性之初就能够找到人生的正确方向。"有以自见"说明《淮南子》认识到人性之静具有鉴物功能，能够自我检视，这样人就不会迷失于外物的感动。《齐俗训》还论述了欲望对人性的异化，认为只有返性之初，以静制动才能消除异化保持真我：

夫纵欲而失性，动未尝正也，以治身则危，以治国则乱，以入军则破。是故不闻道者，无以反性。故古之圣王，能得诸己，故令行禁止，名传后世，德施四海。

《淮南子》把人性的动静与治身、治国、治军联系起来，认为返性之静就可对抗异化即"能得诸己"，与道相通，名、利、德、行就可不为而得。《泛论训》把人性之静与善联系起来论述：

天下莫易于为善，而莫难于为不善也。所谓为善者，静而无为也；所谓为不善者，躁而多欲也。适情辞馀，无所诱惑，循性保真，无变于己，故曰为善易。越城郭，逾险塞，奸符节，盗管金，篡弑矫诬，非人之性也，故曰为不善难。

这段话说明《淮南子》认为人性本是善的，但这里对善与不善的界定则完全是对道家思想的延承，以"静而无为"为善，是人之本性，以"躁而多欲"为不善，"非人之性也"。《淮南子》以静为善的人性论为人性由道性向德性的转换提供了根据。《淮南子》以道的静漠特征论人性的理想状态，使人性具有静寂的超越性特征。返性之初的静寂状态，就可以照鉴真我，就可以超越外物及各种欲望对人性的惑动而与道相通。《淮南子》对人性的静漠特征的论述使人性超越现实世界的名缰利锁而进入审美的理想境界成为可能。

《淮南子》论性亦有形体之性即没有主动意识的本性的内涵。就人之本性而言，《淮南子》从性与命的关系、本性的恬愉特征、喜怒等情感生成机制三个方面进行了辩证论述。《原道训》云："夫性命者，与形俱出其宗。形备而性命成，性命成而好憎生矣。"这是把性命看成一个对象进行论述，认为人的本性是随着形体的生成而生成的，本性的形成亦意味着情感的产生成为可能。《缪称训》云："性者，所受于天也；命者，所遭于时也。有其材，不遇其世，天也。太公何力，比干何罪，循性而行止，或害或利。求之有道，得之在命。"这里对性与命进行了区分，性指随形体产生的本能，而命指个体生命存在的时空规定性。但可以看出，《淮南子》也认识到了性与命的共性：它们都是不受生命主体能动控制的因素，都对个体生命的人生轨迹起着决定作用。《天文训》中对性与命相互之间的制约关系有深刻的认识：

> 古之圣人，其和愉宁静，性也；其志得道行，命也。是故性遭命而后能行，命得性而后能明。乌号之弓，谿子之弩，不能无弦而射。越舲蜀艇，不能无水而浮。

这段话首先对性与命进行了区分，认为具有理想生命状态的圣人，其本性具有"和愉宁静"的审美状态，而生命内在的情志能否得到实现却受到命运即时空环境的制约。人的本性只是一种潜在的生命状态，它要依靠时机和环境中的各种因素综合作用才能得到外显；而人本性的"和愉宁静"的状态就像命运的北斗星一样，人只有在时空环境中保持本性之清明和静的状态才可以获得正确的方向。性与命之间的关系就像弦与弓弩、水与艎艇之间的关系一样，相互促成又相互制约。《淮南子》对性与命关系的论述具有辩证统一性，既认识到对于个体生命而言，性命是不可分离的统一体，又深入区分了性与命对于个体生命之作用的细微差异，还深刻论述了性与命之间相辅相成的密切关系。这些论述对后世文学理论中性与命的审美内涵的系统化与深入化产生了重要的影响，对以时命为主题的文学作品亦具有深远的意义。

《淮南子》认为人的本性具有恬愉的特征，上面所引的论述中已经涉及这一特征，认为圣人之性恬愉宁静。《人间训》中明确指出恬愉是人之天性："清净恬愉，人之性也；仪表规矩，事之制也。"这是从性与礼之间的区别来定义性，认为清净恬愉是人之本性，而仪表规矩只是做事的礼制。《诠言训》对性之恬愉的特征有进一步的深刻论述：

> 凡人之性，乐恬而憎悯，乐佚而憎劳。心常无欲，可谓恬矣；形常无事，可谓佚矣。游心于恬，舍形于佚，以俟天命。自乐于内，无急于外，虽天下之大，不足以易其一概，日月廑而无溉于志，故虽贱如贵，虽贫如富。

这段话认为乐恬憎悯、乐佚憎劳是人之本性，恬即是无欲，佚即是无事，最理想的生命状态就是使心灵处于恬愉的状态，使形体不受劳损。如果能保持人性的内在恬愉之特征，就可以超越世间的荣华富贵，即使天下之大、日月隐现都不能动摇其心志。《淮南子》不仅认为乐恬好佚是人之本性，而且还进一步通过对恬和佚的界定来说明人性之恬愉特征的形成机制及其超越性。这种理念可以说是人的审美心理的前期表述，人的本性之中本有追求快乐、超越世俗的心理需求，这种心理需求就是文艺得以产生的心理基础。

第二章 《淮南子》文艺范畴研究

《淮南子》认为形性是人的情感欲望产生的根据。《俶真训》云:"夫举天下万物,蚑蛲贞虫,蠕动蚑作,皆知其所喜憎利害者,何也? 以其性之在焉而不离也。忽去之,则骨肉无伦矣。"这里明确以性为各种生命体具有喜憎之本能情感的根据。《兵略训》亦云:"喜而相戏,怒而相害,天之性也。"这是从生物角度来论述人的本性,认为喜而相戏、怒而相害是人之天性,也就是说喜、怒等情感状态是作为动物性人的本性表现。《淮南子》对人本性蕴含情感因子的探索并未仅仅停留在人的动物性层面,《缪称训》就把人本性中爱的情感与养民、化民联系了起来:

慈父之爱子,非为报也,不可内解于心;圣人之养民,非求用也,性不能已。若火之自热,冰之自寒,夫有何修焉!

这段话是说父子之爱是人之本性,而圣人对百姓的爱护亦是仁爱本性的体现,就像火有热性、冰有寒性一样属于自然本性。《淮南子》认为圣人爱护民众是出于不能自已的本性,这就使人的本性超越了动物本能,而具有了社会性、文化性内涵,使人的本能情感转化为审美情感成为可能。

《淮南子》认为人性还具有情性即具有主动意识的情感及道德之性的内涵。情性事实上就是本性之中情感因子人为发展的结果,是人对本性之情、欲的扩张与节制,主要表现为人类各种具有审美文化内涵的活动。《本经训》对人本性之情感因子发展为具有审美内涵的乐舞及礼乐形式进行了深刻论述:

凡人之性,心和欲得则乐,乐斯动,动斯蹈,蹈斯荡,荡斯歌,歌斯舞,歌舞节则禽兽跳矣。人之性,心有忧丧则悲,悲则哀,哀斯愤,愤斯怒,怒斯动,动则手足不静。人之性有侵犯则怒，怒则血充，血充则气激，气激则发怒，发怒则有所释憾矣。故钟鼓管箫，干戚羽旄，所以饰喜也；衰绖苴杖，哭踊有节，所以饰哀也；兵革羽旄，金鼓斧钺，所以饰怒也。必有其质，乃为之文。

对于上述引文中"歌舞节则禽兽跳矣"，清人多有异议：王念孙云："'歌舞节'当作'歌舞无节'"。俞樾云："此本作'舞则禽兽跳矣'，与下文'动则手足不静'、'发怒则有所释憾矣'文义一律，歌字、节字皆衍文也。……今衍歌字、节字，义不可通。王氏谓当作'歌舞无节'，不知节与不节，尚非所论于此矣。"① 王念孙和俞樾尽管所持观点不同，但都认为"歌舞节则禽兽跳矣"这句话文字有误，王氏认为有脱夺，俞氏认为有衍文，他们都认为按原文无法进行解读。

《本经训》这段论述开始部分是本于《礼记·檀弓下》的如下段落而来：

> 人喜则斯陶，陶则咏，咏斯犹，犹斯舞，舞斯愠，愠斯戚，戚斯叹，叹斯辟，辟斯踊矣。品节斯，斯谓之礼。（郑玄注："舞踊皆有节，乃成礼。"）②

《本经训》有关歌舞的论述虽本于《礼记·檀弓下》，但对它作了改造，文字变得简略。《檀弓下》上面的论述主要是强调情感表达的品和节，品指区分贵贱亲疏长幼，节指节制、不过度。《本经训》样强调对歌舞的节制、使之适中。"歌舞节则禽兽跳矣"，意谓人如果歌舞而有节制，合乎礼的要求，那就把自身与

---

① 刘文典：《淮南鸿烈集解》，中华书局1997年版，第265页。
② 朱彬：《礼记训纂》，中华书局1996年版，第138页。

禽兽区别开来。跳，指逃跑、离开之义。《礼记·曲礼上》称："是故圣人作为礼以教人，使人以有礼，知自别于禽兽。"[①]《本经训》所说的"歌舞节则禽兽跳矣"，所阐明的正是以礼节情而使人自别于禽兽的意思。跳指逃跑，这种用法在《史记·高祖本纪》中可以见到，项羽"遂围成皋，汉王跳"，即是其例，是它的特殊用法。

《本经训》上面论述后半部分借鉴了《荀子》的《礼论》和《乐论》的相关段落，把二者有机地糅合在一起，并把整个论述纳入人性与艺术之关系的框架之中。我们可以从三个层面理解这段话对人性的阐释：首先，欢乐、悲伤、愤怒之情的产生源于人性所具有的不同状态。人性和谐恬静就会产生快乐的情感，忧虑沮丧就会产生悲伤的情感，受到侵犯伤害则会产生愤怒的情感。第二，人性的情感因子一旦受到激发形成情感，就需要通过各种行为方式表达出来，这是音乐、舞蹈及礼乐仪式等审美活动产生的性理依据。第三，人性是乐舞及礼乐仪式等情感表达方式的根据，人类的各种艺术活动是对人性的修饰。《淮南子》在这里把人性与情感的形成及情感表达方式——音乐、舞蹈、礼乐的产生之间的逻辑关系揭示得极为深刻。人性是情感、艺术产生的根据，情感是人性的外显，艺术是情感的表述方式，这种认识既为艺术提供了人性根据，又为人性成为审美范畴提供了美学内涵。中国古典文学及文论中以人性为根底、以表达情感为目的创作思想在《淮南子》这里得到了继承与发扬，《淮南子》对人性与情感及艺术之间的关系的梳理更具系统性、明晰性，这使后世对这种文学创作思想的继承与阐发更具自觉性和理论性。

《淮南子》的情性论还涉及人性中的道德理念。《俶真训》把人本性之真情与仁义联系起来："诚达于性命之情，而仁义固

[①] 朱彬：《礼记训纂》，中华书局1996年版，第7页。

附矣。趋舍何足以滑心!"这是说人本性之情真诚的话,产生仁义之心也就自然而然了。《淮南子》这种理念是对儒家人性观的继承,孔子从血缘亲族关系出发以仁释道,认为仁是人之所以为人的最终根据,是主体心性的终极旨归,是生命境界的至境。《论语·里仁》云:"夫子之道,忠恕而已矣。"① 忠恕就是仁爱之心的体现,就是仁道的体现,亦是人性的体现。《周易》亦认为仁义是性命之理,是人道的显现:"昔者圣人之作《易》也,将以顺性命之理。是以立天之道曰阴与阳,立地之道曰柔与刚,立人之道曰仁与义。"(《说卦》)② 徐复观认为"立"应该是"显著"之意:"天道由阴阳而显,地道则刚柔而显,人道则仁义而显。"③《易传·系辞上》云:"一阴一阳之谓道,继之者善也,成之者性也。"认为人道的修为是对天道的继承,成就天的仁德就是性命的意义。《淮南子》继承了儒家以仁释道的理念,认为人的道德品性亦是人性对道的秉持,《缪称训》云:

  道者,物之所导也;德者,性之所扶也;仁者,积恩之见证也;义者,比于人心而合于众适者也。

这段话说明《淮南子》认为性的依据是德,而德是道在人这一特殊生命体的内化,仁和义都是人之德性的体现。《俶真训》进一步把人性的仁爱之德性与人之社会性行为联系起来:

  今夫积惠重厚,累爱袭恩,以声华呕苻妪掩万民百姓,使知之欣欣然,人乐其性者,仁也。举大功,立显名,体君

---

① 杨柏峻:《论语译注》,中华书局 2000 年版,第 39 页。
② 高亨:《周易大传今注》,齐鲁书社 2000 年版,第 455 页。
③ 徐复观:《中国人性论史·先秦篇》,上海三联书店 2001 年版,第 183 页。

臣，正上下，明亲疏，等贵贱，存危国，继绝世，决挐治烦，兴毁宗，立无后者，义也。闭九窍，藏心志，弃聪明，反无识，芒然仿佯于尘埃之外，而消摇于无事之业，含阴吐阳，而万物和同者，德也。

这段话对仁、义、德之间的差异进行了区分，仁可使百姓和乐其性，义可使社会生活秩序井然，德可使生命主体获得与道同一的超越境界。《淮南子》认为仁爱可以使万民百姓之性呈现出和乐的审美状态，这是对人之德性审美内涵的发掘。《主术训》认为人性所贵在于仁：

凡人之性，莫贵于仁，莫急于智。仁以为质，智以行之，两者为本，而加之以勇力、辩慧、捷疾、劬录、巧敏、迟利、聪明、审察，尽众益也。身材未修，伎艺曲备，而无仁智以为表干，而加之以众美，则益其损。

这段话认为仁智是人之德性的根本所在，人格之美以仁智为"表干"，其余如勇、辨、捷、巧等"众美"都是对仁智的增益，如果不修仁德之质而"伎艺曲备""则益其损"。《淮南子》对人性道德仁义内涵的论述，推崇的是一种儒学化的人性与人格之美，其独特贡献在于《淮南子》认为仁智等各种道德品质、人格才质都是人性之美，将人性直接与美联系起来，这既是将道德伦理审美化，亦是将人性才质审美化，对后世以性为美、以才气为美有深刻的启示。

总之，《淮南子》认为形上之道性是人性的根据，人之不具有主动意识的本性是道性的显现，而人之具有主动意识的情性则是本性的发展与节制。道性、本性、情性各有其审美品质，均是生命之美的呈现。

五 论人性之可塑性

性之可塑是从孔子的"性相近，习相远"开始成为先秦学者的共识，各种学派，无论是秉持性善论还是秉持性恶论，都认为人性的发展与后天的习染、修养密不可分。《淮南子》继承了这种理念，并从不同角度对人性之可塑进行了深刻论述。《修务训》中明确认为人性是可塑的：

> 世俗废衰，而非学者多。"人性各有所修短，若鱼之跃，若鹊之驳，此自然者，不可损益。"吾以为不然。夫鱼者跃，鹊者驳也，犹人马之为人马，筋骨形体，所受于天，不可变。以此论之，则不类矣。夫马之为草驹之时，跳跃扬蹄，翘尾而走，人不能制，啮咋足以嚼肌碎骨，蹶蹄足以破颅陷匈；及至圉人扰之，良御教之，掩以衡扼，连以辔衔，则虽历险超堑弗敢辞。故其形之为马，马不可化；其可驾御，教之所为也。马，聋虫也，而可以通气志，犹待教而成，又况人乎！

《淮南子》这里对非学观念进行了反驳，对人性"此自然者，不可损益"的观念表示出"以为不然"。然后以马为例说明马之天性不具有社会实用性，只有经过驯化才能实现其社会价值，得出结论马"犹待教而成，又况人乎！"这说明《淮南子》对人性的可塑性的认识是明确而清晰的，并且认为人的社会价值只有通过教化才能获得实现。

《淮南子》认为人本性可塑表现在三个方面：一是人的性格会随着年龄的增长不断发生变化；二是人性处于不同的风俗环境中会呈现出不同的状态；三是礼乐的形成是以人性具有不同的情感状态为根据的。《诠言训》对人性与年龄增长之间的关系进行了论述：

> 凡人之性，少则猖狂，壮则暴强，老则好利，一人之身，既数变矣，又况君数易法，国数易君！

这是说人之性在少年、壮年、老年三个不同年龄阶段会呈现出猖狂、强暴、好利三种截然不同的风格，同样的道理可以说明礼仪、习俗亦可随时代环境变化而变化，具有时代合理性。《淮南子》这里明显认为人性是具有渐变性的，这种渐变性与人的年龄有关，而年龄增长意味着人的生理、心理发生了变化。也就是说《淮南子》这里揭示了人性的变化与生理、心理的变化具有相应性，说明人性的可塑与生理、心理具有密切的关系。《论语·季氏》写道："孔子曰：'君子有三戒：少之时，血气未定，戒之在色。及其壮也，血气方刚，戒之在斗。及其老也，血气既衰，戒之在得。'"[①]《诠言训》的论述本于孔子而言，但对少年阶段的人性特点的概括没有照搬孔子的说法，而是另有自己的认定，这说明《淮南子》对人性的认识既有对前人论述成果的继承，又有自己的独特体认。

《淮南子》认为不同的习俗可以对人性造成不同的影响，人性的可塑性与风俗习惯相关。《齐俗训》认为人性本是纯真质朴的，风俗习惯使人性发生变化，甚至会使人失去本性：

> 夫竹之性浮，残以为牒，束而投之水则沉，失其体也；金之性沉，托之于舟上则浮，势有所支也。夫素之质白，染之以湼则黑；缣之性黄，染之以丹则赤。人之性无邪，久湛于俗则易，易而忘本，合于若性。

[①] 杨伯峻：《论语译注》，中华书局2000年版，第176页。

这段话以竹、金、素、缣之本性可以人为地改变为例来说明人性也可以被习俗改变，人性被改变就会忘记最初的本性而与后天的习性相符合。这说明《淮南子》不仅认为人性具有可塑性，风俗习惯可以使人性发生变化，而且还意识到本性与习性之间是有区别的。《淮南子》对本性与习性的区别事实上是对人本能之性与人为修养之性的区别，即前面所说的本性与情性的区别。《泰族训》对人本性与习性之间的关系有进一步的论述：

> 水之性，淖以清，穷谷之污，生以青苔，不治其性也。掘其所流而深之，茨其所决而高之，使得循势而行，乘衰而流，虽有腐髊流渐，弗能污也。其性非异也，通之与不通也。风俗犹此也。诚决其善志，防其邪心；启其善道，塞其奸路，与同出一道，则民性可善，而风俗可美也。

这段话是说水的本性是清净柔和的，但封闭的环境抑制了它流动不止的惯性，长出了污浊的青苔，而按照水流动的趋势挖深河道或垫高水流冲决之处以加大落差从而使水流畅通无阻的话，就算腐烂的骸骨在水流中浸泡也不会使水受到污染。这并不是水之本性发生了变化，而是由水的惯性或习性受到抑制或畅通无阻造成的。人性与风俗的关系亦如此，诚心可以推动美好的志向，防止邪恶心念的产生，开发善德、堵塞奸邪，与道同途，百姓之性就会不断趋向善良仁义，风俗习惯就会不断美好和谐。可以看出，《淮南子》认为风俗不可以改变人之本性，但可以改变人的习性；人不断修习善德、杜绝恶念就会使本性善良、风俗美好。那么如何进行人为修习才能不侵害本性呢？《淮南子·泰族训》对这一问题作出了回答：

> 夫物有以自然，而后人事有治也。故良匠不能斫金，巧

冶不能铄木。金之势不可斫，而木之性不可铄也。挺埴而为器，窬木而为舟，铄铁而为刃，铸金而为钟，因其可也。驾马服牛，令鸡司夜，令狗守门，因其然也。

这段话的中心意思是说万物都有其特定的本性，人类有意识地进行改造必须"因"物之自然本性。《淮南子》在这里提出了一个重要的修习原则，即因性施为，这个原则也适用于人性，《泰族训》中就谈到了圣人如何因人之本性而制定出包括音乐、文学等艺术形式在内的各种礼俗：

民有好色之性，故有大婚之礼；有饮食之性，故有大飨之谊；有喜乐之性，故有钟鼓管弦之音；有悲哀之性，故有衰绖哭踊之节。故先王之制法也，因民之所好而为之节文者也。因其好色而制婚姻之礼，故男女有别；因其喜音而正《雅》、《颂》之声，故风俗不流；因其宁家室、乐妻子，教之以顺，故父子有亲；因其喜朋友而教之以悌，故长幼有序。然后修朝聘以明贵贱，飨饮习射以明长幼，时搜振旅以习用兵也，入学庠序以修人伦。此皆人之所有于性，而圣人之所匠成也。故无其性，不可教训；有其性，无其养，不能遵道。茧之性为丝，然非得工女煮以热汤而抽其统纪，则不能成丝；卵之化为雏，非慈雌呕暖覆伏，累日积久，则不能为雏；人之性有仁义之资，非圣人为之法度而教导之，则不可使乡方。故先王之教也，因其所喜以劝善，因其所恶以禁奸。故刑罚不用，而威行如流；政令约省，而化耀如神。故因其性则天下听从，拂其性则法县而不用。

这段话表达了四层意思：首先，作者以赋的笔法列举了圣人依照人之本性有好色、饮食、喜乐、悲哀之本性而制定出婚礼、宴饮、音乐、丧礼等礼乐形式来对百姓之本性进行引导与节制。其次，《淮南子》在这里强调了圣人制礼作乐不是凭空而出，而是"此皆人之所有于性，而圣人所匠成也"。"故无其性，不可教训；有其性，无其养，不能遵道"的表述，说明《淮南子》认为人之本性是进行人为修养的根据，但如果缺乏后天的主动修养，人在生活中会受到各种欲望的诱惑而失去本性，从而也就不能遵循道、失去做人的根据。第三，《淮南子》认为对人之本性进行教导是必要的，就像茧本性是蚕丝，但只有对其进行蒸煮"抽其统纪"，才能成为具有实用性与审美性的丝线；卵本性是孕雏，但只有经过母体用身体爱心温暖孵化才能成为具有生命力的雏鸟；人的本性之中含有仁义之资质，但如果没有圣人用法度来教导的话，就不能向着正直的方向发展。第四，《淮南子》再次强调了"因"性施为的原则，认为"因其性则天下听从，指其性则法县而不用"。这段话说明《淮南子》对艺术与人性之间关系的理解具有深刻的辩证性：一方面认为礼俗、音乐、文学等人类审美文化行为的产生都是以人性为根据的；另一方面也认识到人之本性必须接受文化艺术的修养与熏染，才能获得正确的发展方向；一方面认为人性具有可塑性，通过人为的修养能够获得审美的生存状态；另一方面也认识到对人性的塑造必须因循其本性特征进行引导与节制。《淮南子》把人性之可塑性与礼俗、音乐、文学等具有审美内涵的艺术行为联系起来进行了深刻论述，这对后世关于文学与人性之间关系的理论认识具有深远的影响与启发。

《淮南子》对人性的可塑性的论述还涉及个体的品性问题。《修务训》依据孔子的"惟上智与下愚不移"和"中人以上可以语上，中人以下不可能语上"的思想，提出了"性三品"说：

且夫身正性善，发愤而成仁，帽凭而为义，性命可说，不待学问而合于道者，尧、舜、文王也；沉湎耽荒，不可教以道，不可喻以德，严父弗能正，贤师不能化者，丹朱、商均也。曼颊皓齿，形夸骨佳，不待脂粉芳泽而性可说者，西施、阳文也；卷䀹哆呗，䉶陈戚施，虽粉白黛黑弗能为美者，嫫母、仳倠也。夫上不及尧、舜，下不及商均，美不及西施，恶不若嫫母，此教训之所谕也，而芳泽之所施。

这段话认为就普遍人性而言，呈现出三种不同的品性：一种是"性命可说，不待学问而合于道"者；一种是"沉湎耽荒，不可教以道，不可喻以德"者；一种是"上不及尧、舜，下不及商均"者，"此教训之所谕也"。《淮南子》此论实是认为人之品性有高、中、下三等：性命与道相合者为高品，此类人天生"身正性善"；性命沉湎于欲望之中无法自拔，道不可教、德不可化者为下品，此类人已经完全失去了人之为人的品格与尊严，可说是本性已失；处于高下之间的人则是中品之人，此类人可以通过教训化谕使其品性得到提升。《淮南子》把人之品性分为三等，认为处于中等的众生之性必须通过修养教化才能保持人之本性，才能向上提升而与道相通。

《淮南子》不仅认为人性具有可塑性，并且从人的性格表现、人的文化艺术行为、人的品性等不同角度进行了深刻论述，而且还对人性塑造提出了一个重要的原则——"因"，"因"其实就是对"为"的一种限制。《淮南子》对人性之可塑性的论述虽然对儒家多有借鉴，但《淮南子》的人性观基本上还是继承了道家的性善观，认为人天生质朴的人性是最美的，由于人之美善本性在生活过程中必然要受到各种欲望的侵害，所以需要依靠学习修养来制约欲望、回归本性。

六　论全身养性

《淮南子》的人性论还体现在其具有强烈的全身养性的理念。《淮南子》认为人在生存过程中保持天性是极其困难的，各种欲望对人性造成了不可避免的伤害，因而人要节情养性，全身返己。

《淮南子》认为人性静而无为，但在具体的生活过程中，人性受到侵害具有现实的必然性。这首先表现在人性与社会环境的关系方面。《俶真训》认为："夫世之所以丧性命，有衰渐以然，所由来者久矣！"这是对于人生存环境的一种反思，说明《淮南子》认为人性的纯真与否与生存的社会环境相关。《淮南子》还认为只有远古至德之世适合具有理想人性的圣人生活，社会的发展促使人的欲望不断地扩张，而充满欲望的社会环境对人性向道性的回归形成制约。《俶真训》云：

> 古者至德之世，贾便其肆，农乐其业，大夫安其职，而处士修其道。当此之时，风雨不毁折，草木不夭，九鼎重味，珠玉润泽，洛出丹书，河出绿图。故许由、方回、善卷、披衣得达其道。何则？世之主有欲利天下之心，是以人得自乐其间。四子之才，非能尽善，盖今之世也，然莫能与之同光者，遇唐、虞之时。逮至夏桀、殷纣，燔生人，辜谏者，为炮烙，铸金柱，剖贤人之心，析才士之胫，醢鬼侯之女，葅梅伯之骸。当此之时，峣山崩，三川涸，飞鸟铩翼，走兽挤脚。当此之时，岂独无圣人哉？然而不能通其道者，不遇其世。夫鸟飞千仞之上，兽走丛薄之中，祸犹及之，又况编户齐民乎？由此观之，体道者不专在于我，亦有系于世矣。

这段话明确表示人是否能够保有道性，不仅与主体的修养相关，

第二章 《淮南子》文艺范畴研究

而且与外在的社会环境相关,所谓"体道者不专在于我,亦有系于世矣"。也就是说,《淮南子》认为时代环境对人性形成了社会性制约。《览冥训》进一步认为:"故自三代以后者,天下未尝得安其情性,而乐其习俗,保其修命,天而不夭于人虐也。所以然者何也?诸侯力征,天下合而为一家。"王念孙云:"'天而不夭于人虐也',天字与上下文义不相属,此因上文'天下'而误衍也。"《太平御览·兵部》七十引此,无天字。"天下合而为一家",合上脱不字,《太平御览》引此有不字。《文子·上礼》篇同。① 其实这里的"天",指的是自然,作动词用,谓顺其自然,并不是衍文。这段话说明《淮南子》认为"三代以后"的社会环境使人不能安于恬静本性,而常常"夭于人虐"。从社会的时代环境出发来论述人性是《淮南子》人性观的重要贡献,拓宽了人性观的视野,使人性观不仅仅限于内在的生命本体,而与社会、时代、文化等外在因素联系起来,使中国古代人性论更具系统性和深刻性。

其次,《淮南子》认为外物对人性中的本能欲求具有激发作用,而被激发的欲求过度扩张就会对人性造成伤害。《俶真训》认为外物对人性情的激发作用"有若泉源",是不可避免的:"今万物之来,擢拔吾性,攘取吾情,有若泉源,虽欲勿禀,其可得邪!"所以能够与道同在的圣人是以超越外物之累来保全人性的:"古之真人,立于天地之本,中至优游,抱德炀和,而万物杂累焉,孰肯解构人间之事,以物烦其性命乎?"《精神训》认为人的感官享受既是一种本性亦是人之所累:"是故五色乱目,使目不明;五声哗耳,使耳不聪;五味乱口,使口爽伤;趣舍滑心,使行飞扬。此四者,天下之所养性也,然皆人累也。"《泰族训》进一步说明了对这四种感官本能的扩张是如何害性伤

---

① 刘文典:《淮南鸿烈集解》,中华书局1997年版,第214页。

身的:"今目悦五色,口嚼滋味,耳淫五声,七窍交争以害其性,日引邪欲而浇其身夫调,身弗能治,奈天下何!"如果说《俶真训》的论述只是从理论上对外物侵扰人性的必然性进行了说明的话,那么《精神训》与《泰族训》的论述则从具体的感官体验出发对这一理论进行了实证性说明。《淮南子》此种观点一定程度上借鉴了《老子》和《庄子》的相关论述。《老子》第十二章写道:"五色令人目盲,五音令人耳聋,五味令人口爽,驰骋田猎令人心发狂,难得之货令人行妨。"《庄子·天地》篇亦有类似话语,和《精神训》的句型基本一致,只是个别词语稍异。

　　第三,《淮南子》认为人有追求自由超越之审美体验的本能,而这种本能的过度发展亦会对人之本性造成伤害。《泰族训》云:

> 凡人之所以生者,衣与食也,今囚之冥室之中,虽养之以刍豢,衣之以绮绣,不能乐也。以目之无见,耳之无闻,穿隙穴,见雨零,则快然而叹之,况开户发牖,从冥冥见炤炤乎!从冥冥见炤炤,犹尚肆然而喜,又况出室坐堂,见日月光乎!见日月光,旷然而乐,又况登泰山,履石封,以望八荒,视天都若盖,江河若带,又况万物在其间者乎!其为乐岂不大哉!

这段话说明人之本性不仅仅局限于食、色等生存本能,而且还有追求自由超越的审美体验的本能。《淮南子》这里论述了当人的生存获得基本的物质保障时,人就会产生追求精神上的审美体验的需求。这说明《淮南子》对人性的理解是极其深刻的,把人的审美需求看作是人的一种本能需求,这种理念与西方 20 世纪人本主义美学所宣扬的需求理论有相通之处。

《淮南子》不仅认为人有追求审美体验的本能，而且认为对这种本能需求的过度扩张也会对人性造成伤害。这首先体现在人的情感体验过度扩张就会对人性形成伤害。《原道训》云："夫喜怒者，道之邪也；忧悲者，德之失也；好憎者，心之过也；嗜欲者，性之累也。"这是说人的喜怒忧悲之情及好憎嗜欲都会对人性形成伤累。《庄子·刻意》篇写道："悲乐者，德之邪。喜怒者，道之过。好恶者，德之失。"① 《原道训》继承《庄子·刻意》的看法，同时又增列"嗜欲者，性之累也"。带有总结概括的性质，是对前者的发展深化。对此《精神训》还有进一步详细说明："人大怒破阴，大喜坠阳，大忧内崩，大怖生狂。"这里明确说明各种情感的过度会对人体形成重大伤害。《庄子·在宥》篇写道："人大喜邪，毗于阳。大怒邪，毗于阴。"② 《精神训》的论述本于《在宥》，同时又作了进一步的发挥。《淮南子》的养生论对人的各种情感欲望对人性的戕害有诸多论述，这是对先秦诸子人性论的继承。具有深刻意义的是《淮南子·原道训》把人的审美体验与全身养性联系起来进行论述：

> 所谓自得者，全其身者也。全其身，则与道为一矣。故虽游于江浔海裔，驰要褭，建翠盖，目观掉羽、武象之乐，耳听滔朗奇丽激抮之声，扬郑、卫之浩乐，结激楚之遗风，射沼滨之高鸟，逐苑囿之走兽，此齐民之所以淫泆流湎；圣人处之，不足以营其精神，乱其气志，使心怵然失其情性。

这段话以齐民与圣人作比较，认为人的各种审美体验会使普通品性的人"淫泆流湎"，只有与道相通的圣人能够保持精神的平和

---

① 郭庆藩：《庄子集释》，中华书局1978年版，第542页。
② 同上书，第365页。

与心灵的通达而不失情性。这说明《淮南子》认为人的审美观照有时会对普通人性造成惑乱，使人之本性迷失在审美愉悦之中而无法回归恬静的超越状态。艺术是为人的生命服务的，如果沉溺于艺术创造与欣赏的审美体验之中不能自拔，以至迷失本性，那就是舍本逐末，这种理念即便对于现代社会来说亦具有深刻的启发意义。

如果说社会时代环境对人性的侵害主要体现在对人的道性形成制约、外物对人的本能欲望的诱惑激发对人性的侵害主要体现在对人的本性形成扩张的话，那么人对审美体验的需求本能对人性的侵害则主要体现对人的情性造成惑乱。《淮南子》认为生活过程中人性受到侵害是不可避免的，所以人要不断地养护本性，使人能够不断地由情性向本性再向道性回归。如何养性是《淮南子》人性论的一个重要方面，简单说来，《淮南子》提出了适、守、返等养性方法。

所谓适性就是要适应本性需求，既不过度亦不禁欲。《庄子·达生》篇对"适"有一个界定："忘足，屦之适也；忘要，带之适也；忘是非，心之适也；不内变，不外从，事会之适也。始乎适而未尝不适者，忘适之适也。"[①] 从这段话来看，《庄子》认为适就是人的生命形体与心灵体验与外物没有矛盾与阻隔，是人的形体与精神与生存环境的融而为一、物我不分，这是一种审美的境界。《淮南子》继承了《庄子》对适的界定，其适性论就是追求一种本性和乐恬静的审美境界。《俶真训》的论述对这一理念有明确的表达：

> 静漠恬澹，所以养性也；和愉虚无，所以养德也。外不滑内，则性得其宜；性不动和，则德安其位。养生以经世，

---

① 郭庆藩：《庄子集释》，中华书局1978年版，第662页。

抱德以终年，可谓能体道矣。

这里的"宜"即是"适"。这段话是说养性的目的是要达到"静漠恬澹"的境界，养德的目的就是要达到"和愉虚无"的境界。"性得其宜"是"外不滑内"的结果，而"外不滑内"就是主体对外物的超越，是物我之间和谐相融的结果；"性得其宜"就能获得和乐恬静的审美状态，这种状态是人之德性得以实现的心灵基础，是体道者的生命状态。《淮南子》以适（宜）论性，亦是对人性所能到达的最高审美境界的追求。

《淮南子》的适性论首先要求适当地满足人的本能需求，事实上是承认满足人的本能欲望具有一定的合理性。《精神训》云："圣人食足以接气，衣足以盖形，适情不求余，无天下不亏其性，有天下不羡其和。"这是以其人性状态具有审美境界的圣人为例，说明适当满足人的本能需求才能"不亏其性"，"适情不求余"才能超越名利对人性的诱惑与侵害。《齐俗训》以儒、墨推崇的丧礼为例说明礼乐对人性的节制也应该符合适的原则：

夫三年之丧，是强人所不及也，而以伪辅情也。三月之服，是绝哀而迫切之性也。夫儒、墨不原人情之终始，而务以行相反之制，五缞之服，悲哀抱于情，葬薶称于养，不强人之所不能为，不绝人之所能已，度量不失于适，诽誉无所由生。

这段话对儒、墨提倡的丧礼提出了批判，认为儒家倡导的三年之丧，是强制性地延续人的悲伤之情，是人为地对情性进行过分修饰；夏后氏提倡的三月之丧，是强制性断绝人的哀思，亦是对人性的迫害。这两种行为都是对人性的背离，只有"度量不失于适"才是合于人性的。这说明《淮南子》的适性论不仅是针对人的本能欲望，亦是针对人之具有文化审美内涵的情性而发，其理论涵盖面相当宽泛。

《淮南子》的适性论还表现在对"淫"与"禁"的反对。《俶真训》云："于是在上位者，左右而使之，毋淫其性；镇抚而有之，毋迁其德。"这是针对处于上层社会那些对社会文化的建构承担着一定责任的人提出一种人性上的要求，即"毋淫其性"。《精神训》云：

> 人之所以乐为人主者，以其穷耳目之欲，而适躯体之便也。今高台层榭，人之所丽也；而尧朴桷不斫，素题不枅。珍怪奇异，人之所美也；而尧粝粢之饭，藜藿之羹。文绣狐白，人之所好也；而尧布衣掩形，鹿裘御寒。养性之具不加厚，而增之以任重之忧。故举天下而传之于舜，若解重负然。非直辞让，诚无以为也。

这是以普通之人与尧这样的圣人作比较，针对人对情性的追求提出"养性之具不加厚"。这里的"厚"亦指过分，与淫同义。《淮南子》认为人对各种感官愉悦及审美体验的追求，其目的是为了满足不断增加的欲望，只有那些能够适当满足人的基本生存需求而不过分追求物质享受、以承担社会重任为职责的圣人，才能超越于权力欲望的诱惑而以恬静无为为本性。《精神训》中亦有反对儒家禁欲主张的论述：

> 夫颜回、季路、子夏、冉伯牛，孔子之通学也，然颜渊夭死，季路菹于卫，子夏失明，冉伯牛为厉。此皆迫性拂情，而不得其和也。故子夏见曾子，一臞一肥。曾子问其故，曰："出见富贵之乐而欲之，入见先王之道又说之。两者心战，故臞；先王之道胜，故肥。"推其志，非能贪

富贵之位，不便侈靡之乐，直宜迫性闭欲，以义自防也。虽情心郁殪，形性屈竭，犹不得已自强也。故莫能终其天年。

这段话认为颜回夭死、季路菹于卫、子夏失明、冉伯牛为厉，"此皆迫性拂情"对人性和乐恬静的本能造成了伤害。这四个人均是著名的儒家弟子，作者通过曾子之口对子夏先瘦后胖的形体变化进行解释，认为这是儒家禁欲主张所致。子夏虽不贪恋富贵权势，但却对人追求审美体验的本能"以义自防"，这种"迫性闭欲"的做法使人"情心郁殪，形性屈竭"，甚至"莫能终其天年"。《淮南子》这里对儒家的禁欲主张提出了批判，认为禁欲不仅使人的生命形体受到伤害，而且对人的性情乃至心灵都会形成扭曲。可以说《淮南子》的适性论既具有全面性又具有深刻性，对中国古代的人性美学启发颇丰。

《淮南子》还提出了"便"的养性方法。《精神训》云：

> 衰世凑学，不知原心反本，直雕琢其性，矫拂其情，以与世交。故目虽欲之，禁之以度；心虽乐之，节之以礼。趋翔周旋，诎节卑拜，肉凝而不食，酒澄而不饮，外束其形，内总其德，钳阴阳之和，而迫性命之情，故终身为悲人。达至道者则不然，理情性，治心术，养以和，持以适，乐道而忘贱，安德而忘贫。性有不欲，无欲而不得；心有不乐，无乐而不为。无益情者不以累德，而便性者不以滑和。故纵体肆意，而度制可以为天下仪。

这段话认为处于衰败世道的人，不知道应该返回人的本性，只知道粉饰本性、背离本情，以礼法制度来节制人的本能欲望，使人的形体受到束缚，内心受到胁迫，生命本性自由和乐的状态受到钳制，性情受到迫害，终身成为一个悲哀的人。只有那些"达至道者"，能够通达人的情性，超越各种欲望，从而获得精神自由。所谓"便性者不以滑和"强调的是要使人的性情得到适当的展现，这样人才能获得自由和谐的精神境界。从本质上说，"便性"事实上仍是对人性自由的一种追求。

《淮南子》的"便性论"具有各施其能的内涵，《齐俗训》云：

> 乃至天地之所覆载，日月之所昭詘，使各便其性，安其居，处其宜，为其能。故愚者有所修，智者有所不足。柱不可以摘齿，筐不可以持屋，马不可以服重，牛不可以追速，铅不可以为刀，铜不可以为弩，铁不可以为舟，木不可以为釜。各用之于其所适，施之于其所宜，即万物一齐，而无由相过。

这两段话均认为天地万物各有其独特的性能，所谓"愚者有所修，智者有所不足"，只有"便其性"才能使具有不同性能的人各尽所能，实现其个体的存在价值；也只有"便其性"才能使柱、筐、马、牛、铅、铜、铁、木等具有不同性能的事物形成和谐互补的生命整体，实现天人合一的生命理想。

《淮南子》的养性论还提出了"返"的方法。《原道训》认为返性可以使人通向智慧与道德：

> 故听善言便计，虽愚者知说之；称至德高行，虽不肖者知慕之。说之者众，而用之者鲜；慕之者多，而行之者寡。所以然者何也？不能反诸性也。

这段话认为众人对善言、德行均有向往之心，但却"慕之者多，而行之者寡",其原因在于"不能反诸性",即不能返回人之恬静本性。《齐俗训》认为返性可以获得富贵长寿:"原心反性,则贵矣;适情知足,则富矣;明死生之分,则寿矣。"《淮南子》这里强调的是人恬静的本性具有鉴察万物是非的功能与超越功能,只有返回人的本性,才能获得与道相通的可能。《诠言训》进一步论述了如何"返诸性":

> 原天命,治心术,理好憎,适情性,则治道通矣。原天命,则不惑祸福;治心术,则不妄喜怒;理好憎,则不贪无用;适情性,则欲不过节。不惑祸福,则动静循理;不妄喜怒,则赏罚不阿;不贪无用,则不以欲用害性;欲不过节,则养性知足。凡此四者,弗求于外,弗假于人,反己而得矣。

这段话认为返性之初就是要"原天命,治心术,理好憎,适情性"。作者对这四种方法做出了详细说明,就是要"不惑祸富"、"不妄喜怒"、"不贪无用"、"欲不过节",最后强调做到这四项的唯一通途就是"反己"。"反己"事实上就是返性,返回到生命初始状态,即恬静和乐的审美境界。

《淮南子》认为"返"性,就是去欲。《道应训》认为正是人不断高涨的欲望使社会呈现出一片混乱:

> 衰世之俗,以其知巧诈伪,饰众无用。贵远方之货,珍难得之财,不积于养生之具,浇天下之淳,析天下之朴,牿服马牛以为牢。滑乱万民,以清为浊,性命飞扬,皆乱以营。贞信漫澜,人失其情性。于是乃有翡翠犀象、黼黻文章以乱其目;刍豢黍粱、荆吴芬馨以嗛其口;钟鼓管箫、丝竹金石以淫其耳;趋舍行义、礼节谤议以营其心。于是百姓糜

沸豪乱，暮行逐利，烦挐浇浅，法与义相非，行与利相反。虽十管仲，弗能治也。

这段话认为衰败的世道，人的各种欲望得到极度的扩张，"性命飞扬"而"失其情性"。各种感官享受对人性造成不可治理的惑乱，人性躁动不安所导致的社会混乱就算有十个管仲也难以治理。《淮南子》此论说明返性之初是社会和谐的根本，强调了返性的必要性。《本经训》认为具有理想品格的人性状态就是"随自然之性"、"憺然无欲"：

> 故至人之治也，心与神处，形与性调，静而体德，动而理通。随自然之性而缘不得已之化，洞然无为而天下自和，憺然无欲而民自朴，无祥而民不夭，不忿争而养足，兼包海内，泽及后世，不知为之者谁何。

这段话通过对"至人之治"的描写，认为理想的社会就是无为而天下和谐，无欲而百姓质朴，没有纷争、夭亡，亦没有人为的统治。这是对返性的审美意义的肯定。《俶真训》认为"内守其性"就可以促使"群美萌生"：

> 是故至道无为，一龙一蛇，盈缩卷舒，与时变化。外从其风，内守其性，耳目不耀，思虑不营。其所居神者，台简以游太清，引楯万物，群美萌生。

这里所说的"内守其性"是指与道相通的人能够保持其天然本性，与返性相通。关于台简，俞樾作了如下解释："高注曰：'台，犹持也。'以持训台，盖以声为训。《释名·释宫室》曰：'台，持也。筑土坚高，能自胜持也。'是其证也。《方言》曰：

'台，支也.'支与持义同."① 台简约为持守淡漠之义。这段话认为能够使人的天然本性与道相通，化育万物与促使各种美好的事物产生。这说明《淮南子》认为返性之初，人的道性得以实现，人也就具有了创造美的能力。《淮南子》直接把人性与审美创造力联系起来，对中国古代生命美学具有深刻的启示意义。

《淮南子》还提出了去欲的具体方法。《本经训》云：

> 故闭四关，止五遁，则与道沦。是故神明藏于无形，精神反于至真，则目明而不以视，耳聪而不以听，心条达而不以思虑，委而弗为，和而弗矜，冥性命之情，而智故不得杂焉。

这段话提出"闭四关、止五遁"就可以与道相通。所谓五遁，指遁于木、水、土、金、火，是用五行说概括使人失其本性的各种外在诱惑，其中包括：宫室、建筑、水上游乐、城池苑囿、金属器具、烹调狩猎，这些方面的过分追求，称为五遁。这段话认为与道相通就是精神虚静纯真，可以超越感官体验与思想意识而通达万物，"冥性命之情"去"智故"而和自然。所谓"闭四关、止五遁"就是要去除人的感官体验，"冥性命之情"亦是去欲的意思。《淮南子》此论实是强调返性就是要超越欲望、超越感官愉悦与文化意识而在精神上获得自由与和谐。

《淮南子》继承了道家的养生观，非常重视对人生命的保全与养护，养性亦是养生。《淮南子》的养性论从人的生命与社会两方面论述了养性的必要性及其重要意义，又从不同角度提出了多种养护方法，其见解的深刻性与系统性都有重要的思想价值与审美价值。

---

① 刘文典：《淮南鸿烈集解》，中华书局1997年版，第54页。

第四节 《淮南子》的礼乐论

中国古代的礼乐文化十分发达,是中国传统文化的重要组成部分。礼乐制度是中国古代社会的一种国家政治制度,不仅在祭祀、宴飨、射仪、军旅、燕居等社会性典礼活动中发挥着重要的文化效应,而且在伦理道德、文学艺术、行为规范、法律哲学等方面也主导着整个社会的文化趋向,对中国古代社会的文化意识形态具有深远的影响。《淮南子》是一部对先秦文化在全面整合的基础上进行发挥创造的著作,注意到了礼乐对中国古代文化的重要意义,对礼乐产生的根源及其本质、礼乐的审美特征、礼乐的社会作用等均有深刻的论述。

一 礼乐产生的根源

礼乐最早起源于原始的社会习俗,这种社会习俗经过西周"制礼作乐",成为一种规范的文化体制。在这种体制中,礼乐既是一个整体性概念,与政治体制、财产体制等共同支撑着整个社会的稳定与发展;同时,礼乐又是一对互为表里、相互依存、相伴始终的范畴,分别对人的外在行为和内在精神进行引导和制约。《说文解字》对礼的解释是:"礼,履也,所以事神致福也。从示,从豊,豊亦声。"关于"示"和"豊",《说文解字》又分别作出如下解释:"示,天垂象,见凶吉,所以示人也,从二,三垂,谓日月星也。观乎天文,以察访时变,示神事也。""豊,行礼之器也。从豆,象形。"[①] "礼",最初是原始社会祭祀神灵和祖先的一种宗教活动,由于其实践过程具有强烈的神秘感与敬畏感而发展成为原始的宗教仪式,后来又指贵族阶层日常

---

① 段玉裁:《说文解字注》,中州古籍出版社2006年版,第2、208页。

生活的行为仪式,最后发展为社会共同生活的行为规范。而"乐",并不单纯指音乐,而是指包括诗歌、音乐、舞蹈三位一体的综合性艺术。礼乐从其产生之初就与人类的文化生活、艺术理念息息相关。《左传·昭公七年》记载:"礼,人之干也,无礼,无以立。"这说明礼是人安身立命的根本。所以,对礼乐的起源及其本质、功用的认识,关系着对文艺的起源及其本质、功用的认识,甚至关系着对人自身的本质及其审美意识的认识。

《淮南子》对礼乐产生的根源有深刻的体认,其视角分别深入到了天地规律、社会经济、人性需求等不同畛域进行探讨,其艺术理念虽具有一定的质朴性、粗糙性,但其视域的广阔性与论述的辩证性对我们正确认识礼乐与文艺的关系具有深刻的启发意义。首先,《淮南子》认为礼乐的产生,是人类根据天地运行的规律而制定的一套用于祭祀的仪式。《天文训》云:"天地三月而为一时,故祭祀三饭以为礼,丧纪三踊以为节,兵重三罕以为制。"王念孙云:"重、罕二字义不可通。重当为革。祭祀、丧纪、兵革,皆相对为文。……罕当为军。"[①] 这里以祭祀与丧礼、兵革为例,说明礼乐制度的形成根据之一就是天地的运行规律。也就是说《淮南子》认为礼乐文化与自然规律之间存在着一定的契合关系,那么人类在社会生活中对礼乐制度的遵从就具有一定的合理性与必然性。把礼与天地宇宙相沟连,《礼记·礼运》已经有这方面的论述:"是故礼必本于太一"、"夫礼必本于天",都把礼说成是天地宇宙精神的体现,肯定其产生的必然性与合理性。《淮南子》继承了儒家的这种理念。其次,《淮南子》认为礼乐的产生,是社会经济发展到一定程度的必然产物。《齐俗训》云:"夫民有馀即让,不足则争,让则礼义生,争则暴乱起。"《淮南子》把礼乐文化的形成与社会经济联系起来,这是

---

① 刘文典:《淮南鸿烈集解》,中华书局1997年版,第112页。

从礼乐的社会功能的角度来讨论其形成的根据。"民有馀即让"说明一定的经济基础是礼乐产生的前提,"让则礼义生"说明礼乐的社会功能就是建立一套有效的物质财富分配机制,使人与人之间的社会关系和谐融洽。在这里,《淮南子》不仅认为社会经济状况是礼乐产生的根据之一,而且解释了其原因就在于,礼乐制度对人类的物质欲望形成了一种制约和平衡,对社会与经济的稳定与发展形成了一定的保障。《管子·牧民》称:"仓廪实则知礼节",《孟子·梁惠王上》称:"若民,则无恒产,因无恒心。……此惟救死而顾不赡,奚暇治礼义哉!"先秦诸子这些有价值的观点,在《淮南子》那里得到了继承。第三,《淮南子》认为礼乐的产生根源于欲望、情感、伦理等人性需求。《本经训》云:

> 道德定于天下而民纯朴,则目不营于色,耳不淫于声,坐俳而歌谣,被发而浮游,虽有毛嫱、西施之色,不知说也。掉羽、武象,不知乐也,淫泆无别,不得生焉。由此观之,礼乐不用也。是故德衰然后仁生,行沮然后义立,和失然后声调,礼淫然后容饰。是故知神明然后知道德之不足为也,知道德然后知仁义之不足行也。知仁义然后知礼乐之不足修也。

这段话认为在质朴的远古社会,天地之间的至高法则是自然之道,人在道的引导之下消除了声、色、乐等各种欲望,礼乐也就没有存在的必要。当天地道德衰败破坏之后,人的各种欲望就开始扩张,礼乐也就被制定出来以制约欲望从而平衡人与人之间关系。《淮南子》这段话从反面说明了人的各种欲望是礼乐产生的人性根据之一,《老子》第三十八章是其所本:"故失道而后德,失德而后仁,失仁而后义,失义而后礼。"《本经训》上面

第二章 《淮南子》文艺范畴研究

论述秉承老子的观点,把礼的出现看作是德衰的结果。《荀子·礼论》也曾把礼的产生与人性欲望联系起来论述:"礼起于何也?曰:人生而有欲,欲而不得,则不能无求。求而无度量分界,则不能不争。争则乱,乱则穷。先王恶其乱也,故制礼义以分之,以养人之欲,给人之求。使欲必不穷于物,物必不屈于欲。两者相持而长,是礼之所起也。"[①]《荀子》这里认为礼乐产生于人类的欲望纷争,强调了礼产生的目的是平衡人与人之间的欲望冲突。相较于《荀子》,《淮南子》更为深刻地揭示了礼乐与人性欲望之间的辩证关系,不仅说明了礼乐的产生是人性欲望扩张的结果,而且说明了人类对欲望的掌控程度决定着礼乐存在的社会意义。也就是说《淮南子》对礼乐的产生与人性欲望之间关系的论述更具有理论张力。

人类天性中除了欲望,还有对情感与伦理道德的需求,《淮南子》对此亦有深刻体认。《主术训》中的一段话就论述了礼乐的产生根源于人性的情感需求:

> 故古之为金石管弦者,所以宣乐也;兵革斧钺者,所以饰怒也;觞酌俎豆,酬酢之礼,所以效善也;衰绖菅屦,辟踊哭泣,所以谕哀也。此皆有充于内而成像于外。

这段话充分揭示了人类的情感表达需要与礼乐产生之间的关系,认为乐舞表演源于人类表达快乐情感的需要、兵革斧钺之战争纷乱源于人类表达愤怒情感的需要、而宴饮酬酢之礼则源于人类表达友爱和善情感的需要、戴孝哭踊的丧葬仪式源于人类表达悲哀之情的需要。这些表演、争战、酬酢、仪式等外显为礼乐的"像",都是源于人内心所充实的情感而产生的。《淮南子》在这

[①] 王先谦:《荀子集解》,中华书局1988年版,第346、372页。

里揭示了人性中的情感表达需要，是礼乐产生的根据之一。具有深刻性的是，《淮南子》从人性所具有的快乐、愤怒、友爱、悲哀等不同情感出发，论述了礼乐之所以具有不同的形式样态，根据的就是人性所具有的不同情感状态。关于礼乐源于人性情感表达的需要，这在《荀子·礼论》中亦有论述："称情而立文，因以饰群，别亲疏贵贱之节，而不可益损也。""三年之丧，称情而立文，所以为至痛饰也。"① 荀子这里强调了内在情感是外在礼节产生的根据，并且要求礼乐的表达形式要与内在的情感相一致，即所谓"称情而立文"。《淮南子》上面的论述继承了《荀子》此论，既揭示了人性情感表达的需要是礼乐产生的根据之一，而且也追求礼乐形式与内在情感相一致。《淮南子》深入分析了人类情感的不同状态与礼乐不同形式之间的对应性，使礼乐与情感之间的相互关系更为明晰、深刻。

《淮南子·泰族训》还论述了礼乐的产生源于人性的伦理道德需要：

> 中考乎人德，以制礼乐，行仁义之道，以治人伦而除暴乱之祸。
>
> 民有好色之性，故有大婚之礼；有饮食之性，故有大飨之谊；有喜乐之性，故有钟鼓管弦之音；有悲哀之性，故有衰绖哭踊之节。故先王之制法也，因民之所好而为之节文者也。因其好色而制婚姻之礼，故男女有别；因其喜音而正《雅》、《颂》之声，故风俗不流；因其宁家室、乐妻子，教之以顺，故父子有亲；因其喜朋友而教之以悌，故长幼有序。然后修朝聘以明贵贱，飨饮习射以明长幼，时搜振旅以习用兵也，入学庠序以修人伦。此皆人之所有于性，而圣人

---

① 王先谦：《荀子集解》，中华书局1988年版，第372页。

之所匠成也。

上述第一段明确说明古代圣贤制礼作乐的根据之一就是"人德",即人的伦理道德。上引第二段论述,前半部分认为人性有各种不同的欲望、情感、伦理的表达需要,所以才产生了各种不同的礼乐仪式;后半部分则强调了礼乐制度产生的目的是要对家庭成员、朋友兄弟之间的伦理关系建构一种和谐秩序;最后从总体论述了人性是礼乐产生的根据,所谓"此皆人之所有于性,而圣人之所匠成也。"《淮南子》这里把建构和谐的伦理关系看作是礼乐产生的根据之一,反映了其对人性与礼乐之间关系体认的深刻性与全面性。如果说把情感表达需要与礼乐的产生联系起来,是基于对个体的人所具有的情感状态有比较全面的认识的话,那么把建构和谐的伦理关系的需要与礼乐的产生联系起来,则是基于对整体的人类社会所应该具有的和谐关系与等级秩序有深刻的认识。《淮南子》这里从社会需要一种规范的伦理制度的角度,论述了人性对伦理关系的需求是礼乐产生的根据。总而言之,《淮南子》从人的欲望需求、情感表达需要、伦理关系需要三个方面论述了人性是礼乐产生的根据。欲望的扩张与消弭决定着礼乐存在的意义与价值;情感表达的需要是礼乐产生的内在动力,情感状态决定着礼乐的存在形式;人与家庭成员及社会成员之间需要建构一种和谐有序的伦理关系,这为礼乐成为中国古代宗法社会的一种社会制度、伦理规范和意识形态提供了人性根据,其深刻意义亦是不言而喻的。

《淮南子》从天地的自然规律、社会经济状态、人性需求三个层面论述了礼乐产生的根源,可以说是把礼乐的产生与天、地、人都联系了起来。这种论述角度的开放性对正确认识礼乐文化的产生具有深刻的启发性。不仅如此,《淮南子》从欲望、情感、伦理等不同角度对人性与礼乐之间关系的深入挖掘,使礼乐文化的人文审美价值更加显著。

二 礼乐的本质与功用

礼乐从远古时期的原始习俗到成熟的礼乐体制，既表现为一种社会制度、风俗习惯、教化手段，又表现为一种社会意识形态、文化精神、审美趣向。先秦诸子从不同角度出发对礼乐本质及其功能进行了论述，其论述结果直接关系到礼乐文化乃至中国古代文艺活动的合理性与必要性的问题。《淮南子》是一部在对先秦文化典籍进行整合的基础上进行发挥创造的著作，对礼乐的本质及功能亦有深刻的体认，其论述既具有辩证性，又具有深刻性。

《淮南子·俶真训》有一段比喻，在总体上规定了礼乐的本质与功用："是故以道为竿，以德为纶，礼乐为钩，仁义为饵，投之于江，浮之于海，万物纷纷孰非其有。"这是把礼乐纳入到了宇宙存在的最高体系——道的体系，认为道德、礼乐、仁义构成一个有机整体——钓，就可以统辖万物。这说明《淮南子》不仅肯定了礼乐具有极高的社会价值，而且认为礼乐在理想的统治体系中占有重要的位置。这种认识源于《淮南子》对先秦儒家礼乐观的吸收与修正。儒家自孔子起，就以礼乐为立国之本，礼乐文化是儒家建构理想社会的价值根据。孔子认为礼乐的修养与教育是"成人"的前提。《论语·泰伯》曰："兴于《诗》，立于礼，成于乐。"这是说先以诗歌对人的意志进行感发与启蒙，再以礼法制度对人的行为进行规范，再通过对音乐的学习与欣赏来对人的情感思想进行协调，这样才算是完成了自我人格修养，才算是成为一个言行举止文明有序、思想情感中正和谐的文明人。荀子认为礼乐关涉着社会生活的方方面面，人能否成为真正意义上的人、事情的成与败、国家的安宁与否，礼都是不可或缺的关键性因素。《荀子·修身》云："故人无礼则不生，事无礼则不成，国家无礼则不宁。"这些论述都为礼乐成为中国古代社会的社会制度和意识形态提供了理论根据。儒家对礼乐文化的肯定与辨析，对《淮南子》的礼乐观影响巨大。《淮南子》认为礼乐是理想社会体系的重要环节，是进行理想统治必不可少的因素，这些主张就直接吸收了儒家的观点。

但《淮南子》对礼乐本质与功能的认识，并不是全盘接受儒家的礼乐观，而是对儒家与道家礼乐观的合理成分进行了整合与修正。首先，在对礼乐的社会价值的认识上，《淮南子》承认礼乐对于理想的统治体系具有必不可少的重要意义，但对礼乐的反人性方面，《淮南子》则吸收了道家礼乐观的合理成分。《老子》第三十八章云："上德无为而无以为，下德为之而有以为，上仁为之而无以为，上义为之而有以为，上礼为之而莫之应，则攘臂而扔之。故失道而后德，失仁而后义，失义而后礼。夫礼者，忠信之薄而乱之首。"老子这里认为礼乐是在人类本真的心灵道德失落之后而产生一种伪装，因此直接把礼作为社会道德混乱的罪魁祸首，明显对礼乐持一种否定批判的态度。庄子的礼乐观与老子颇近，《庄子·马蹄》云："道德不废，安取仁义？性情不离，安用礼乐？五色不乱，孰为文采？五声不乱，孰应六律？"可见庄子亦认为礼乐是人本然的道德、性情离散之后产生的，并不是人性本然固有的。《淮南子》接受了道家的此种观点，认为礼乐并非人性固有，而是人类用来救败治乱的一种社会性手段。《本经训》云：

> 古之人同气于天地，与一世而优游。当此之时，无庆贺之利，刑罚之威，礼义廉耻不设，毁誉仁鄙不立，而万民莫相侵欺暴虐，犹在于混冥之中。逮至衰世，人众财寡，事力劳而养不足，于是忿争生，是以贵仁。仁鄙不齐，比周朋党，设诈谞，怀机械巧故之心，而信失矣，是以贵义。阴阳

之情，莫不有血气之感，男女群居杂处而无别，是以贵礼。性命之情，淫而相胁，以不得已则不和，是以贵乐。是故仁义礼乐者，可以救败，而非通治之至也。

《淮南子》这段话认为仁义礼乐之所以产生，是由于远古质朴纯真的社会状态消失后，人类的心灵被各种欲望、纷争、机巧所营惑，所以圣人才创制出仁义礼乐来救治人心、维持社会秩序。《淮南子》指出礼乐的本质是救败，而并非社会统治的最高法则。这段话认为礼乐是救乱的手段，但并没有对它全盘否定，从而又与道家拉开了一定的距离。道家认为以礼乐救乱是恶性循环，只能加剧社会的混乱。《本经训》的论述则在一定程度上肯定礼乐的救乱作用，就此而论，这又与《礼记·礼运》所表达的儒家观点相近。《礼运》篇认为礼是在"大道既隐，天下为家"的情况下产生的，尽管逊于天下为公的大同时代，但如果以礼乐治社会仍可实现小康。因此，《淮南子》认为礼乐根本的社会功能就是对社会的等级制度形成规范和制约，让人内心真实的情感得到和谐快乐，而对那些不能有益于社会秩序和人心和谐质朴的礼乐进行了批判。《齐俗训》云：

> 夫礼者，所以别尊卑，异贵贱；义者，所以合君臣、父子、兄弟、夫妻、朋友之际也。今世之为礼者，恭敬而忮；为义者，布施而德。君臣以相非，骨肉以生怨，则失礼义之本也。故构而多责。夫水积则生相食之鱼，土积则生自冗之兽，礼义饰则生伪匿之本。夫吹灰而欲无眯，涉水而欲无濡，不可得也。

这段话对礼义的本质进行了辨析，认为礼义的本质就是对社会成员之间的尊卑长幼秩序形成规范，使人际关系真诚和谐、友爱互助。如果礼义无法实现这种社会功能，而仅仅成为一种虚伪的言行的话，也就失去了礼义的生存之本。不仅如此，《淮南子》还认为这种不是以人的真实情性为出发点的虚饰性礼乐，还会加剧社会秩序的混乱和人心道德情感的败坏。《齐俗训》云：

> 古者，民童蒙不知东西，貌不羡乎情，而言不溢乎行。其衣致暖而无文，其兵戈铢而无刃，其歌乐而无转，其哭哀而无声。凿井而饮，耕田而食。无所施其美，亦不求得。亲戚不相毁誉，朋友不相怨德。及至礼义之生，货财之贵，而诈伪萌兴，非誉相纷，怨德并行。于是乃有曾参、孝己之美，而生盗跖、庄蹻之邪。

《淮南子》这段话通过对古今社会及人心状态的比较，指出在古代民性质朴纯真，没有战争、悲哀，社会安宁和谐。而近世社会礼乐制度和私有制度形成之后，人心失去了纯朴的本然状态，在各种欲望的左右下，亲戚之间相互欺诈、朋友之间相互非誉、君臣父子之间相互怨责。甚至出现了利用礼乐来对自己的行为进行虚饰美化的行径，从而导致产生像盗跖、庄蹻这样的欺世之徒。《淮南子》对礼乐的社会本质及其功能的认识具有一定的辩证性，既认为礼乐是理想社会统治体系必要的因素，又强调了礼乐只是救败治乱的一种社会手段，而并不是统治的根本。这种对礼乐社会价值的定位，是在对儒、道两家的礼乐观都有所吸收与修正的基础上形成的，具有一定的时代进步性。

其次，道家追求一种质朴本然的生活方式和精神境界，认为礼乐对人之天性形成束缚，从而导致人与道渐行渐远，因此对礼乐持一种批判否定的态度。《淮南子》以道家哲学为其基本的思想根据，亦追求一种本然纯真的人性，因此也反对以礼乐来束缚人的正常本性，从而对儒家一味宣扬礼乐积极作用的极端性作了修正。《淮南子·主术训》认为礼乐以宣导人的真实情感为根本：

> 故兵者，所以讨暴，非所以为暴也；乐者，所以致和，非所以为淫也；丧者，所以尽哀，非所以为伪也。故事亲有道矣，而爱为务；朝廷有容矣，而敬为上；处丧有礼矣，而哀为主；用兵有术矣，而义为本。本立而道行，本伤而道废。

这段话明确说明音乐的根本是"致和"、丧礼的根本是"尽哀"，无论是事亲、处丧，还是朝仕、用兵，都必须以人内心本真的性情为根本依据。这种理念明显借鉴了《庄子·渔父》篇的论述："忠贞以功为主，饮酒以乐为主，处丧以哀为主，事亲以适为主，功成之美，无一其亦矣。"《渔父》篇强调精诚、真实，《主术训》上述文字同样把人的本真作为行事立身之本，只是所涉及的范围和《渔父》有所不同，所用的句式进行变换，突出反对诈伪的主旨。孟子从人性善的角度出发，认为礼乐出自人本性对美善的追求：《孟子·告子上》曰："恻隐之心，人皆有之；羞恶之心，人皆有之；恭敬之心，人皆有之，是非之心，人皆有之。恻隐之心，仁也；羞恶之心，义也；恭敬之心，礼也；是非之心，智也。仁、义、礼、智，非由外铄我也，我固有之也。"[①] 孟子把礼乐与人的心性联系起来进行论述，为礼乐的本质与功能提供了人性根据。但孟子认为仁义礼乐都是人性的体现，认为礼乐是人之本性固有，对这一论点，《淮南子》作了合理化修正。《淮南子》认为礼乐并非人本性所有，而是后天习俗所致。《齐俗训》云：

---

① 焦循：《孟子正义》，中华书局1987年版，第757页。

羌、氐、僰、翟，婴儿生皆同声，及其长也，虽重象狄鞮，不能通其言，教俗殊也。今三月婴儿，生而徙国，则不能知其故俗。由此观之，衣服礼俗者，非人之性也，所受于外也。

《淮南子》这里以不同民族的婴儿天性是相同的，而经过后天的习染却形成了不同的语言和礼俗习惯为例，明确指出"衣服礼俗者，非人之性也，所受于外也。"对孟子的观点进行了修正。

《淮南子》把道家的自然人性观与孟子对礼乐所具有的人性根据的论述结合起来，形成了自己对礼乐与人性关系的辩证认识。一方面，《淮南子》强调礼乐是根据人内心的真实情感而制定的，承认礼乐的产生及其功能能有其人性根据，批判了儒、墨推崇的一些违背人的自然本性的礼制；另一方面，《淮南子》认为礼乐不仅对人性有制约作用，而且通过礼乐活动可以反观人的性情与社会的治乱。《主术训》就论述了礼乐是以人性的真实情感为依据而制定的，认为缺失人的真实情感的礼乐制度不足为重：

夫三年之丧，非强而致之，听乐不乐，食旨不甘，思慕之心，未能绝也。晚世风流俗败，嗜欲多，礼义废，君臣相欺，父子相疑，怨尤充胸，思心尽亡，被衰戴绖，戏笑其中，虽致之三年，失丧之本也。

这段话以三年之丧礼为例，说明了这种三年治丧的礼制本是根据人性制定的：人在痛失亲友后内心充满了悲伤，食不甘、卧不宁，任何美妙的音乐都无法带来快乐，内心积聚的思念亲友的情感需要借助礼乐仪式来表达宣泄出来。但在晚近之世，人心为嗜欲所困，丧礼过程中内心真实的忧伤情感已经消失，只有孝服仪礼成为一种外在的虚饰,这种完全丧失了情感底蕴的礼乐形式,《淮南子》认为不足为贵。不仅如此,《淮南子·人间训》的论述认为通过一个人对礼乐的实践行为,可以反观其人性的真伪:

> 太宰子朱侍饭于令尹子国。令尹子国啜羹而热,投卮浆而沃之。明日,太宰子朱辞官而归。其仆曰:"楚太宰未易得也,辞官去之,何也?"子朱曰:"令尹轻行而简礼,其辱人不难。"明年,伏郎尹而笞之三百。

这段话是说楚国的太宰子朱陪令尹子国吃饭时,子国因汤烫嘴而以酒器盛酒来降温,子朱于第二天即辞官归隐。当其仆人问其原因时,子朱认为作为一国的令尹,子国的行为缺少应有的礼节与雅重,由此可推断他很容易因轻辱别人而引发祸害。第二年,子国果然因轻慢郎尹则受到笞打。这段话反映出,《淮南子》认为一个人对礼乐的态度可以体现出这个人的性情,亦对此人的命运甚至国家的命运产生影响。

《淮南子》不仅从礼乐与人性的关系出发,对礼乐的本质及其功能有深刻的论述,而且从礼乐与法制的关系出发,论述了礼乐的本质与功能。礼乐与法制在规范社会行为的功能上具有一致性,因此常常成为法制的同义词。荀子就曾因强调礼的法制性成分而把礼与法等同而视:《劝学》云:"礼者法之大分,类之纲纪也。"《性恶》云:"礼义生而制法度。"[①]《淮南子》吸收了荀子这一理念,认为礼乐的实践具有一定的社会规范性。《道应训》云:

> 鲁国之法,鲁人为人妾于诸侯,有能赎之者,取金于

---

① 焦循:《孟子正义》,中华书局1987年版,第12、438页。

府。子赣赎鲁人于诸侯。来，而辞不受金。孔子曰："赐失之矣。夫圣人之举事也，可以移风易俗，而受教顺可施后世，非独以适身之行也。今国之富者寡而贫者众，赎而受金，则为不廉；不受金，则不复赎人。自今以来，鲁人不复赎人于诸侯矣。"孔子亦可谓知礼矣。故老子曰："见小曰明。"

这段话是说鲁国有规定，假如鲁人在诸侯国为奴为仆，有人能够用钱赎回来的话，可以到国家府库去拿回赎金。孔子的弟子子贡是个富商，他从诸侯国中赎回了鲁人，却不愿去拿回赎金。孔子认为子贡做错了，因为圣人做事是要为社会树立典范，他的行为对社会风气的形成具有一定的规范作用，从而可以对后世形成有益的影响，而并非仅以是否适合自己的品行为准则。孔子认为子贡的行为会使鲁国人陷入两难境地，因为富人少而穷人多，如果赎人之后拿取赎金就是不廉，而不能拿取赎金的话也就不再有人去赎人了。《淮南子》最后对孔子作出了评价，认为孔子对这件事情的评说证明孔子是一个真正懂得礼乐精神的人，这亦表明《淮南子》对礼乐的社会规范性有深刻理解。事实上，《淮南子》对孔子"知礼"的赞叹，就等于承认了礼具有一定的社会规约性，即具有一定的法制功能。但《淮南子》并未停留于此，其对礼与法之间的辩证关系有更深入的理解。《道应训》云：

惠子为惠王为国法，已成而示诸先生，先生皆善之，奏之惠王。惠王甚说之。以示翟煎，曰："善"！惠王曰："善，可行乎？"翟煎曰："不可。"惠王曰："善而不可行，何也？"翟煎对曰："今夫举大木者，前呼邪许，后亦应之。此举重劝力之歌也，岂无郑、卫激楚之音哉？然而不用者，不若此其宜也。治国有礼，不在文辩。"故老子曰："法令滋彰,盗贼多有。"此之谓也。

这段话是说惠子为惠王制定了一套国家法律,得到了诸多贤士的赞可,惠王也很高兴,问之于翟煎,翟煎认为也很完善,但却没有实行的必要,因为"治国有礼,不在文辩。"就像举扛大木时,"邪许、邪许"这样质朴的举重劝力之歌要比流行的郑、卫民歌和高亢的《激楚》之音更加适宜一样。《淮南子》此论认为,对于理想的统治而言,礼乐是高于法制的,因为礼乐比法制更适合对民性进行引导与教化。《泰族训》的论述进一步对礼与法的相互关系进行了辨析:

> 民无廉耻,不可治也;非修礼义,廉耻不立。民不知礼义,法弗能正也;非崇善废丑,不向礼义。无法不可以为治也;不知礼义,不可以行法。

《淮南子》在这里认为礼义是法制得以施行的心理前提,没有礼义对百姓进行教化,法制是不可能端正人心的;而不推行律法去崇尚美好、废弃丑陋,百姓就不会向往礼义;一个国家没有法律是不能维持统治的,而百姓不知道向往礼义,法律就无法得到实施。很明显,《淮南子》认为礼义高于律法,没有礼义对人心进行引导与教化,律法无法得到实现;同时,律法又对礼义有促进作用。《淮南子》对礼与法之间关系的辩证分析,促进了后世对礼乐与法制之间的区别及相互关系的深刻理解。

另外,礼乐的概念自其在周代产生起就既是一个有机整体又是分工明确的两个范畴。作为一个整体概念而言,礼乐有文与质的区别;而作为两个有着不同分工的范畴,礼与乐在社会功能、表现形式、审美特征等方面又均有区别。《乐记·乐论》中对礼乐的文与质有明确的规定:

屈伸、俯仰、缀兆、舒疾，乐之文也。
升降、上下、周还、裼袭，礼之文也。
论伦无患，乐之情也；欣喜欢爱，乐之官也。中正无邪，礼之质也；庄敬恭顺，礼之制也。[1]

这里所说的文明显指人的身体动作而言，而质指人的内心思想情感而言，说明自礼乐形成之初起，礼和乐均以精神与肉体、内在情感与外部动作相结合的方式存在。但在具体的社会功能方面，礼与乐又分别作用于人的外在言行与内心情感，并表现出庄敬与欢乐的情感区别。对于礼与乐分别作用于人的言行与情感所形成的效果，《乐论》亦有明确规定："乐和同，礼别异。"这是说音乐能使不同个体的人内在的情感形成共鸣，形成和谐统一的情感氛围；而礼仪能使不同个体之间形成等级差别，形成一种有序稳定的行为规范。这些理念自《乐论》确立之后，直到西汉前期产生的《淮南子》，基本上没有什么变化。综观《淮南子》的礼乐观，其对礼乐之间的共性与区别的认识，基本上继承了《乐记》的观念。

三 礼乐的多种特征

《淮南子》不仅在综合先秦礼乐观的基础上对礼乐的起源、本质及功能的认识进行了深入论述，而且对礼乐所具有的特征也有独到的体认。由礼乐起源于社会的经济状态和人心状态出发，《淮南子》认为礼乐的制定应该具有时代性特征；由礼乐是根据人之真实性情制定的，《淮南子》认为礼乐的实行应该遵循文情相宜的原则；由礼乐的规范对象是生活在具体环境中

---

[1] 朱彬：《礼记训纂》，中华书局1996年版，第568—569页。

的个体，《淮南子》认为礼乐的实行应该根据具体情况具有一定的变通性；由礼乐的本质是对人的言行和情感形成一种符合社会共性存在的规范出发，《淮南子》认为礼乐应该具有多样统一的特征。

礼乐体制源于远古的祭祀活动，在周代形成一种比较成系统的文化体制和社会制度之后，就一直成为后世取法的对象。但在春秋代序的时代变化中，究竟是坚持崇尚古代礼乐之制还是适应时代变化推行新的礼乐制度，儒家和法家有截然不同的观点，《淮南子》对两家的观点进行了整合，形成了自己的理念。儒家有崇尚古人礼制的传统，周代的《仪礼》中许多规定都是继承原始礼仪而来，因此使礼在形成之初即具有一定的复古性质。这种特征对孔子有深刻的影响，孔子非常崇尚周代的礼乐制度，《论语·八佾》说："周监于二代，郁郁乎文哉，吾从周。"[①] 这里的文指的就是礼乐的形式与体制，孔子以继承和发扬宗周礼乐制度为己任。孔子之后孟子亦崇尚"法先王"，但在新乐流行的社会现实面前，提出了"今之乐，犹古之乐也"的折中说法。孟子之后的荀子，虽然在政治上主张"法后王"，但对礼乐的态度却表现出强烈的复古特色。《荀子·王制》云："声则凡非雅声者举废，色则凡非旧文者举息，械用则凡非旧器者举毁。夫是之谓复古。是王者之制也。"[②] 尽管孟子和荀子对于恢复古代礼乐制度均有折中之处，但总体说来仍是持礼乐以古制为上的观点。法家从变法的角度出发，主张"法后王"，明确否定了周礼存在的必要性。《商君书·更法》云："当时而立法，因事而制礼。"韩非子则对于儒家所提倡的"经仪三百，威仪三千"，"钟鼓喤喤，磬管瑲将"的礼乐制度甚为鄙夷，《韩非子·八说》

---

① 杨伯峻：《论语译注》，中华书局1980年版，第28页。
② 王先谦：《荀子集解》，中华书局1988年版，第159页。

云："搢笏干戚，不适有方铁铦；登降周旋，不逮日中奏百；《狸首》射侯，不当强弩趋发；干城距冲，不若埋穴伏櫜。"[1] 儒家对古礼的推崇和法家对古礼的批判均有偏颇之处，而《淮南子》则从礼乐形成的依据及其为人之真实性情服务的角度出发，提出礼乐应该具有时代进步性，不能以古为藩篱。

首先，《淮南子》认为社会现实在不断发生变化，因此礼乐就应该随时而变，因俗而化。《泛论训》云：

> 夫殷变夏，周变殷，春秋变周，三代之礼不同，何古之从！大人作而弟子循。知法治所由生，则应时而变；不知法治之源，虽循古，终乱。今世之法籍与时变，礼义与俗易，为学者循先袭业，据籍守旧教，以为非此不治，是犹持方枘而周员凿也。欲得宜适致固焉，则难矣！

这段话以夏、商、周三代为例说明，即使是古礼亦因其时代变迁而不同，所以一味从古是不可取的。真正明白礼法形成的根据，就会明白礼法因适时而变的原则。《齐俗训》亦认为五帝三王之礼法风俗，是"一世之迹也"，不足为贵：

> 所谓礼义者，五帝三王之法籍风俗，一世之迹也。譬若刍狗土龙之始成，文以青黄，绢以绮绣，缠以朱丝，尸祝袀袨，大夫端冕，以送迎之。及其已用之后，则壤土草芥而已。夫有孰贵之！

这段话认为古代的礼乐制度再完美，脱离了其所适用的时代环境，就像祭祀时所用的文饰华美的土制和草制的祭品一样，祭

---

[1] 王先慎：《韩非子集解》，中华书局1998年版，第425页。

祀结束之后就毫无用处了,因此不值得珍贵,所列举的刍狗之喻始见于《庄子·天运》。这说明《淮南子》主张礼乐"法后王",根据的是一定的礼乐体制有其所适用的社会现实,当社会现实发生变化的时候,礼乐就应该适应变化而呈现出新的时代特征。

其次,《淮南子》认为礼乐是依据具体的时代环境而制定的,因此只要是"通于礼乐之情者",无论古礼今礼,均有其存在的价值。《泛论训》云:

> 古之制,婚礼不称主人,舜不告而娶,非礼也。立子以长,文王舍伯邑考而用武王,非制也。礼三十而娶,文王十五而生武王,非法也。夏后氏殡于阼阶之上,殷人殡于两楹之间,周人殡于西阶之上,此礼之不同者也。有虞氏用瓦棺,夏后氏墍周,殷人用椁,周人墙置翣,此葬之不同者也。夏后氏祭于暗,殷人祭于阳,周人祭于日出以朝,此祭之不同者也。尧《大章》,舜《九韶》,禹《大夏》,汤《大濩》,周《武象》,此乐之不同者也。故五帝异道,而德覆天下;三王殊事,而名施后世。此皆因时变而制礼乐者。譬犹师旷之施瑟柱也,所推移上下者,无寸尺之度,而靡不中音,故通于礼乐之情者能作音,有本主于中,而以知榘彟之所周也。鲁昭公有慈母而爱之,死,为之练冠,故有慈母之服。阳侯杀蓼侯而窃其夫人,故大飨废夫人之礼。先王之制,不宜则废之。末世之事,善则著之,是故礼乐未始有常也。故圣人制礼乐,而不制于礼乐。

这段话以舜不告而娶、文王废长立次又早于礼制结婚生子为例,说明古代圣贤亦有不合礼法之举,但他们的行为却是适应当时的具体环境的。夏、商、周的祭礼不同,尧、舜、禹、汤、周推崇的音乐不同,但都是适应其具体的时代环境。通过这些历史典故,《淮南子》最后得出的结论是,圣人是依据具体的社会环境而制定礼乐的,这就决定了礼乐既具有一定的时代特色,又具有一定的时代局限性,所以对待礼乐的正确态度应该是:"先王之制,不宜则废之。末世之事,善则著之。"

《淮南子》认为礼乐是依据人的真实性情而制定的,所以礼乐应该为人性服务,礼乐与人性之间应该遵循文情相宜的原则。《齐俗训》云:

> 义者,循理而行宜也;礼者,体情制文者也。义者宜也,礼者体也。昔有扈氏为义而亡,知义而不知宜也;鲁治礼而削,知礼而不知体也。有虞氏之祀,其社用土,祀中霤,葬成亩,其乐咸池、承云、九韶,其服尚黄;夏后氏其社用松,祀户,葬墙置翣,其乐夏籥、九成、六佾、六列、六英,其服尚青;殷人之礼,其社用石,祀门,葬树松,其乐大濩、晨露,其服尚白;周人之礼,其社用栗,祀灶,葬树柏,其乐大武、三象、棘下,其服尚赤。礼乐相诡,服制相反,然而皆不失亲疏之恩,上下之伦。今握一君之法籍,以非传代之俗,譬由胶柱而调瑟也。故明王制礼义而为衣,分节行而为带。衣足以覆形,从典坟,虚循挠,便身体,适行步,不务于奇丽之容,隅眦之削;带足以结纽收衽,束牢连固,不亟于为文句疏短之�。故制礼义,行至德,而不拘于儒、墨。

这段话明确规定礼义是人之性情的表现方式,即所谓"礼者,体情制文者也。"所以任何只重视礼义而忽略其人性根据的礼乐体制就会给统治者带来恶果,有扈氏与鲁国就是例子。《淮南子》认为礼乐制度可以不同,但以人性为根据,为人性服务的宗旨不能缺失。所谓"礼乐相诡，服制相反，然皆不失亲疏之恩、上下之伦"。强调的就是礼乐要规范调和人们之间的道德伦理和情感关系。最后，《淮南子》还强调，制定礼乐要遵循的原则就是"行至德"，而不应拘泥于对古代礼法的沿袭。

《淮南子》注意到礼乐制度在具体的实践过程中，往往会出现不合时宜、迫害人之真实性情的现象，因而指出在礼乐制度具体的实践过程，应该遵循相应的适度性。《齐俗训》云：

> 礼者，实之文也；仁者，恩之效也。故礼因人情而为之节文，而仁发怦以见容。礼不过实，仁不溢恩也，治世之道也。夫三年之丧，是强人所不及也，而以伪辅情也。三月之服，是绝哀而迫切之性也。夫儒、墨不原人情之终始，而务以行相反之制，五经之服，悲哀抱于情，葬薶称于养，不强人之所不能为，不绝人之所能已，度量不失于适，诽誉无所由生。古者非不知繁升降还之礼也，蹀采齐、肆夏之容也，以为旷日烦民而无所用，故制礼足以佐实喻意而已矣。古者非不能陈钟鼓，盛管箫，扬干戚，奋羽旄，以为费财乱政，制乐足以合欢宣意而已，喜不羡于音。非不能竭国麋民，虚府殚财，含珠鳞施，纶组节束，追送死也，以为穷民绝业而无益于槁骨腐肉也，故葬薶足以收敛盖藏而已。昔舜葬苍梧，市不变其肆；禹葬会稽之山，农不易其亩。明乎生死之分，通乎俭侈之适者也。乱国则不然，言与行相悖，情与貌相反，礼饰以烦，乐优以淫，崇死以害生，久丧以招行，是以风俗浊于世，而诽誉萌于朝。是故圣人废而不用也。

这段话再次强调礼乐是人之性情的表现形式，礼乐制度不能虚饰人性，亦不能迫害人性。《淮南子》这里以丧礼为例，认为儒家主张用三年时间来执行丧礼，这是"强人所不及"，是强行以礼仪来饰情；而墨家主张只用三个月时间来执行丧礼，这是强行中断痛失亲人的悲伤之情，是以礼仪迫情。《淮南子》认为就丧礼体制而言，儒家和墨家的主张都不可取，并对古人制礼作乐时以"佐实喻意"为原则表示了赞同。这段话最后通过古今对比，认为对礼乐的实行不能真实地表现、宣泄人的情感的话，无论是过抑或不及，都可"废而不用"。

《淮南子》认为礼乐虽表现为一种具有社会规范性的体制，但在具体实行时应该根据具体情况有所权变，也就是说礼乐应该具有一定的变通性。《泛论训》云：

> 夫君臣之接，屈膝卑拜，以相尊礼也；至其迫于患也，则举足蹴其体，天下莫能非也。是故忠之所在，礼不足以难之也。孝子之事亲，和颜卑体，奉带运履，至其溺也，则捽其发而拯；非敢骄侮，以救其死也。故溺则捽父，祝则名君，势不得不然也。此权之所设也。

这段话认为礼乐规范的实践往往适应于正常状态，遇到非正常状态时，对礼乐进行相应的权变就是必要的了，即使是违反礼乐制度，只要是为势、为情所需，也是可以接受的。就像君臣之礼，常态下臣屈膝卑拜是以礼相尊，而在危难之中，臣为救君，以脚踢君，天下也不会非议；父子之礼，常态下儿子应和颜卑体，而当父亲快要溺死时，儿子抓住父亲的头发将其救起，亦不可视为违反礼制，这就是古人制礼作乐时设置权变原则的原因所在。《淮南子》认为礼乐在实践过程中应该根据具体情境进行权变，把礼乐与具体情境联系起来进行论述，使礼乐文化更加具有人文精神与人性之美。

《淮南子》还根据中国古代社会是一个多民族统一的社会现状，认为应该尊重各民族的传统习俗，礼乐体制应该呈现出多样性统一的特征。《齐俗训》云：

> 故公西华之养亲也，若与朋友处；曾参之养亲也，若事严主烈君；其于养，一也。故胡人弹骨，越人契臂，中国歃血也。所由各异，其于信，一也。三苗髽首，羌人括领，中国冠笄，越人劗鬋，其于服，一也。帝颛顼之法，妇人不辟男子于路者，拂于四达之衢。今之国都，男女切踦，肩摩于道，其于俗，一也。故四夷之礼不同，皆尊其主而爱其亲，敬其兄；狖犹之俗相反，皆慈其子而严其上。夫鸟飞成行，兽处成群，有孰教之？故鲁国服儒者之礼，行孔子之术。地削名卑，不能亲近来远。越王勾践劗发文身，无皮弁笏之服，拘罢拒折之容，然而胜夫差于五湖，南面而霸天下，泗上十二诸侯皆率九夷以朝。胡、貉、匈奴之国，纵体拖发，箕倨反言，而国不亡者，未必无礼也。楚庄王裾衣博袍，令行乎天下，遂霸诸侯。晋文君大布之衣，牂羊之裘，韦以带剑，威立于海内。岂必邹、鲁之礼之谓礼乎？是故入其国者从其俗，入其家者避其讳，不犯禁而入，不忤逆而进，虽之夷狄徒倮之国，结轨乎远方之外，而无所困矣。

这段话共表达了两层意思是：一是说各地的礼乐形式可以是多样的，只要在社会目的上具有一致性即可。就像同是养亲，公西华与曾参遵循的礼制不同，但都表达了对亲友的孝爱之心；就像胡人弹骨、越人契臂、中原歃血，其习俗方式各不相同，但均表示诚信是一样的。二是说不同地域环境下各诸侯国的风俗习惯和礼乐制度都有其合理性，对不同民族形式多样的礼乐体制应该持尊重态度，不必进行统一规范，正所谓"岂必邹、鲁之礼之谓礼乎？"《礼记·王制》称："中国戎狄，五方之民，皆有性也，不可推移。"这是承认民性多样的合理性，不能人为地整齐划一。

基于这种认识，《礼记·王制》提出的治国理政的主张是："修其教，不易其俗；齐其政，不易其宜。"①《淮南子》对上述理念多有继承，并且论述得更加充分。《淮南子》不仅主张礼乐应该具有多样统一的特征，并且以开放的心态来看待不同民族风俗礼乐，这种观念对我们今天依然具有深刻的启发意义。

另外，《淮南子》还提倡礼乐要简易。《诠言训》云："大乐必易，大礼必简。易故能天，简故能地。大乐无怨，大礼不责，四海之内，莫不系统，故能帝也。"礼乐需要诉诸人的形体语言来实现，《淮南子》提出礼乐应该具有简易的审美特征，亦是考虑到礼乐的制定要易于人来执行，因为只有简单易行才能最终成为社会成员共同的行为规范。不仅如此，《淮南子》还从礼乐的繁简并不是表达内心情感的关键因素出发，主张礼乐应该简易。《齐俗训》云："故礼丰不足以效爱，而诚心可以怀远。"这是说礼的繁富与否不是表达情感的决定因素，只有内心是否真诚才是获得对方认可的关键。

总之，《淮南子》从多个不同角度出发，对礼乐体制从制定到具体实践过程中所应该具备的特征都有深刻论述，对礼乐体制文化精神的揭示具有深远的影响。

---

① 朱彬：《礼记训纂》，中华书局1996年版，第191页。

下　编

《淮南子》的意象描写及文体特征

第 一 章
《淮南子》中的意象

《淮南子》中不仅有丰富的文学理论资源和多种多样的文学体裁资源,还有大量的文学意象出现。本章选取了几个具有典型意义的意象进行了文学分析,这些意象的原型在先秦时期已经形成,在秦汉时期的多部文献中也反复出现,在《淮南子》中出现的频率也很高。对这些意象进行文学分析一方面可以展现《淮南子》本身所具有的文学意味,一方面也是要发掘《淮南子》在文学意象的创造及描写方面所作的贡献。

第一节 《淮南子》中的神游意象

具有文学象征意味的"游"的意象最早出现在《庄子》中,庄子及其后学所标榜的"无待"之"游"是一种"道"境,是与"道"二而一的审美境界。《淮南子》中出现了许多关于"神游"的意象,呈现出丰富多姿的面貌,其美学追求对后代文学作品有多方面的深远影响。

一 神游意象的道家属性

《淮南子》中的神游意象主要见于《原道训》、《俶真训》、《览冥训》、《精神训》等篇章,而这些篇章均属论"道"专章,这就决定了《淮南子》中的神游意象必然具有道家属性。

《淮南子》中神游意象的道家属性首先表现在此意象以对自由境界的喻指为旨归，这与《庄子》乃至道家的艺术追求是一致的。《淮南子》首篇《原道训》中分别对"泰古二皇"之游、"冯夷、大丙"之游和"大丈夫"之游有所描写：

> 泰古二皇，得道之柄，立于中央。神与化游，以抚四方。是故能天运地滞，转轮而无废，水流而不止，与万物终始。风与云蒸，事无不应；雷声雨降，并应无穷。鬼出电入，龙兴鸾集，钧旋毂转，周而复币。
>
> 昔者冯夷、大丙之御也，乘云车，入云蜺，游微雾，骛怳忽，历远弥高以极往。经霜雪而无迹，照日光而无景。扶摇抮抱羊角而上，经纪山川，蹈腾昆仑，排阊阖，沦天门。
>
> 是故大丈夫恬然无思，澹然无虑，以天为盖，以地为舆，四时为马，阴阳为御，乘云陵霄，与造化者俱。纵志舒节，以驰大区。可以步而步，可以骤而骤。令雨师洒道，使风伯扫尘；电以为鞭策，雷以为车轮。上游于霄雿之野，下出于无垠之门，刘览偏照，复守以全。经营四隅，还反于枢。

泰古二皇，冯夷、大丙，恬然无思的大丈夫，他们所进行的神游都是超越之游。一是对有限空间的超越，他们可以上天入地，没有任何边界局限，也没有高山险阻所造成的障碍，能够到达任何区域。二是对有限时段的超越。他们的游与万物相始终，"与造化者俱"，是在永恒无限的时间长河自由遨游。三是对于人的生理功能的超越，人的生理功能是有局限的，而这些遨游的主体则没有生理功能方面的局限，他们可以驾御阴阳，乘云凌霄，甚至让各种自然现象为自己服务。由于实现上述超越，他们的遨游都处于绝对自由的状态，这正是庄子所说的逍遥之游。

《淮南子》中的神游意象的道家属性还表现在神游的前提是达道，是对道的一种体悟方式，这是对《庄子》以体道、悟道为旨归的神游意象的继承。在《淮南子》中不仅上面所举的三个"神游"意象如"泰古二皇"是"得道之柄"而游，"冯夷、大丙"皆是古之得道能御阴阳者，"大丈夫"亦是"执道要之柄"而"游于无穷之地"。在《淮南子》其他篇章中的神游意象亦是对主体在悟道之后其精神所达到的自由境界的描写。如《俶真训》中的"游于精神之和"的"圣人"之所以能"下揆三泉，上寻九天，横廓六合，揲贯万物"就是因为"内修道术，而不外饰仁义，不知耳目之宜"；而《精神训》中对"真人"的一个定义就是"所谓真人者也，性合于道也"，也因此才能"明白太素，无为复朴，体本抱神，以游于天地之樊"，就是《齐俗训》和《泰族训》中所说的王乔、赤松子这些异士名人，也都是因为"吹呕呼吸，吐故内新，遗形去智，抱素反真"的养性之举与体道相通，才能"以游玄眇，上通云天"，"弃虚轻举，乘云游雾"。总之，在《淮南子》中无论以何种方式神游，但描述的都是与道相通的一种精神境界，都是达道之后所进行的遨游，这明显地体现了道家属性。

《淮南子》中的神游意象的道家属性还表现在此意象在空间形态上是对《庄子》神游意象的继承与发展。在《庄子》中现实世界根本无法实现生存的价值和意义，只有当一切构成身心隔阂壁垒被消解在浩渺无垠的虚灵之境时，人才能获得一种本然的存在方式，才能对永恒超越的道有所体悟。那就能够"乘天地之正，而御六气之辨，以游无穷"（《逍遥游》），"乘云气，骑日月，而游乎四海之外"（《齐物论》），"乘夫莽眇之鸟，以出六极之外，而游无何有之乡，以处圹垠之野"（《应帝王》）。而《淮南子》中神游意象的空间形态虽然比《庄子》要丰富得多，但对《庄子》中神游意象的借鉴与继承是显而易见的，无论是《原道训》中"经纪山川，蹈腾昆仑"，"游于无穷之地"，《俶真训》中"游于精神之和"、"游于灭亡之野"，《精神训》中"游于天地之樊，芒然仿佯于尘垢之外，而消摇于无事之业"，"游于忽区之旁"，"游敖于无形埒之野"，"处大廓之宇，游无极之野"，还是《齐俗训》中"以游玄眇，上通云天"《诠言训》中"游心于恬，舍形于佚"，《修务训》中"逍遥仿佯于尘埃之外"等，都是对《庄子》中的虚灵之境的拓展与丰富。

二 神游意象的多样性描写

《淮南子》中的神游意象虽然和道家尤其是和《庄子》渊源颇深，但也有其自己的创造发展，具体体现在对神游主体、神游方式及神游境界的多样性描写方面。

《庄子》首创了道、神（人）、遨游三者紧密结合的神游意象，《淮南子》中的神游意象正是继承了道家以"体道"为目的的意象旨归，并在神（人）层面上超越《庄子》单一的"神人"形象而创造出了一群活泼多样的遨游主体，既有神人的遨游，亦有神兽的遨游，还有得道真人、圣人之游，亦有至德之世古朴先民之游，还有异人名士之游。

上面我们所举的《原道训》中的神游意象中的主体就呈现出两种不同形态，"泰古二皇"，高诱注："二皇，伏羲、神农也。指说阴阳，故不言二。"高诱的解说很含混，并且自相矛盾。既然二皇是指伏羲、神农，就不再指说阴阳。所谓泰古二皇，当是《淮南子·精神训》所说的二神："有二神混生，经天营地。"二皇、二神，指的是宇宙生成之神，是最原始的开天辟地之神。冯夷，见于《庄子·大宗师》："冯夷得之，以游大川。"《淮南子·齐俗训》亦云："昔者冯夷得道，以潜大川。"高诱注："冯夷，河伯也。"冯夷，又称冰夷，见于《山海经·

海内北经》，是传说中的黄河之神。大丙，究竟所指的是什么，已无从确认。但冯夷、大丙并提，其身份似乎也应该是传说中的神人。而"恬然无思"的"大丈夫"则属于悟"道"之人，也即《庄子》和《淮南子》中所称的真人、圣人之类。而在《齐俗训》、《泰族训》中所说的"吹呕呼吸，吐故内新，遗形去智，抱素反真，以游玄眇，上通云天"，"去尘埃之间，离群慝之纷，吸阴阳之和，食天地之精，呼而出故，吸而入新，弃虚轻举，乘云游雾"的王乔、赤松子，还有《道应训》中"游乎北海，经乎太阴，入乎玄阙，至于蒙毂之上"的卢敖和"南游乎冈𩙪之野，北息乎沉墨之乡，西穷窅冥之党，东开鸿濛之光"的若士，则都属于异人名士之流。另外，在《俶真训》中还有"甘瞑于溷澖之域，而徙倚于汗漫之宇，提挈天地而委万物，以鸿濛为景柱，而浮扬乎无畛崖之际"的至德之世的古朴先民。《淮南子》中的神游意象把主体从《庄子》中的"神人"、"真人"、"圣人"扩展到了对"道"有所体悟和把握的名士异人甚至古朴先民的层面上，使神游主体更加丰富。由神人到异人名士、由圣人到古朴先民，神游主体的身份明显有下移倾向，这种对主体身份阶层及精神修养层面要求的降低，扩大了神游意象的文学影响力，使后世文人志士对"道"有所向往或渴望超越尘世负累时都可以借助神游意象来实现精神上的审美体验。同时，《淮南子》对神游主体的多样性拓展也直接影响了之后游仙类文学作品，那些得道成仙而游离尘世的神仙异人基本上都是来自民间修道养身的普通士人。

在《淮南子》中神游主体除了是人（神）之外，还创造了神游的瑞兽，比如《览冥训》所描写的赤螭、青虬之游：

> 今夫赤螭、青虬之游冀州也，天清地定，毒兽不作，飞鸟不骇……若乃至于玄云之素朝，阴阳交争，降扶风，杂冻

雨，扶摇而登之，威动天地，声振海内，蛇鳝著泥百仞之中，熊罴匍匐丘山岑岩，虎豹袭穴而不敢咆，援狖颠蹶而失木枝……

在《览冥训》中紧接着还有对凤凰之游的描写：

凤皇之翔至德也，雷霆不作，风雨不兴，川谷不澹，草木不摇，……还至其曾逝万仞之上，翱翔四海之外，过昆仑之疏圃，饮砥柱之湍濑，邅回蒙汜之诸，尚佯冀州之际，径摄都广，入日抑节，羽翼弱水，暮宿风穴，……

这里的赤螭、青虬，是龙的象征和代称，体现的是先民的龙崇拜思想，凤凰同样是先民崇拜的灵物。还是在《览冥训》中，《淮南子》的作者在描写远古黄帝之世一片祥和、素美的景象时，神游的主体不仅有龙、凤，还出现了另两种瑞兽——麒麟、飞黄。当时社会秩序井然，人民质朴美善，"凤皇翔于庭，麒麟游於郊，青龙进驾，飞黄伏皁"。从上述材料对于神游意象的描写来看，《淮南子》把神游的主体拓展到了龙、凤、麒麟等具有祥瑞象征的神兽世界中，不仅使神游意象的主体形象更加丰富、活泼起来，而且赋予了神游意象灵物崇拜的文化内涵，从而也使得神游意象的文学意义更加丰满。

《淮南子》中的神游意象的多样性还表现在其所描写的神游方式的不拘一格。从前面所举的《原道训》中的两段材料看，"冯夷、大丙"和"大丈夫"之游都是驾御而游，是以"御"为其神游的艺术方式。御艺是中国古代的六艺之一，也是古代士人最早体验风驰电掣般身心快感的方式之一，所以在《淮南子》之前的文献作品中已经出现了不少驾御而游的意象。但《淮南子》中糅合到神游意象中的御意象也是有不同层次的，同样体现了《淮南子》作者在进行意象描写时的多样创造性。《原道训》中的"冯夷、大丙"之驾御而游与"恬然无思"的"大丈夫"之游的境界是有高下之别的，关键就在于作者对其神游方式"御"意象的描写不同。"冯夷、大丙"之游是"驾云车，入云蜺"，这里御意象还是以"云"这种具有具象性的事物为媒介，而"恬然无思"的"大丈夫"之游却是"以天为盖，以地为舆，四时为马，阴阳为御，乘云陵霄，与造化者俱""电以为鞭策，雷以为车轮"，这里的御意象则完全脱离了具象事物，其构成事象如天、地、四时、阴阳、电、雷等都是或接近于一种抽象存在，和"云"这种人人都可以以肉眼观看到的形象比较而言，这些事象基本上都是人类抽象思维的产物。如果说"冯夷、大丙"之以"云"为御的神游意象已经超越了俗世以车马为御的游历进入了精神自由的境界的话，那么"恬然无思"的"大丈夫"之以"四时为御"的神游意象则进一步使神游主体的精神境界更加开阔、更加自由，天地万物都成为其可以自由支配的工具，外界事物对人所构成的限制已经完全消弭殆尽了，这里的主体获得的是一种绝对的自由。所以说同样为驾御而游的神游方式，但在《淮南子》作者的笔下，也被描写成了不同层次的艺术境界，这不仅使《淮南子》中的神游意象获得了丰富性，也加强了《淮南子》本身的文学性。

《淮南子》中的神游方式除了驾御而游之外还有心游、神游、容身之游及仙化之游等方式。心游、神游是神游意象最普遍的方式，某种程度上来说，所有的神游意象都应该是心神之游，因为神游意象所塑造的境界是精神的绝对自由之境，是只有心、神才能到达之所。但《淮南子》神游意象的方式还是采取了多样化的描写方法，使得神游意象更加丰富、生动。比如在《俶真训》中有几段关于神游、心游的描写：

> 古之真人，立于天地之本，中至优游，抱德炀和，而万物杂累焉，孰肯解构人间之事，以物烦其性命乎？
>
> 是故圣人内修道术，而不外饰仁义，不知耳目之宣，而游于精神之和。若然者，下揆三泉，上寻九天，横廓六合，揲贯万物，此圣人之游也。若夫真人，则动溶于至虚，而游于灭亡之野。
>
> 心有所至，而神喟然在之，反之于虚，则消铄灭息，此圣人之游也。
>
> 神经于骊山、太行而不能难，入于四海九江而不能濡，处小隘而不塞，横扃天地之间而不窕。

这几段文字所描写的神游、心游，从不同的侧面进行渲染。有的强调对感官和心智的超越，处于无意识状态，因此进入无边无际的广阔境界。有的突出心游、神游境界的冲虚，所谓的至虚、灭亡之野、消铄灭息，都是用于显示所处境界的冲虚、静寂。还有的是渲染对地理障碍、空间界域的超越。对于心游、神游，采用的是多角度的审视，多层面的描写。

此外，《精神训》中亦有一段关于神游的精神描写：

> 夫至人倚不拔之柱，行不关之途，禀不竭之府，学不死之师。无往而不遂，无至而不通。生不足以挂志，死不足以幽神，屈伸俯仰，抱命而婉转。祸福利害，千变万化，孰足以患心！若此人者，抱素守精，蝉蜕蛇解，游于太清，轻举独往，忽然入冥。

这段文字主要是表现神游过程中的变化多端，其中的屈伸俯仰、婉转、蝉蜕蛇解，都是富有动态感的表现变化的词语。

《修务训》中也有关于圣人"游心"的描写：

> 且夫精神滑淖纤微，倏忽变化，与物推移，云蒸风行，在所设施。君子有能精摇摩监，砥砺其才，自试神明，览物之博，通物之壅，观始卒之端，见无外之境，以逍遥仿佯于尘埃之外，超然独立，卓然离世，此圣人之所以游心。

这段文字主要强调心游境界的独特属性，它是无外之境，处于尘埃之外。正因为处于尘埃之外，因此才无外，如果处于尘埃之内，那就是有外之境。

《淮南子》中这些对心游、神游方式的多样化描写，不仅对神游的境界有多种描写，而且揭示了要达到这一境界主体心神所必须的修养。《俶真训》中的描写说明"神游"首先要"解构人间之事"，不能"以物烦其性命"，去除了神游主体心神对于人事物欲的纠缠，使主体的心神达到对于物质生活的超越；其次还要"不外饰仁义，不知耳目之宣"，这就是要求主体要达到对于意识形态的超越；只有主体的心神达到一种虚灵的存在状态时，才能够"神经于骊山、太行而不能难，入于四海九江而不能濡，处小隘而不塞，横扃天地之间而不窕"。《精神训》中也谈到要想心神"无往而不遂，无至而不通"就得做到"抱素守精，蝉蜕蛇解"，世间的"祸福利害，千变万化"都不"足以患心"，这里说的也是对物欲的超越。而《修务训》则要求神游主体能够"砥砺其才，自试神明，览物之博，通物之壅，观始卒之端"，这里说的则是意识形态层面的超越。《诠言训》中强调心游主体要做到"自乐于内，无急于外"，"虽贱如贵，虽贫如富"，也讲的是对情感物欲的超越。《淮南子》中对神游意象的多种方式的描写中所揭示出来的这种对主体心神方面的超越性的要求对中国古典文论的影响是极为深远的。这一方面源于《淮南子》的神游意象是对《庄子》中的神游意象的丰富与拓展，因而两者所追求的超越性是一致的，以致在后世文论中的影响也是不可分割的。《庄子》对神游意象有开创之功，但《淮南子》对神游意象的丰富和对神游主体心神必要的修养的细致化描写也是功不可没的。作为古典文论的典范之作的《文心雕龙》中对文学创作主体心神修养方面的要求明显受到《淮南子》的启发与影响。

除此之外，《淮南子·精神训》中还描写了"容身之游"的神游方式：

> 若夫至人，量腹而食，度形而衣，容身而游，适情而行，余天下而不贪，委万物而不利，处大廓之宇，游无极之野，登太皇，冯太一，玩天地于掌握之中。

这里的至人"量腹而食，度形而衣，容身而游，适情而行"，却能"处大廓之宇，游无极之野，登太皇，冯太一，玩天地于掌握之中"。量、度、容、适，讲的都是所选择的存在方式要适合于自身，强调的是本身的独立自足，不假外求。

《淮南子》对神游意象的多样化描写还表现在神游境界的多样化方面。《淮南子》中的神游境界有《原道训》中描写的"昆仑仙境"、"无穷之地"和"无事之业"；也有《俶真训》中提到的"无方之外"、"无形之域"、"灭亡之野"和"澒涬之域"、"汗漫之宇"、"无畛崖之际"；有《精神训》中所说的"天地之樊"、"尘垢之外"、"忽区之旁"、"无委曲之隅"、"无形埒之野"、"无极之野"；有《览冥训》所说的"万仞之上"、"四海之外"；还有《齐俗训》中提到的"玄眇之境"，《修务训》中所说的"无外之境"、"尘埃之外"等。《淮南子》中对于神游境界的这种多样化描写不仅仅使神游境界的名称丰富多彩，更是对神游空间的丰富与拓展，是对自由境界的文学想象的发展。这一方面使神游意象更富有文学艺术气质，另一方面也赋予了《淮南子》这部理论著作诸多文学色彩，还深刻影响了后代神游意象多重境界的文学描写。

总之，《淮南子》中的神游意象的描写呈现出多样化的特点，无论是从神游主体方面还是从神游方式以及神游境界方面都对前代作品有所超越和丰富，对后世文学作品中的神游意象有重要影响。

三　神游意象对《庄子》与《楚辞》的继承与超越

最早的神游意象出自《庄子》，《淮南子》的神游意象对《庄子》有所继承与发展，并且借鉴了《楚辞》中对神游意象的描写，从而使神游意象更加丰富成熟。

就神游主体的丰富性和多样性来说，《淮南子》对《庄子》多有所超越，前面在论述《淮南子》中的神游意象的主体描写时已经提到过。《庄子》中的神游主体基本上是至人、神人、真人和异人名士以及至德之世古朴先民三大类。《淮南子》中的神游主体除了这三大类之外还加入了祥鸟瑞兽等动物；就是在这三大类之中也与《庄子》有细微的差别。至人、神人、真人这一类神游主体在《庄子》和《淮南子》中基本是一致的，都是得道之人，他们的精神与道为一，他们也就是道的化身，事实上是一种虚灵的存在。《庄子》中提到的异人名士则大都是虚构的，如"意而子"、"无名子"等，而《淮南子》中提到的异人名士则大都是历史传说人物，如"王乔、赤松子"等，这与《淮南子》的解经性质和写作目的有关。《淮南子》是以老、庄道家思想为其立论根据，某种程度上也是对《老子》、《庄子》等先秦典籍的一种有系统成体系的解读，而这种解读要有说服力，就必须在例证方面有所坐实。另一方面，《淮南子》的写作目的很明确，它并不是像《老子》、《庄子》似的只是对自己体味所得的一种记述,而不关心其传播状况,《淮南子》创作之初的宗旨就是要给当权者提供一个理想的统治依据和方式,这也要求它的说理和论证具有现实性,所以《淮南子》中的神游意象的主体在名人异士这一类中弱化了《庄子》中的虚幻色彩。

在原始先民这一类神游主体方面,《庄子》和《淮南子》也有境界高下之别。《庄子·马蹄》篇有:

> 故至德之世,其行填填,其视颠颠。当是时也,山无蹊隧,泽无舟梁;万物群生,连属其乡;禽兽成群,草木遂长。是故禽兽可像羁而游,鸟鹊之巢可攀援而阚。夫至德之世,同与禽兽居,族与万物并。
> 夫赫胥氏之时,民居不知所为,行不知所之,含哺而熙,鼓腹而游,民能以此矣。①

赫胥氏之时被视为是至德之世,从上面的描写我们可以看到,《庄子》中的古朴先民的自在之游只是一种形体自足的状态,还没有达到精神上的超越,当然在《庄子》看来在这一素朴的生存状态中是不需要精神的超越的。《淮南子》中也屡屡提到"至德之世",对其充满向往之情,但《淮南子》所描写的古朴先民之游则具有精神超越的气质。《俶真训》中写道:"至德之世,甘暝于溷澜之域,而徙倚于汗漫之宇,提挈天地而委万物,以鸿濛为景柱,而浮扬乎无眕崖之际"这里的先民之游被描写成了形神与天地相往来、进入自由无碍的高远境界,具有了道的品格。这也是《淮南子》对《庄子》的超越所在。

在神游方式上,《淮南子》对《庄子》也是有所继承亦有所超越。《庄子》中神游方式相对于《淮南子》要单一得多,基本

---

① 郭庆藩:《庄子集释》,中华书局1978年版,第334—336、341页。

上可以分为心神之游和驾御之游两种。如《逍遥游》中所说的藐姑射之山的神人之游："乘云气，御飞龙，而游乎四海之外"；列子"御风而行"；还有那"乘天地之正，而御六气之辩，以游无穷者"。《齐物论》中所说的至人亦是"乘云气，骑日月，而游乎四海之外"；《应帝王》篇亦有："乘夫莽眇之鸟，以出六极之外，而游无何有之乡，以处无圹埌之野"。这些都是驾御而游。《淮南子》中所描写的神游方式继承了《庄子》中的驾御之游、心神之游，并增加了容身之游和仙化之游等方式，并且在驾御之游方面有了很大的创造。《庄子》中的驾御之游所役使的对象是云、气、飞龙、日月等各自独立的意象，它们之间缺少有机组合，因此显得简单而朴素。而在《淮南子》的描写中，作者把御艺意象和神游意象加以整合，使神游主体所役使的对象构成一个完整的有机整体。《淮南子》中神游主体所役使的对象不再是某几个单一物象，而是把诸多物象组合成了一个有机整体，并使它与神游意象在精神境界上达到一致，如《原道训》中的描写：

> 是故大丈夫恬然无思，澹然无虑，以天为盖，以地为舆，四时为马，阴阳为御，乘云陵霄，与造化者俱。纵志舒节，以驰大区。可以步而步，可以骤而骤。令雨师洒道，使风伯扫尘；电以为鞭策，雷以为车轮。上游于霄霓之野，下出于无垠之门，刘览偏照，复守以全。经营四隅，还反于枢。

《淮南子》的作者在这里把天、地、四时、阴阳、云气、风、雨、雷、电等物象都纳入了御艺意象之中，给读者提供了一个有车盖、有车厢、有马、有御手、有鞭策、有车轮的完整的车御形象。这种丰富化、完整化的描写，一方面使神游主体获得更大的自由，可以自由支配天、地、四时、阴阳等宇宙万物；另一方面也使神游意象更加富有文学色彩和艺术美感。

在神游境界方面和《庄子》相比，《淮南子》继承得比较多，但也有所丰富。《庄子》中提到的神游境界有"四海之外"、"尘垢之外"、"无为之业"、"无何有之乡"、"圹埌之野"、"无朕"、"无有者"、"无极之野"、"六合之外"、"大莫之国"等。《淮南子》中所描写的神游境界的名称和《庄子》相比变化不大，但增加了"昆仑仙境"和"天宫神境"，并且对这些神游境界的描绘更加具体细致。《庄子》中提到这些神游境界时往往只赋予其一个虚幻的名称，以喻指"道"境的玄远微渺。而《淮南子》中运用赋的写作手法，增加了对各个神游境界的具体生动的描写。这种富于想象力的文学描写不仅使道的境界更加神奇而美妙，而且增强了神游境界的文学感染力，也使《淮南子》本身的文学性有所增强。

据《汉书》等史书记载，刘安曾对《楚辞》尤其是《离骚》有过细致的研读，《楚辞》对刘安及其名下的重要著作《淮南子》也是有影响的。从《淮南子》中对神游境界的描写来看，也正是如此。《淮南子》借鉴了《楚辞》中对于神游境界的想象和描写，丰富和拓展神游意象。

首先，《淮南子》中神游意象中对御艺意象的丰富与完善就是受《楚辞》的启发。《楚辞》中的神游意象集中出现于《离骚》和《远游》两篇。《离骚》的后半部分基本上是对抒情主人公在神仙世界漫游的描写：神游主体驷玉虬，溘埃风，朝发苍梧，夕至县圃，饮马咸池，总辔扶桑，望舒前驱，飞廉奔属，鸾皇为先，雷师为报，令凤鸟，使云霓，命帝阍，倚阊阖，令丰隆，求宓妃，命蹇修，见佚女，驾飞龙，留二姚，八龙蜿蜿，云旗逶迤，百神翳其备降，九疑缤其并迎……屈原在这里发挥了最大的想象力，赋予神游主体以无限的自由与权力，神话传说中的

第一章 《淮南子》中的意象

各种物象都成为其可以自由役使的对象，使神游境界呈现出色彩缤纷、奇幻无比的景象。这极大地启发了《淮南子》作者的想象力，在描写御艺意象和神游意象时就借鉴了这些想象。在前面所述的《淮南子》在御艺意象方面对《庄子》的超越之处时谈到，《淮南子》的作者把天、地、四时、阴阳、云气、风、雨、雷、电等物象都描写成神游主体可以自由支配的对象，这明显有借鉴《离骚》的痕迹。又如《淮南子·俶真训》中描写真人的神游境界：

> 若夫真人，则动容于至虚，而游于灭亡之野。骑飞廉而从敦圄，驰于方外，休乎宇内，烛十日而使风雨，臣雷公，役夸父，妾宓妃，妻织女，天地之间，何足以留其志？

这里的描写对《离骚》的借鉴也是不言自明的。

如果说《淮南子》中对于神游境界中的昆仑仙境、天宫神境的描写受《离骚》的影响显著的话，那么《淮南子》对于仙化而游方式的描写则源自于《远游》。《远游》无疑是《楚辞》中最具游仙色彩的篇章，长期以来，学术界对于该篇的研究，多聚焦于作者和作年问题，但根据姜亮夫、汤炳正二先生关于《楚辞》成书过程的研究，大致可以判断，《远游》在西汉以前就已经产生了。[①] 加之以刘安等《淮南子》的作者长期身处楚地，对《楚辞》有所研读的事实，《淮南子》对《远游》有所借鉴也就不是问题了。具体到神游意象而言，《淮南子》中出现的仙化神游方式及其境界的描写应该是受《远游》的启发。《远

[①] 详见姜亮夫《楚辞学论文集·洪庆善楚辞补注所引释文考》，上海古籍出版社1984年版，第387—421页。汤炳正：《屈赋新探·楚辞成书之探索》，齐鲁书社1984年版，第85—91页。

游》所描写的神游仙人，主要有超迈出尘的赤松子、餐六气而轻举的王子乔、化龙升天的黄帝、托辰星的傅说和阴阳抱一的韩众等五位。《淮南子》中提到的仙化神游的人物则主要是王子乔和赤松子，和《远游》中对这两位仙化而游的人物的重视是一致的，并且两者在描写他们的仙游方式上也是一脉相承。《远游》中描写王子乔仙游的一段：

> 轩辕不可攀援兮，吾将从王乔而娱戏。餐六气而饮沆瀣兮，漱正阳而含朝霞。保神明之清澄兮，精气入而粗秽除。顺凯风以从游兮，至南巢而壹息。见王子而宿之兮……仍羽人于丹丘兮，留不死之旧乡。朝濯发于汤谷兮，夕晞余身兮九阳。吸飞泉之微液兮，怀琬琰之华英。[①]

《淮南子·齐俗训》中描写："今夫王乔、赤诵子，吹呴呼吸，吐故纳新，遗形去智，抱素反真，以游玄眇，上通云天。"《淮南子·泰族训》中说："王乔、赤松去尘埃之间，离群愚之纷，吸阴阳之和，食天地之精，呼而出故，吸而入新，礔虚轻举，乘云游雾，可谓养性矣，而未可谓孝子也。"比较《淮南子》和《远游》中的描写就可以发现两者极为相似，《淮南子》中的神游意象受《楚辞》的影响也可见一斑。

四 神游意象与司马相如作品中神游意象的比较

司马相如的《大人赋》虽和《淮南子》均属于汉初的重要作品，但两者在描写神游境界时同中有异，体现着不同的创作宗旨和审美追求。对它们进行比较研究一方面可以揭示出神游意象在汉初的总体特征和不同走向，一方面也对正确认识汉初文人的

[①] 金开诚：《屈原集校注》，中华书局1996年版，第687—695页。

精神追求有所裨益。

司马相如的作品继承了《楚辞》大胆奇诡的想象，尤其是《大人赋》汲取了《远游》中对于神游意象的描写，其华美奇谲的程度有过之而无不及。晋代张华就曾指出："相如作《远游》之体，以大人赋之也。"（《史记》卷一百一十五，《索隐》注引。）洪兴祖也说："司马相如作《大人赋》，宏放高妙，读者有凌云之意。然其语多出于此（《远游》）。至其妙处，相如莫能识也。"（《楚辞补注》卷一）洪兴祖对司马相如赋的特征的评论是很到位的，从气势上讲《大人赋》确在《远游》之上，能够带给读者飘然凌云之感；而从境界的意味深远上讲《大人赋》则远不及《远游》。而这种区别也正是《大人赋》与《淮南子》中的神游意象的区别所在。

从前面我们的论述可以看出，《淮南子》的作者借鉴了《楚辞》中描写神游意象的艺术手法，把天地万物和各方神灵都纳入其中，成为神游主体役使的对象。这种创作手法在《大人赋》亦可以看到，司马相如笔下仙化的大人可以乘绛幡，载云气，以旬始为椮，以慧星为髾，驾应龙象舆，骖赤螭青虬。召众仙，布众神，五帝先导，陵阳从侍，左玄冥而右黔雷，前长离而后矞皇，征伯乔而役羡门，诏岐伯，令祝融，使句芒。见唐尧，访虞舜，览八纮，望四荒，渡九江，过五河，使女娲奏瑟，命冯夷起舞，诛风神，刑雨师，闯帝宫，载玉女，乘虚亡而上遐，超无友而独存。这里的神游主体和《淮南子》的《原道训》及《俶真训》篇中所描写的神游主体具有同样的自由和视界，他们都是天地万物的至高存在者，可以自由支配一切事物。在对神游境界的描写方面二者也都是运用大胆的想象，为读者虚构一个奇幻诡谲的神仙世界，只是《大人赋》更显华美些。尤其是《大人赋》前面一部分对神游的仪仗之美的描写及中间部分对神游过程中车马、灵兽等侍游队伍和氛围的神奇幻化景象的描写，是《淮南子》中的神游意象所没有的。这与神游意象在《淮南子》和《大人赋》中的作用不同有关。神游意象在《淮南子》中只是作为作者说理解道的一个例证或说明，而不是作品要表现或解释的主要对象。但在《大人赋》中，神游意象却是整篇作品重点所要表现的对象，所以作者对其进行大肆的渲染铺陈是其创作的必然要求。

就对神游意象的描写方面来说，《淮南子》和《大人赋》具有趋同性，但二者的区别正如洪兴祖所说的："至其妙处，相如莫能识也。"也就是说虽然《淮南子》和《大人赋》所描写的神游意象在外形上具有相似性，但境界内涵上却有天壤之别。

关于《大人赋》的创作动机和主旨，《史记》司马相如本传交代得很清楚，是相如想用《大人赋》劝谏武帝疏远仙道之事，然而迫于帝王的权威，不敢直谏，只好用"劝百讽一"的手法写了此文，希望能打消汉武帝求仙意愿。文中写道：

> 邪绝少阳而登太阴兮，与真人乎相求。……悉征灵圉而选之兮，部署众神于瑶光。使五帝先导兮，反大一而从陵阳。左玄冥而右黔雷兮，前长离而后矞皇。厮征伯侨而役羨门兮，诏岐伯使尚方。……排阊阖而入帝宫兮，载玉女而与之。……低徊阴山翔以纡曲兮，吾乃今日睹西王母，暠然白首戴胜而穴处兮，亦幸有三足乌为之使。必长生若此而不死兮，虽济万世不足以喜。①

前面先说轻举、远游之乐，最后用"不足以喜"，将神仙否定。《大人赋》的基本结构是：开头略写"悲世俗"之迫隘，因而要"轻举而远游"，接着详细描写远游的仪仗、队伍的行进状

---

① 费振刚等：《全汉赋校注》，广东教育出版社2005年版，第119页。

态、所到达的空间界域、所役使拜访的众神仙等，最后是说羽化成仙"不足以喜"。正如颜师古所评："昔之谈者咸以西王母为仙灵之最，故相如言大人之仙，娱游之盛，顾视王母，鄙而陋之，不足羡慕也。"（《汉书》卷五十七下）结尾时作者写道："下峥嵘而无地兮，上嵺廓而无天。视眩眠而亡见兮，听敞恍而亡闻。乘虚亡而上遐兮，超无友而独存。"又渲染道境的幽深窈冥，以此来劝谏汉武帝弃仙向道。然而此赋的阅读效果与作者的创作主旨正好相悖，赋中对神游意象的神奇描写恰恰极易激起读者对于仙化神游的向往之情，因为此赋中所描写的神游意象的主体所体验的，恰恰是人间帝王所向往的长生久视地享受绝对自由与豪华物质生活的形象展示。难怪汉武帝读后并没有打消求仙的愿望，反而"飘飘有凌云气，似游天地之间意"（《史记·司马相如列传》）。

打上人间物欲印迹的《大人赋》，其所描写的神游意象在境界上便失却了精神上的高标与超迈，这正是它逊色于《淮南子》神游意象的所在之处。《淮南子》的神游意象始终是以道的境界为其旨归，也就是说《淮南子》中的神游意象是以追求精神自由为最终目的的。这使得它描写的神游意象比之《大人赋》虽略显朴素，但也因此而去掉了物欲享受的色彩，因而显得其境界更为超越而深邈。

就《淮南子》与司马相如作品中的神游意象的创作笔法而言，共同反映了汉初统治阶层及文人士子的审美心理要求，那就是采用铺张扬厉的笔法，追求巨丽宏阔之美。具体到神游意象的描写方面，《淮南子》与《大人赋》在空间意识、铺陈手法及语言的美学风貌方面都具有时代的一致性。

司马相如赋中铺张扬厉的笔法和对巨丽之美的崇尚是学界的共识，在以神游意象为其描写对象的《大人赋》中也是如此。《史记·太史公自序》中说："《子虚》之事，《大人》赋说，靡丽多夸",这是对司马相如赋作的语言特点的一个概括,也是对汉初文人追求巨丽之美的审美时尚的揭示。淮南宾客多为赋家,因而《淮南子》一书具有"赋化"的倾向,这一方面是受《庄子》、《楚辞》的影响,一方面也是当时上层社会普遍存在的一种审美心态的反映。《淮南子》的神游意象事实上也是运用散体赋的笔法进行描写,其中也透露着对巨丽之美的崇尚之心。明人汪一鸾评价《淮南鸿烈》时说:"精之而无朕垠也,大之而不可圉也,缤纷茏苁而不可缕指欤,奇正变幻而莫定其伍也。"(何宁《淮南子集释》附录四)仅以前面所举《淮南子·览冥训》中描写瑞兽赤螭、青虬之神游为例,就可以得到证明。不仅《淮南子》中的神游意象表现出铺陈的手法和巨丽之美,就是《淮南子》全书亦是辞藻尖新、极富文采,一些篇章如《说山训》、《泰族训》等还大量运用韵散结合的方式说理,其中个别段落三言句、四言句、五言句及长句杂出,表现出辞赋家的文风。

徐复观先生曾指出《淮南子》的写作手法与辞赋创作有密切关系:"此一文学作品(《庄子》——引者注),对刘安时代流行的作赋的表现方式,实含有启发、润泽、充实的作用。刘安及其宾客,多是对赋有偏好,甚至也是作赋的能手,便自然然地陶醉在《庄子》这一伟大文学作品之中,用上了他许多奇诡的辞汇,并力追《庄子》表现的想象能力。"[①] 从前面我们对《淮南子》与《庄子》的比较中也可以看出两者之间的确存在着承接关系。但同时汉初经过一段时间的休养生息之后,社会的经济文化呈现出了高度繁荣的景象,"和过去任何时期相比,人们在实践中有力地确证了自己是能够支配、占有自然的强大主体,这

[①] 徐复观:《两汉思想史》第二卷,华东师范大学出版社2001年版,第119—120页。

对两汉审美意识的发展产生了极为深刻的影响"。"《淮南鸿烈》把对美的追求从先秦儒道两家所强调的内在人格精神的完善引向了广大的现实的外部世界,非常突出地表现了处在上升时期的汉代统治阶级力求要占有、支配广大外部世界的那种热切的渴望、坚毅的信心和强大的力量。它充分地表现在汉代艺术中,而其理论的说明则正是首见于《淮南鸿烈》。"① 如果说汉初统治阶级的这种审美心理要求在《淮南子》还仅仅是一种模糊的表达与初步的表现的话,那么在以司马相如的赋作为代表的汉大赋中表现得就更加突出。

第二节 山水意象

水是人类生活的必需品。人类历史上四大文明古国皆起源于水滨,人类文化的一大部类——水缘文化,也在水之于人的恩惠祸患中得以创造,水成为各民族基本而恒久的文化原型之一。古代中国属农业文明,缘水而居的人们对水的依赖几乎超过了陆地上其他自然物,"水"这一字眼在国民传统心理中所占的位置极其重要。因而水在中国古典文学中有多种表意功能和特定的文化审美效应。

一 先秦典籍中的水意象

水意象不仅是一个贯穿古代典籍的重要意象,而且在文学作品中对水意象的描写,从象征内涵上讲有一个从自然到人性的发展过程;从描写手法上讲,有一个从简单比拟到铺排渲染的演变轨迹。

在我国最古老的文学作品《诗经》中,出现了不少的水意

---

① 李泽厚:《中国美学史》,安徽文艺出版社1999年版,第442页。

象，这些意象的描写基本上都是描写水的自然状态，把它和人性、人情联结在一起的描写还极其罕见。《诗经·关雎》有"关关雎鸠，在河之洲。窈窕淑女，君子好逑"①，开篇就把我们带入了这水汽淋漓的自然水景中。这里对水的描写还只是以河代之，只是一个用以起兴的自然物象。诗经中的大部分涉及水意象的诗歌基本上都是采用这种简约型的描写手法，以江河的水名代之，以引起诗歌的情感表达。《诗经》中，涉及的河流有二十多个，除了黄河、长江、淮水、汉水、济水、渭水、泾水等几大河流之外，还有淇水、汝水、溱水、洧水、汶水、汾水、漆水、沮水、滱水、洽水、杜水、丰水、泮水等。诗歌中很少有对这些河流形态的细致描写，在多数情况下没有把这些河流和人自身的性情联系起来，只是很简单地以河流名称指代水意象。但也有一些诗歌对水意象的描写略带比拟的性质，如《召南·江有汜》写道："江有汜，之子归，不我以。不我以，其后也悔。江有渚，之子归，不我与。不我与，其后也处。江有沱，之子归，不我过。不我过，其啸也歌。"② 此诗的抒情主人公在丈夫另有新欢之后，面对滔滔江水抒发了内心极度的哀怨悲愤，以江水的形态来反衬丈夫的无情。这种描写虽略带比拟，但水意象与人的情感状态之间的联系并非同类对等的关系，而是异类反衬的关系，水意象与人的性情之间还有一定的距离。

到了春秋战国时代，诸子并起，先哲们对世界的思考往往能够把对自然的观照折射到人自身，水意象和人的联系开始紧密起来。这种紧密性最初体现在老子和孔子对水意象的体认上，也是从他们开始奠定了水意象在古典文学中的基本内涵。《老子》一书，整个哲学体系都是从他所预设的"道"中展开的，"道"是

---

① 方玉润：《诗经原始》，中华书局1986年版，第7页。
② 同上书，第112页。

老子哲学的核心范畴。作为宇宙运动、变化的普遍法则,"道"有一个突出的特征,即老子所说的"周行而不殆"。周者,圆周,环绕也;周行,指的是循环往复的运行。道的这个特征和水的特征是极为相似的。老子将水意象与"道"的本体形态等同起来了。《老子》第八章说:"上善若水,水善利万物而不争,处众人之所恶,故几于道。"① 这是从水化育万物这一点上来说明道化生万物的特性,"上善若水"与其说是老子的理想人格的写照,毋宁说是道的品性的写照。《老子》第三十二章说:"天地相合以降甘露,民莫之令而自均。始制有名。名亦既有,夫亦将知止,知止可以不殆。譬道在天下,犹川谷之于江海。"② 在这段话中,不仅水的流动不息象征着道的大化不止,而且水意象的多样化存在象征着道的多样化存在。这里与水意象相关的有"甘露"即来自天上的水;"川谷"即出自地下的水;"江海"即作为天与地之间循环中介的水。这多种形态的水意象象征着道的变化无常,无所不在。老子把水意象和世界本体存在的道等同起来,奠定了道家文学中水意象公平、中正、润物、鉴照等内涵,这些内涵都是根据水的自然属性直接阐发出来的,可以说道家文学中的水意象"尚性"的特征由此而发端。在《老子》中还提到人性有和道性相近的特征,但这两者是独立存在于《老子》文本之中,尚没有直接把水意象和人性特征联系起来进行类比描写。比如《老子》第七十六章说:"人之生也柔弱,其死也坚强,万物草木之生也柔脆,其死也枯槁。故坚强者死之徒,柔弱者生之徒。是以兵强则不胜,木强则折。"③ 第七十八章中又说:"天下莫柔弱于水,而攻坚强者莫之能胜,其无以易之。"④ 这里的水

---

① 陈鼓应:《老子注译及评介》,中华书局1984年版,第89页。
② 同上书,第194页。
③ 同上书,第342页。
④ 同上书,第350页。

意象和人性特征都是用来说明道性的,它们是两个并列的喻体,在《老子》中还没有把二者联系起来进行类比描写。

如果说老子观照水时其目光关注的是世界的本体存在的话,那么孔子观照水时其目光关注的则是人在当下生活中的存在状态。当孔子面对川流不息的流水发出:"逝者如斯夫!不舍昼夜"①的感叹时,就奠定了儒家水意象的特征。孔子的逝川之叹,流水所展示的是时间之流中人与宇宙自然的主客关系,反映了个体生命无法超越时间规定性的痛苦体验。这里水意象引发的是不同于老子对水之性的思考,即孔子由水意象引发的是对人的自身生存困境的思考。由于孔子的哲思是以血缘宗族关系为心理基础的伦理道德治化天下,所以他对水意象的观照必然要引申到人的伦理道德层面上来,所以也就有了:"知者乐水,仁者乐山;知者动,仁者静;知者乐,仁者寿"②之语。这就奠定了儒家文学中以山水比德的传统。这里已经把水意象的特征和人性方面的特征拿来进行类比描写,可以看出水意象和人的性情的共性方面之间的联系在加强。《淮南子》吸收了老子和孔子的思维成果,其水意象描写,既是以水喻"道",以水之象来解释"道"之性,亦是以水喻人,以水之象来比喻人之性。

到了战国中后期,道家和儒家都赋予了水意象人性的内涵,对水意象的描写也更加丰富。就道家而言,《庄子》哲学的核心是人对道的体悟和修养,所以水意象常常被用来类比道所应该具有的特性,进而说明人应该具备的修养。就儒家而言,《孟子》和《荀子》从不同角度发展了孔子的仁学,重点在于对于人性的发掘,他们发展了孔子对水意象的思考,进一步明确了水意象象征仁德的品性。

---

① 杨伯峻:《论语译注》,中华书局1980年版,第92页。
② 同上书,第62页。

《庄子·天道》写道:"水静犹明,而况精神!圣人之心静乎!天地之鉴也,万物之镜也。夫虚静恬淡寂寞无为者,天地之平而道德之至。"① 这里把水意象直接和人的精神联系在一起进行类比。孟子则直接把水意象拿来比拟人性的善恶,《孟子·告子上》载:"告子曰:'性犹湍水也,决诸东方则东流,决诸西方则西流,人性之无分于善不善也,犹水之无分于东西也。'孟子曰:'水性无分于东西,无分于上下乎?人性之善也,犹水之就下也。人无有不善,水无有不下。今夫水,搏而跃之,可使过颡;激而行之,可使在山;是岂水之性哉?其势则然也。人之可使为不善,其性亦犹是也。"② 《荀子·宥坐》将人对水的实用需求与审美观照借孔子之口进行了系统的表达:"夫水,遍与诸生而无为也,似德。其流也卑下,裾拘必循其理,似义。其洸洸乎不淈尽,似道。若有决行之,其应佚若声响,其赴百仞之谷不惧,似勇。主量必平,似法。盈不求概,似正。淖约微达,似察。以出以入,以就鲜洁,似善化。其万折也必东,似志。是故君子见大水必观焉。"③ 水意象如此被人格化、具象化,并同人世伦理规范、美德异能一一对应,并成为实行这些规范美德的楷模,实际上就是儒家力求实现的"理想人格"。《荀子》中还将水意象与施政方略进行类比:"君者,舟也;庶人者,水也。水则载舟,水则覆舟。"(《王制》)"君者,盘也,盘圆而水圆;君者,盂也,盂方而水方。""君者,民之原也,原清则流清,原浊则流浊。"(《君道》)这种描写使先哲们在观照水意象时,反观的不仅是人自身的品格,而且和整个社会的政治秩序联系了起来,进一步扩大了水意象的哲理意义。《淮南子》中的水意象

---

① 郭庆藩:《庄子集释》,中华书局1961年版,第457页。
② 杨伯峻:《孟子译注》,中华书局1960年版,第254页。
③ 王先谦:《荀子集解》,中华书局1988年版,第524—552页。

与社会人事现象结合得更为紧密，体现出对《庄子》、《孟子》和《荀子》水意象描写的借鉴与综合。

先秦典籍中，《管子·水地》篇对水意象的描写可以说是在诸子体悟的基础上的一种创新，加入了战国后期的五行思想，使水意象由道而人，由人而社会，甚至创造性地把人的生命的创造与水意象结合在一起。《管子·水地》云："水者，地之血气，如筋脉之通流者也。"这是以地上之河流比拟人体之血脉，确立水意象生命之源的物质属性。水在大地就如血液在人体中流动，它"集于天地而藏于万物"，成为从自然界到生命世界不可或缺的基质。"夫水淖弱以清，而好洒人之恶，仁也；视之黑而白，精也；量之不可使概，至满而止，正也；唯无不流，至平而止，义也；人皆赴高，已独赴下，卑也。卑也者，道之室，王者之器也，而水以为都居。准也者，五量之宗也；素也者，五色之质也；淡也者，五味之中也。是以水者万物之准也，诸生之淡也，是非得失之质也。是以无不满，无不居也，集于天地，而藏于万物，产于金石，集于诸生，故曰水神。集于草木，根得其度，华得其数，实得其量。鸟兽得之，形体肥大，羽毛丰茂，文理明著。万物莫不尽其几，反其常者，水之内度适也。"这段话进一步以水意象比拟道的具体品性和德能，又分别从仁、义、精、准、平、正、素、淡等不同角度使水意象的象征内涵更加具体化，更加符合社会对人的品性不同角度的要求。"水者何也，万物之本原也，诸生之宗室也，美恶贤不肖愚俊之所产也。……是以圣人之化世也，其解在水。故水一则人心正，水清则民心易。一则欲不污，民心易则行无邪。是以圣人之治于世也，不人告也，不户说也，其枢在水。"这里水意象和社会民俗、民性联系了起来，其功能被推广到稳定社会与治世之道，这在先秦典籍中也属于首次明确表述。稷下道家在中国哲学史上以其提出精气说而受到学者的注意，这种精气说在对水意象的观照中也有反映：

"人，水也，男女精气合而水流形。"这里水意象不仅承载着精气说的哲理内涵，而且承载着先哲对人的生命形成的思考与构想，这是极富创造性的。就描写手法而言，《管子·水地》篇中对水意象的描写已经不是片言只语，而是大段的铺排比拟，这种对水意象描写方式的变化，加强了水意象的文学色彩，这一特点对后来的《淮南子》有所启发。

通过对先秦一些重要典籍中的水意象的分析，我们可以看出，先哲们在构建自己的哲学理念的时候，往往是以对水意象的观照、体悟为参照物，以对水的属性的分析，表述着自己对世界和人性的认识，也因此而赋予水意象道的属性、人格理想、生命形成等人文内涵。这种哲理思考转化成文字记载的时候，往往借助于对水意象的描写，而上述典籍中对水意象的描写也呈现出一个由简略到复杂、由哲理上的简单比拟到文学上的铺排渲染的演进。《淮南子》中对水意象的描写既是对先秦诸贤惯于以水为喻的思维特点的继承，亦是对先秦文献中的水意象文学描写的发展与创造。

二 《淮南子》中的水意象

当历史的车轮驶入西汉王朝的轨道时，先哲们对水意象的观照依然是其进行哲学思考和传达的惯用方式。《淮南子》、《韩诗外传》和《春秋繁露》中都可以找到很多借助水意象来表达自己思想观念的段落。在对先秦典籍的哲学思想和文学艺术具有综合创新的《淮南子》中，水意象的描写是经常可见的，并且呈现出多样化状态：既有简单的比拟，也有大段的铺排，既以水比德又以水比性，而且还创造性地糅合了精气说与感应说，以气感说来赋予水意象以生命力的贯通性。

《淮南子》中对水意象的描写是以对水的属性的观照和分析来解释道及人性甚至风俗、国家秩序等本来或者应该具备的品性。大体来说,在《淮南子》中,水具有鉴照、润物、化育功能和包容、平正、清静、不争、随化、自足等品质。

首先来看《淮南子》中对水意象的鉴照功能的体认与描写。《原道训》中有"夫镜水之与形接也,不设智故,而方圆曲直弗能逃也。"这是以水意象比拟道之无为而自得的品质,关注的是水的鉴照功能。水是人类最古老的鉴照工具,任何形态在水面前都可以找到与其毫无二致的影子,《淮南子》以此现象来解释道对智的弃绝。智故,指的是智巧。如果说这种解释是从道家老庄对水意象的体认而来的话,那么《淮南子》下面两段文字对水意象的描写则体现了其作者自己对水意象更加深入的思考,他们进一步仔细分析了水之所以具有鉴照功能的原因。《俶真训》称:"人莫鉴于流沫,而鉴于止水者,以其静也;莫窥形于生铁,而窥于明镜者,以睹其易也。夫唯易且静,形物之性也。"与这段话类似的还有《说山训》中所说的"人莫鉴于沫雨,而鉴于澄水者,以其休止不荡也"。这两段话均是以静来解释水之所以具有鉴照功能的原因。《庄子·德充符》称:"人莫鉴于流水而鉴于止水,唯止能止众止。"这段话是《淮南子》所本,同时论述得更加深入。《淮南子》的作者们还体会到静并不是水具有鉴照功能的完全条件,还有一个重要条件那就是清,这一点在《说山训》中有明确的表述:"清之为明,杯水见眸子;浊之为暗,河水不见太山。"这段文字在清浊对比中说明了清是水具有鉴照功能的另一个重要条件。《俶真训》中则进一步把水的清静状态和人的精神境界联系了起来,赋予了水意象深刻的内涵:"今盆水在庭,清之终日,未能见眉睫,浊之不过一挠,而不能察方员;人神易浊而难清,犹盆水之类也。"这里强调了水之清且静的状态是很容易被打破的,以此来象征人的清明的精神境界也是很难得的。这些对水意象的细节化的思考与体认是《淮南子》作者在先秦诸子思考的基础上的深化,不仅细化了水意象的人文内涵,而且使水意象本身也更加立体、丰满。

《淮南子》中对水的润物功能揭示得也比较充分。《原道训》中采用大段铺排的手法对水润育万物而无为不争的品性揭示得非常充分:

> 天下之物,莫柔弱于水,然而大不可极,深不可测,修极于无穷,远沦于无涯,息耗减益,通于不訾,上天则为雨露,下地则为润泽,万物弗得不生,百事不得不成。大包群生而无好憎,泽及蚑蛲而不求报,富赡天下而不既,德施百姓而不费,行而不可得穷极也,微而不可得把握也,击之无创,刺之不伤,斩之不断,焚之不然,淖溺流遁,错缪相纷而不可靡散。利贯金石,强济天下,动溶无形之域,而翱翔忽区之上,邅回川谷之间,而滔腾大荒之野,有余不足,与天地取与,授万物而无所前后。是故无所私而无所公,靡滥振荡,与天地鸿洞,无所左而无所右,蟠委错紾,与万物始终,是谓至德。夫水所以能成其至德于天下者,以其淖溺润滑也。

这段话以《老子》中对水的描写为原型,但相较之下《老子》的描写就显得简略得多了,而《淮南子》运用了汉代最耀眼的文学表现方式——辞赋的写作手法,充分地对水的润物功能进行铺排渲染,从六个不同层面揭示了水"能成其至德于天下者"的原因是"以其淖溺润滑也"。同样是对水意象的大段铺排性描写,《管子》是对水的不同品性进行综合性描述,而《淮南子》的这段描写却仅是对水意象众多品性中的一个侧面进行渲染,这一方面体现了《淮南子》作者自觉运用辞赋的创作手法进行描写的特点,另一方面也体现了汉代学者对水意象的观照更加细致化、深刻化的特点。

《淮南子》中对水的化育功能揭示得也比较充分，作者既看到了水顺时而化、顺势而流的品性，也细致分析了不同水域会化育出不同个性的生命体。《俶真训》中谈到了水顺时而化的品性："夫水向冬则凝而为冰，冰迎春则泮而为水；冰水移易于前后，若周员而趋，孰暇知其所苦乐乎！"水顺时变化是对自然规律的顺应，是对天地之道的体悟和遵守，这是水的品性，亦是道的品性。《淮南子》还吸收了五行思想，把水看作是五行之一，从而使水意象的化育功能更加突出。《天文训》云：

> 天道曰圆，地道曰方。方者主幽，圆者主明。明者，吐气者也，是故火曰外景；幽者，含气者也，是故水曰内景。吐气者施，含气者化，是故阳施阴化。天之偏气，怒者为风；地之含气，和者为雨，阴阳相薄，感而为雷，激而为霆，乱而为雾。阳气胜则散而为雨露，阴气盛则凝而为霜雪。

这段话融五行说和气感说为一体，揭示了水之化育功能的根据及其与自然之云、雨、雷、电、雾、露、霜、雪等自然天象之间的化育关系。《天文训》对水之化育功能的揭示主要是从自然界形成的角度出发，把水的化育功能与自然环境联系起来进行论述。以上论述和《大戴礼记·曾子天圆》篇对阴阳二气的解说多有相通之处，二者所持的理念基本一致。《地形训》则把水的化育功能与地形环境联系起来进行论述：

> 是故白水宜玉，黑水宜砥，青水宜碧，赤水宜丹，黄水宜金，清水宜龟，汾水濛浊而宜麻，泲水通和而宜麦，河水中浊而宜菽，雒水轻利而宜禾，渭水多力而宜黍，汉水重安而宜竹，江水肥仁而宜稻。平土之人，慧而宜五谷。

第一章 《淮南子》中的意象

这段话是说不同地域环境中的水具有不同的特点，从而形成化育出不同的物产，如白水产玉、黑水产质地细腻的磨刀石、汾水适宜麻生长而渭水适宜黍子生长等等。

《淮南子》的水意象描写不仅揭示了作为五行之一的水化育了世界的自然环境，而且揭示了水与不同地域环境结合能够化育出特点各异、独具个性的物产。但更为重要的是《淮南子》认为水的化育功能需要"人必加功"，才能促进社会发展，成就人文之化。《修务训》云："夫地势，水东流，人必事焉，然后水潦得谷行。禾稼春生，人必加功焉，故五谷得遂长。听其自流，待其自生，则鲧、禹之功不立，而后稷之智不用。"这里明确表示虽然水的化育功能是其自然天性的体现，但"人必事焉"才能使五谷遂长，如果"听其自流"，人文世界的一切意识形态、文化建构都将无从谈起。《淮南子》这里以水意象为例，强调了人与自然的结合才是世界根本的生存之道。因此，《淮南子》多次把水意象与人事结合起来进行论述，视角多维，涉及政治、道德、情欲、艺术等各种人事现象。如以水意象比喻政治的有：《缪称训》云："水下流而广大，君下臣而聪明。君不与臣争功，而治道通矣。"这是以水趋下而流的规律性为喻，说明处于上位的君主应该向水学习，以臣为上，才能使统治通达稳固。《兵略训》云："故用兵之道，示之以柔，而迎之以刚；示之以弱，而乘之以强；为之以歙，而应之以张；将欲西，而示之以东；先忤而后合，前冥而后明。若鬼之无迹，若水之无创。故所向非所之也，所见非所谋也。举措动静，莫能识也。若雷之击，不可为备。所用不复，故胜可百全。与玄明通，莫知其门，是谓至神。"这是以水意象比喻用兵之法，讲究用兵如水之象一样，要动静结合，阴阳一体，应变自如，与道相通。又如以水意象比喻道德修养的有：《齐俗训》云："窥面于盘水则员，于杯则隋，面形不变其故，有所员、有所隋者，所自窥之异也。今吾虽欲正身而待物，庸遽知世之所自窥我者乎？若转化而与世竞走，譬犹逃雨也，无之而不濡。"这是说修身正身应该选择正确的参照对象，如果随波逐流"而与世竞走"，没有一定的标准，就会淹没在世俗之中，就像窥面于水一样，脸形会随水形的方圆而呈现出或方或圆之形，而无法确认自身真实的形象。又如以水意象劝喻人性的各种情欲：《泛论训》云："故达道之人，不苟得，不让福，其有弗弃，非其有弗索，常满而不溢，恒虚而易足。今夫雷水足以溢壶榼，而江河不能实漏卮。故人心犹是也。自当以道术度量，食充虚，衣御寒，则足以养七尺之形矣。若无道术度量而以自俭约，则万乘之势不足以为尊，天下之富不足以为乐矣。"这是以水意象为喻，说明人的欲望是永远无法满足的，就像江河之水不能注满漏壶一样，对待欲望的正确态度就是以道术为度量，节情俭欲，否则就算有天下之富亦不能满足。又如以水意象为喻来说明艺术创作的规律：《说林训》云："以水和水不可食，一弦之瑟不可听。"这是以水为喻说明艺术创作应该具有多样化特征，这才符合艺术规律，否则就会像以水和水不能做出可口的饭菜一样，一根弦也无法弹奏出悦耳动听的旋律。《说林训》云："水虽平，必有波；衡虽正，必有差；尺寸虽齐，必有诡。非规矩不能定方圆，非准绳不能正曲直，用规矩准绳者亦有规矩准绳焉。"这是说，一方面没有绝对公允客观的标准；另一方面，批评者主观方面有一定的"规矩准绳"却是必要的。《淮南子》以水意象为喻，表述了对批评标准的辩证性认识。又如以水意象为喻来说明各种社会现象背后的深刻道理：《诠言训》云："使水流下，孰弗能治；激而上之，非巧不能。"这是以使水向下流简单易为而使水向上流则非巧不能的社会现象为喻，说明对于常态下很多人能处理的事物，在非常态下就需要有特别的能力才能处理。《人间训》亦云："江水之始出于岷山也，可攘衣而越也，及至乎下洞庭，骛石城，经丹徒，起波涛，舟杭一日不能济也。是故圣人者,常从事于无形之外,而不留思尽虑于成事之内。是故患祸弗能伤也。"这是以水意象为喻说明祸患在开始出现端倪之时往往如同细水支流,人们容易控制,而一旦放任自流不及时消除的话,就会发展为滚滚洪流、惊涛骇浪而造成无法控制的局面。所以对待祸患,要有居安思危、未雨绸缪的态度。《荀子·子道》篇写道:"昔者江出于岷山,其始出也,其源可以滥觞。及其至江之津也,不放舟,不避风,则不可涉也。"这段话与《人间训》所取物象相同,但二者的寓意有别。总之,《淮南子》认为水的化育功能与人事结合才能建构出具有人文特征的现实世界,并且以水意象为喻,从多种角度对人事现象进行劝喻。这一方面显示出《淮南子》对水意象所蕴含的哲理的体悟具有贯通天、地、人三才的思维特点,另一方面显出《淮南子》对水意象的观照具有多维性特点。

三 《淮南子》中的山水意象

《论语·子罕》篇孔子同时提到山和水,董仲舒的《春秋繁露》与《淮南子》是同一时期著作,其中有一篇专门赞扬山水的《山川颂》。中国古人总习惯把山与水联系起来,这一方面是由于中国古人观察到有山之处必然有水,这是一自然规律;另一方面是由于中国古人的思维具有辩证性,水之意象是一种阴柔之象,那么必然会有一种阳刚之象与之对应,那就是山意象。因此山水两种意象也常常组合成一个整体意象,并且在后世成为文学作品中的一个重要的意象。而《淮南子》的山水描写对山水意象的成熟有重要的促进意义。

首先,《淮南子》对山水之间互为阴阳、相互依存的辩证关系有清晰的认识。《淮南子》对山的意象没有明确的界定,但对水为阴柔之象却有明确的定义。《天文训》云:

> 天地之袭精为阴阳，阴阳之专精为四时，四时之散精为万物。积阳之热气生火，火气之精者为日；积阴之寒气为水，水气之精者为月；日月之淫为精者为星辰，天受日月星辰，地受水潦尘埃。

这段话运用气感理念解释了天地之间生命元素的形成，认为水即是"积阴之寒气"。就是说水的阴柔之象是其基本物质属性。《淮南子》虽然没有明说山具有阳刚之象，但却认为山水之间具有阴阳对应关系。《地形训》云："凡地形，东西为纬，南北为经，山为积德，川为积刑，高者为生，下者为死，丘陵为牡，溪谷为牝。"这段话以"牡、牝"来对应山水关系，就反映了《淮南子》以山为阳刚之象，以水为阴柔之象的思想。在中国传统的阴阳观念中，阴象与阳象之间是互为表里的关系，它们之间往往形成不可分离的整体意象而作用于人们的意识思维之中。《淮南子》以阴阳关系来对应山水之间的关系，为山水后来成为重要的文学意象提供了一定的思想依据。

《淮南子》认为山为水之源，山的性质影响甚至决定着水的特征。《地形训》曾详细列举了天下水源的出处：

> 江出岷山，东流绝汉入海，左还北流，至于开母之北，右还东流，至于东极。河出积石。雎出荆山。淮出桐柏山。睢出羽山。清漳出褐戾，浊漳出发包。济出王屋。时、泗、沂出臺、台、朮。洛出猎山。汶出弗其，西流合于济。汉出嶓冢。泾出薄落之山。渭出鸟鼠同穴。伊出上魏。雒出熊耳。浚出华窍。维出覆舟。汾出燕京。衽出溃熊。淄出目饴。丹水出高褚。殷出嶕山。镐出鲜于。凉出茅庐、石梁，汝出猛山。淇出大号。晋出龙山结绐。合出封羊。辽出砥石，釜出景，岐出石桥，呼沱出鲁平，泥途渊出樠山，维湿

北流出于燕。

从这段话可以看出,天下每一条水流的源头都是一座山,《淮南子》以山为水之源的思想不言自明。不仅如此,《淮南子》认为神山出灵水,《地形训》云:

> 县圃、流风、樊桐在昆仑阊阖之中,是其疏圃。疏圃之池,浸之黄水,黄水三周复其原,是谓丹水,饮之不死。河水出昆仑东北陬,贯渤海,入禹所导积石山,赤水出其东南陬,西南注南海丹泽之东。赤水之东,弱水出自穷石,至于合黎,余波入于流沙,绝流沙南至南海。洋水出其西北陬,入于南海羽民之南。凡四水者,帝之神泉,以和百药,以润万物。

这段话是《淮南子》依据传说对中国古代地形轮廓的虚构,不仅认为昆仑山这座"天帝之下丘"、登天之梯的神山,是四条水流的源头,而且认为由于昆仑山的神奇特性,使得从其东西南北各方流出的水皆具有奇妙的灵性,是"帝之神泉"。《淮南子》把山之性与水之性联系起来进行论述,对于形成山水整体意象具有推动作用。

《淮南子》还常常把山水意象结合起来进行说理,揭示了山水意象所蕴涵的哲理意义,这对山水意象为后世哲理诗文通常惯用,有极大的促进作用。首先,《淮南子》认为山水意象具有崇高的品性,而且具有拒污排秽的共性。《泰族训》云:"太山不可丈尺也,江河不可斗斛也。"这是说山水意象具有崇高宽广的特征。《泰族训》还揭示了山水之所以崇高的原因:"河以委蛇,故能远;山以陵迟,故能高。"这是说山水意象具有崇高远阔的意蕴,是由于其自身具有绵延曲折、起伏不平的特点。《说林训》云:"海不受流潦,太山不上小人。"这是说山水意象具有洁身自好的品性,对污秽宵小之物能够自动拒斥。其次,《淮南子》认为山水意象具有极大的包容性,从而具有极强的化育功能。《泰族训》揭示了山水意象的包容性:"夫天地不包一物,阴阳不生一类。海不让水潦以成其大,山不让土石以成其高。夫守一隅而遗万方,取一物而弃其余,则所得者鲜,而所治者浅矣。"这里认为山水意象的包容性特征是符合天地化育万物之"道"的,正是由于山水极大的包容性才成就了其崇高与绵远的特性。《庄子·则阳》称:"丘山积卑而为高,江河合水而为大。"这是先秦时期就已经形成的理念,《泰族训》对此作了进一步的发挥。《说山训》则揭示了山水意象的化育之功:"水广者鱼大,山高者木修。"这是说山水因其崇高远阔之性而能够化育出美好的生命。《泰族训》以道家无为思想为山水意象之化育功能的理论根据:"故高山深林,非为虎豹也;大木茂枝,非为飞鸟也;流源千里,渊深百仞,非为蛟龙也;致其高崇,成其广大,山居木栖,巢枝穴藏,水潜陆行,各得其所宁焉。"《人间训》则把山水意象的化育之功与人的道德修养联系起来进行论述:"山致其高,而云起焉;水致其深,而蛟龙生焉;君子致其道,而福禄归焉。"这是以山水意象为喻来说明君子修身为人的道理,认为只要按照自己的天然本性去生活,美好的事物自然会依附于身边。这种观点对《荀子·劝学》篇的相关论述有所借鉴,但又有视角的转换。再次,《淮南子》认为山水意象带给人们一种超越当下世俗生活的境界。《泰族训》云:

  凡人之所以生者,衣与食也,今囚之冥室之中,虽养之以刍豢,衣之以绮绣,不能乐也。以目之无见,耳之无闻,穿隙穴,见雨零,则快然而叹之,况开户发牖,从冥冥见炤炤乎!从冥冥见炤炤,犹尚肆然而喜,又况出室坐堂,见日月光乎！见日月光，旷然而乐，又况登泰山，履石封，以望八荒，视天都若盖，江河若带，又况万物在其间者乎！其为乐岂不大哉……夫观六艺之广崇，穷道德之渊深，达乎无上，至乎无下，运乎无极，翔乎无形，广于四海，崇于太山，富于江河，旷然而通，昭然而明，天地之间无所系戾，其所以监观，岂不大哉！

这段话的主旨是讲人如何才能超越衣食住行这些具体的世俗生活的道理，作者认为关键在于心志要开阔，能够与"道"同游于天地之间，才不至于被禁锢在世俗的欲望之室而失去生命的乐趣。这里运用一系列对比来说明如何才能获得精神的超越，《淮南子》认为囚于冥室之中就算衣食无忧，亦不会快乐；如果"开户发牖"就会"肆然而喜"；如果再"出室坐堂"就会"旷然而乐"；再如果能够登泰山、临江海，以开阔的胸怀临视天地万物，就会"其为乐岂不大哉"；最后，如果能够让精神遨游在精神世界的高山远水之间，其目之所接、心之所纳"岂不大哉！"很明显，《淮南子》认为登山临水能给人带来极大的超越快感，山水意象能够营造出一种超越世俗的精神境界。山水意象象征一种超越的精神境界，这基本上是山水意象的核心内涵，在中国古代文学作品中屡见不鲜，而《淮南子》对这一内涵的揭示，对山水意象成为重要的文学意象而言功不可没。

《淮南子》中的山水意象描写不仅对山水意象之间互为表里的辩证关系有深刻的体认，而且对山水特性之间的联系进行了探索，为山水意象成为一个固定的组合意象提供了一定的思维依据。而《淮南子》对山水意象所蕴涵的哲理意味及其象征意义的揭示，则为山水意象自魏晋成为突出的文学意象奠定了美学基础。

第三节 珠玉意象

珠和玉在中国古代作为珍宝往往是财富和权力的象征，作为佩饰则往往是高贵与华美的象征，作为文学作品中的意象往往是某种和谐润泽自然的境界或崇高坚贞的精神境界的象征。《淮南子》中出现了大量的珠玉意象，既显示了珠玉的象征意义和人们对待珠玉应该具有的正确的生活态度和审美态度；又揭示了珠玉意象的境界内涵。珠玉意象与山水意象之间有重要的关联，《淮南子》对珠玉意象与山水意象之间关系的论述，体现了中国古代山水崇拜意识。

一 珠玉意象的现实及审美意蕴

在中国古代社会中，宝珠和美玉由于其数量的稀缺性，首先是财富与权力的象征物；其次，由于其常常作为饰物而出现，又具有自然天成的审美价值。《淮南子》从珠玉意象所具有的现实意蕴及审美价值出发，对如何对待珠玉才符合社会及人性的生存之"道"作了详细论述。

珠和玉是古代的两种珍宝，它们的字体构形皆从王，取其珍贵之义，所以珠玉往往是财富和权力的象征，《淮南子》对珠玉意象的描写就体现了先民以珠玉为财富与权力之象征物的观念。《览冥训》云："譬如隋侯之珠，和氏之璧，得之者富，失之者贫，得失之度，深微窈冥，难以知论，不可以辩说也。"这里明确以珠玉为财富的象征。《时则训》中讲到古代帝王按照时令举行祭祀大礼时都要佩带珠玉，以示崇敬之情："天子衣青衣，乘苍龙，服苍玉，建青旗，食麦与羊，服八风水，爨萁燧火。"这是以珠玉为权贵的象征。《泰族训》中讲到尧传位给舜时，曾"赠以昭华之玉"，以示尊重和信任：

第一章 《淮南子》中的意象

> 尧治天下，政教平，德润洽，在位七十载，乃求所属天下之统，令四岳扬侧陋。四岳举舜而荐之尧。尧乃妻以二女，以观其内；任以百官，以观其外。既入大麓，烈风雷雨而不迷，乃属以九子，赠以昭华之玉，而传天下焉。以为虽有法度，而朱弗能统也。

这里以尧赠舜昭华之玉为传其天下的印信，玉直接成为皇权的象征。事实上，中国古代帝王都是以玉作为其统治权力的象征物，而"玉玺"的拥有者往往同时获得进行统治的合法性。很明显，《淮南子》继承了先民以珠玉为财富与权力之象征的理念，赋予了珠玉意象富有、高贵甚至代表王权的文化内涵。

《淮南子》承认珠玉意象是财富和权贵的象征，但却从珠玉使人物欲膨胀、使社会纷争不断的负面作用出发，论述了不以珠玉为宝为贵的态度才是冥"道"的态度，亦是为人处世的正确态度。首先，《淮南子》认为与"道"相比，珠玉犹如石砾，不足为贵。《原道训》中以得道之圣人为例说明了对待珠玉的正确态度：

> 是故不待势而尊，不待财而富，不待力而强，平虚下流，与化翱翔。若然者，藏金于山，藏珠于渊，不利货财，不贪势名。

这段话说明《淮南子》承认珠玉的富贵意蕴，但却认为人类对珠玉的追求有悖于"道"，因此应该"藏金于山，藏珠于渊"，不要因追逐珠玉等财富与权贵而迷失自我。《庄子·天地》篇称："藏金于山，藏珠于渊。不利货财，不近富贵。"[1] 这段话是

---

[1] 郭庆藩：《庄子集解》，中华书局1978年版，第407页。

《原道训》之所本，实际是主张对珠玉以不藏为藏。珠生于水，藏珠于渊，乃是保持其原始状态。《精神训》更进一步明确了对待珠玉的正确态度：

> 是故视珍宝珠玉，犹石砾也；视至尊穷宠，犹行客也；视毛嫱、西施，犹颠丑也。以死生为一化，以万物为一方，同精于太清之本，而游于忽区之旁。

这段话是说对待珠玉应该像对待石砾一样，不以它们为宝为贵，才能获得与"道"齐同的超越态度，也才能获得极大的精神自由。这是从齐一万物的理想出发，主张对珠玉、石砾同等看待，超越世俗的贵贱美丑之分。

其次，《淮南子》还从人本思想出发，通过对珠玉与生命、珠玉与人性、珠玉与社会之间关系的论证，提出了正确对待珠玉的理念。《淮南子》认为生命贵于珠玉。《说林训》云："咒虎在于后，随侯之珠在于前，弗及掇者，先避患而后就利。"这是说人们在生命安危与珠玉之利中间总会选择前者而放弃后者，《淮南子》以形象的事例表明了对人而言，生命贵于珠玉的理念。如果说在个体生命与珠玉之间人们选择生命而放弃珠玉是一种本能的选择的话，那么对统治者而言，如何在个人财富、权力与民众的生命之间进行选择，就需要有清醒的认识了。《主术训》中对人主追求珠玉宝玩而导致百姓力竭命衰的现象进行了批判："人主好高台深池，雕琢刻镂，黼黻文章，絺紵绮绣，宝玩珠玉；则赋敛无度，而万民力竭矣。"从反面说明了统治者应该以民众的生命为重、以珠玉宝玩为轻的理念。《兵略训》则从战争的目的出发，论述了生命贵于珠玉的理念："古之用兵者，非利土壤之广而贪金玉之略，将以存亡继绝，平天下之乱，而除万民之害也。"这是说战争的目的在于"存亡继绝"，而并非"贪金玉之略"，规劝

第一章 《淮南子》中的意象

统治者应该正确对待珠玉所象征的财富与权力。《淮南子》还从人性的角度出发，认为对珠玉的尊崇与保持人性的纯朴完美相悖。《齐俗训》认为对珠玉的尊崇导致了人性的散乱：

> 率性而行谓之道，得其天性谓之德。性失然后贵仁，道失然后贵义。是故仁义立而道德迁矣，礼乐饰则纯朴散矣，是非形则百姓眩矣，珠玉尊则天下争矣。凡此四者，衰世之造也，末世之用也。

这段话通过对人之天性与仁义礼乐之间的关系的分析，认为正是由于对珠玉所象征的财富与权力的尊崇，导致人之纯朴天性迷失在欲望的海洋之中，从而使天下纷争不断。《淮南子》强调对珠玉的尊崇是没落社会的一种象征，因此，应该崇天性而轻珠玉。还是在《齐俗训》中，作者明确表述了这一理念：

> 天下有至贵而非势位也，有至富而非金玉也，有至寿而非千岁也。原心反性，则贵矣；适情知足，则富矣；明死生之分，则寿矣。

《淮南子》在这里认为势位、金玉、千岁并不是天下最尊贵、最富有、最长寿的象征，富、贵、寿的极致是人回归到纯朴挚真的天性状态。很明显，《淮南子》认为人的本然性情高于珠玉，所以应该崇性情而轻珠玉。《淮南子》还认为人的精神比珠玉宝贵，《精神训》云：

> 夫有夏后氏之璜者，匣匮而藏之，宝之至也。精神之可宝也，非直夏后氏之璜也。

这里所说的"夏后氏之璜"是传说中极为宝贵的珍玉，所以世人视其为宝中之极品，总是小心珍藏。但《淮南子》这里却认为精神之可宝贵处远远超过了世界上最宝贵的"夏后氏之璜"。总之，《淮南子》以道家思想为指导思想来看待珠玉价值，认为对于人而言，无论是生命、性情还是精神都要高贵于珠玉所象征的财富与权势，阐明了正确对待珠玉的态度应该是重生命、重性情、重精神而轻珠玉和富贵权势，体现出浓厚的人文理念。

由于珠玉意象在人们的认识中象征着财富与权势，从而也是人们最容易运用和接受的一种喻体，《淮南子》就多次以珠玉意象为喻来说明一定的道理。《诠言训》以珠玉为喻，阐明了以财贿人、以辞悦人不如自足自强的道理：

> 凡事人者，非以宝币，必以卑辞。事以玉帛，则货殚而欲不厌；卑礼婉辞，则论说而交不结；约束誓盟，则约定而反无日。虽割国之锱锤以事人，而无自恃之道，不足以为全。若诚外释交之策，而慎修其境内之事；尽其地力，以多其积；厉其民死，以牢其城；上下一心，君臣同志，与之守社稷，效死而民弗离，则为名者不伐无罪，而为利者不攻难胜，此必全之道也。

这段话是说国家之间交往，不能以珠宝玉币等财物来贿赂对方，也不应该以卑下的言辞去取悦对方，因为珠玉之财总是有限的，而人对财富的贪欲却是永远无法满足的，以言辞结盟立誓，也往往很快就会背叛誓约。只有自强不息，国力强大，民力厚实，君臣一心，才是"必全之道"。《说山训》以珠玉为喻，说明了弄清事情发生的缘由、让事情得到恰当的结局，远比获得珍珠宝玉重要的道理：

得万人之兵，不如闻一言之当；得隋侯之珠，不若得事之所由；得呙氏之璧，不若得事之所适。

这是说做人处事不应以珠玉等财富为贵，而应该以明白事理为重。《淮南子》对事理的看重，反映了其对人文精神价值的重视。《淮南子》还以珠玉之喻阐明了看待事物要有辩证观念，《说林训》云："明月之珠，蜬之病而我之利；虎爪象牙，禽兽之利而我之害。"这是说角度不同、立场不同，事物会呈现出不同的意义和价值，就像璀璨的珍珠，从蛤和人的不同角度看，就会有病和宝两种完全不同结果一样。《淮南子》还以珠玉为喻，阐明了处理事情要注意恰当的时机和方式，《说山训》云："呙氏之璧，夏后氏之璜，揖让而进之，以合欢；夜以投人，则为怨；时与不时。"这是说方式不合宜、时机不恰当，事情会出现完全不同的结果，就像同是珍贵的宝玉，白天以礼相赠就会增进友谊和情感，而夜晚投掷砸人的话，便会结怨生恨一样。《淮南子》还以珠玉为喻说明事物之间相互联系、彼此依赖的关系，如《说山训》云："玉待砺诸而成器，有千金之璧，而无锱锤之砺诸。"这是说玉要靠砺石才能成为具有实用价值和审美价值的器物，但天下有价值千金的璧玉，却没有值钱的磨玉之石。《淮南子》这里以珠玉意象为喻表达的核心理念是贵有待贱而成的道理。总之，《淮南子》中常常利用珠玉意象来进行说理，以珠玉意象喻说社会政治、国家外交、人情世故和具体事件的处理方式与时机问题，使珠玉意象具有丰富的人文内涵。

另外，《淮南子》对珠玉意象的描写还反映出其独特的审美理念。在中国古代珠玉不仅是财富的象征，其作为贵重的饰品，亦是美的象征，人们对待珠玉的态度也反映了一定的审美理念。《淮南子》从生活态度出发，对珠玉有诸多批判意绪，但其从审美态度出发，其理论阐述既具有客观性，又具有哲理性，既注重珠玉的天然美质又注重后天的人工修饰。《泛论训》云：

> 夫夏后氏之璜不能无考，明月之珠不能无颣。然而天下宝之者，何也？其小恶不足妨大美也。

这是说天下最为宝贵的珠玉虽有瑕疵，但人们仍然以之为宝，道理就是"小恶不足妨大美也"。此论反映出《淮南子》富有包容性的审美理念，对事物不吹毛求疵，而认为事物天性中小小的缺陷不会伤害其审美价值。《说林训》亦以珠玉意象为喻体，说明了"小恶不妨大美"的道理正在于要求大全：

> 治鼠穴而坏里闾，溃小疱而发痤疽，若珠之有颣，玉之有瑕，置之而全，去之而亏。

《淮南子》认为如果为了去除小小的缺陷而对其所依附的更大或整体的事物造成伤害的话，就不值得了，如果包容小的瑕疵而能够保全整体之美的话，何乐而不为？这种理念反映了《淮南子》以包容性特征反观事物之美，认为对事物的审美态度应该具有一定的包容性。这种审美理念具有一定的辩证性，既看到了事物有恶与美的区别，又注意到美丑之间相衬相存的关系，也为后世正确对待事物的美丑提供了正确的价值观。《淮南子》对珠玉的天然美质与人工修饰之间的关系的论述反映了其既重质亦重文的审美理念。《说林训》云："白玉不琢，美珠不文，质有余也。"《韩非子·解老》称："和氏之璧，不饰以五采；隋侯之珠，不饰以银黄。其质至美，物不足以饰之。"[①] 这段话是《说林训》所论之本。这是对珠玉具有天然美质的赞美与肯定，认为珠玉美

---

① 陈其猷：《韩非子集解》，上海人民出版社1974年版，第334—335页。

质天成，出于自然，无须人为的增饰，表达的是道家以自然为美的理念。但《修务训》又云："玉坚无敌，镂以为兽，首尾成形，礛诸之功。"这是说玉之美要靠玉器师以锐利之石反复打磨才能成为华美的器物。《淮南子》这里肯定的是人工修饰对于玉器之审美价值的重要性，认为天然之美玉需要人工修饰才能成就其实用价值、丰富其审美价值。也就是说，《淮南子》不仅赞美珠玉的天然美质，亦欣赏人工修饰所赋予珠玉的人文内涵。总之，《淮南子》对珠玉意象之审美意蕴的展现独具特色，既有中国古代文化特有的辩证色彩，亦体现了《淮南子》对儒道两家审美理念的融合。

二 珠玉意象与山水意象的关系

珠玉意象与山水意象之间有很深的渊源关系，中国古代以山水尤其是以水为万物之源，认为珠玉之类天下稀有珍贵之物均源出于水。《淮南子》对珠玉意象的描写亦体现出先民的水崇拜意识，不仅以山水为珠玉之源，而且认为珠玉之性与山水之情亦有密切的关系。

首先，《淮南子》以山水为珠玉之源。《泛论训》认为山水生产珠玉是一种人所惯见的自然现象："水生蚨蜕，山生金玉，人弗怪也。"这是对于自然现象进行观察后得出的结论，具有很强的说服力，为山水乃珠玉之源提供了现实依据。《地形训》描述昆仑山神境时以珠玉为其物产：

上有木禾，其修五寻，珠树、玉树、琁树、不死树在其西，沙棠、琅玕在其东，绛树在其南，碧树、瑶树在其北。旁有四百四十门，门间四里，里间九纯，纯丈五尺。

琁、琅玕、碧、瑶都是玉的不同品种，珠树指产珠之树，这里所罗列的仙山神境的特产不是珠就是玉，明显有以山为珠玉之源的

理念。同时,以水为珠玉之源的理念亦有《地形训》的论述为证:

　　水圆折者有珠,方折者有玉。清水有黄金,龙渊有玉英。

可见,《淮南子》中以山水为珠玉之源的理念是很明确的。

其次,《淮南子》以珠玉为山水之精华。珠玉不仅产自于山水,而且是山水之精华所在,是山水生命精神的象征。《地形训》中明确以珠玉为山水之精华:

　　东方之美者,有医毋间之珣玗琪焉;东南方之美者,有会稽之竹箭焉;南方之美者,有梁山之犀象焉;西南方之美者,有华山之金石焉。西方之美者,有霍山之珠玉焉;西北方之美者,有昆仑之球琳、琅玕焉。北方之美者,有幽都之筋角焉;东北方之美者,有斥山之文皮焉;中央之美者,有岱岳以生五谷桑麻,鱼盐出焉。

这里列举了天下各处物产的精华所在,所说的珣玗琪是美玉之名,产自东方医毋间山;西南方亦有含玉之石,产自华山;西方的霍山亦产珠玉;西北方的昆仑山亦出产各种宝珠美玉。《淮南子》反复以各种珠玉为天下物产之美者,不仅表明了以山水为珠玉之源的理念,而且表达了以珠玉为山水之美的思想。《说山训》更以珠玉为山水之生命精神的象征:

　　故和氏之璧,随侯之珠,出于山渊之精,君子服之,顺祥以安宁,侯王宝之,为天下正。

这里所说的和氏之璧和随侯之珠都是古代极为名贵的珠玉,作者认为它们是山水的精华所在，因此具有安神养性、正邦宁国的作用。山水意象在中国古代具有生命之源的象征内涵，珠玉作为山水之精华必然是其生命精神的集中体现，正是由于珠玉是山水所孕育的精华，所以人佩戴着它就会精神安宁和乐，国家珍藏它就会使天下宁正。这种万物生命共通、生命力可以相互转换的理念在《地形训》中也有表述：

> 根拔生程若，程若生玄玉，玄玉生醴泉，醴泉生皇辜，皇辜生庶草，凡根茇草者生于庶草。

这段话是讲草类植物的起源，作者认为草类在发展演化的过程中经过由玉而生水，由水而生草的多次生命传递才发展成草类植物。生命体在不同物种之间进行转换的理念是中国古代普遍存在的一种生命观，人们通过佩带、珍藏珠玉就可以获得珠玉所蕴涵的生命精神，这反映了《淮南子》对这种理念的继承与运用。

再次，《淮南子》认为水性与玉德之间存在着因果关系。《淮南子》中多次对玉之德性进行赞叹，如《俶真训》云：

> 是故目观玉辂琬象之状，耳听白雪、清角之声，不能以乱其神；登千仞之谷，临猿眩之岸，不足以滑其和。譬若钟山之玉，炊以炉炭，三日三夜而色泽不变。则至德天地之精也。

这是说玉之晶莹剔透的外形象征道的德性，对其进行审美观照，能够使人的精神超越于具体的生活情境。就像钟山之玉，以炉火烧烤三天三夜而色泽不变，这是因为玉是天地的精华所在，道之德性的体现。又如《诠言训》云：

> 夫函牛之鼎沸，而蝇蚋弗敢入；昆山之玉瑱，而尘垢弗能污也。

这是赞美玉具有高洁的品性，认为玉具有天然的拒污排秽的自洁功能。珠玉既然是山水所孕育的精华，其所呈现出的德性必然与山水之性有因果关系。《淮南子》继承了老子对水的哲理化观照，认为水无论外在形态与内在德性上都与道具有高度的一致性，这一点在《原道训》中有大段的以水喻道的描写。玉的高洁之性与《淮南子》对水的自洁功能的描写亦有相似之处，如《说林训》云："海不受流胔，太山不上小人。"无论是对道之德性的体现还是象征高洁的品性，这两种品质与水之象征内涵具有一致性，可以说水之性决定了玉之德。关于水性与玉德之间的关系，在《淮南子》之前就已经联系起来了。《管子·水地》篇就把水性与玉德联系起来进行描写：

> 是以水者，万物之准也，诸生之淡也，跬非得失之质也。是以无不满、无不居也。集于天地而藏于万物，产于金石，集于诸生，故曰水神。集于草木，根得其度，花得其数，实得共量。鸟兽得之，形体肥大，羽毛丰茂，文理明著。万物莫不尽其几，反其常者，水之内度适也。夫玉之所贵者，九德出焉。夫玉温润以泽，仁也。邻以理者，知也。坚而不蹙，义也。廉而不刿，行也。鲜而不垢，洁也。折而不挠，勇也。瑕适皆见，精也。茂华光泽并通而不相陵，容也。叩之，其音清搏彻远，纯而不杀，辞也。是以人主贵之，藏以为宝，剖以为符瑞，九德出焉。[①]

---

① 戴望：《管子校正》，中华书局1996年版，第236页。

《管子·水地》篇是上古水崇拜的理论总结，作者在对水的功能进行总体论述之后，紧接着论述了玉之九德，明显认为水之性与玉之德之间存在着因果关系。作者认为玉的美好德性都出自于水，并且作者在很大程度上是按照水的特征来描写玉。

三　珠玉意象的象征内涵

中国古人认为，珠玉不仅外形玲珑剔透，而且内在品质高洁坚贞，它们不仅具有使周围环境呈现和谐奇妙景观的功能，而且还象征着社会的安定和谐及人格的高贵秀雅。珠玉意象营造自然环境的功能后来被运用到文学作品和文学理论中，使珠玉意象与意境的营造和境界理论的形成有密切的关系。

首先，《淮南子》继承了先贤认为珠玉可以营造自然环境的理念，认为珠玉具有使周围环境呈现出润泽氤氲氛围的功能。《说山训》云："故玉在山而草木润，渊生珠而岸不枯。"这句话在《荀子·劝学》篇亦有载："声无小而不闻，行无隐而不彰，玉在山而草木润，渊生珠而岸不枯。"《荀子》是以珠玉意象为喻，旨在说明一个人细微的举动会产生显著的社会效应。《淮南子》这里直接以珠玉所呈现出的意境来说明万物之间以气相感相应的关系，使珠玉营造自然环境的功能有所突显。

珠玉能够营造出一种和谐润泽的自然环境，这与它们是山水孕育的精华有密切关系：珠玉是隐藏于山水之间的生命精华，而珠玉的存在与显现使山水顿然生辉，呈现出无限生机。珠玉意象与山水意象之间存在的这种显隐关系，使得珠玉意象在后世常常被文论家用来说明意境的生成过程及其美学意蕴。如刘勰在《文心雕龙·隐秀》篇中写道：

> 隐也者，文外之旨也；秀也者，篇中之独拔者也。隐以复意为工，秀以卓绝为巧，斯用旧章之懿绩，才情之嘉会

也。夫隐之为体，义生文外，秘响旁通，伏采潜发，譬爻象之变互体，川渎之韫珠玉也。故互体变爻，而化成四象；珠玉潜水，而浪表方圆。

这段话中，刘勰以珠玉意象与山水意象之间的关系来说明文学作品的"文外之旨"与"篇中独拔者"之间的关系，说明它们之间是相伴相生、互为阐发的关系。刘勰把珠玉意象引进文学理论的表达之中，使珠玉意象成为意境理论的常见喻体。唐代司空图在《与极浦书》中亦载：

诗家之景，如蓝田日暖，良玉生烟，可望而不可置于眉睫之前也。象外之象，景外之景，岂容易可谈哉！

司空图这里直接以"良玉生烟"的意象来说明诗歌作品的意境，这是一种只可意会不可言传的"象外之象，景外之景"。可见，珠玉意象与意境理论的表达密切相关，对中国古代文论具有重要的意义。

其次，《淮南子》认为珠玉意象是社会的安定和谐的一种象征。《俶真训》云：

古者至德之世，贾便其肆，农乐其业，大夫安其职，而处士修其道。当此之时，风雨不毁折，草木不夭，九鼎重味，珠玉润泽，洛出丹书，河出绿图。

这段话是对至德之世各种景象的描写，在《淮南子》看来，所谓至德之世，除了国泰民安，还要风调雨顺、生机盎然、生活美满、"珠玉润泽"，等等。这里"珠玉润泽"是至德之世的一个重要象征，《淮南子》赋予了珠玉意象一种人文理念，即象征着和谐稳定的社会状态。

再次,《淮南子》认为玉象征一种高洁清雅的人格境界。《说山训》云:

> 夫玉润泽而有光,其声舒扬,涣乎其有似也。无内无外,不匮瑕秽,近之而濡,望之而隧。夫照镜见眸子,微察秋毫,明照晦冥。

这段话是说玉润泽而晶莹剔透,其音质舒缓而清泠,其俊朗高洁的品质与君子的风度相似。玉内外相融、表里如一,不会容纳一点瑕疵污秽,人们接近它就会感到温润,观望它又会感到十分幽深。玉可以当镜子照见眼眸,秋毫之末都可以明察,其清亮的光辉可以照耀昏暗。《淮南子》在这里以玉之品性比拟君子之德,明显认为玉意象可以象征一种高洁清雅的人格境界。《礼记·聘义》在叙述"君子比德于玉"时写道:"叩之,其声清越以长,其终诎然,乐也。瑕不掩瑜,瑜不掩瑕,忠也。孚尹旁达,信也。"郑玄注:"玉之性,善恶不相掩,似忠也。孚,读为浮。尹,读如竹箭之筠。浮筠,谓玉采色也。采色旁达,不有隐翳,似信也。"[1]《礼记·聘义》对于玉的取象,与《说山训》多有相通之处,都是把玉和人的美德相沟通。《说林训》的论述也暗含着以玉指称高洁清白的人格境界的意思:

> 见之明白,处之如玉石;见之暗晦,必留其谋。

这是说对待看上去就明白清楚的人和事,态度应该就像对待玉石一样清明淡雅,对待看上去晦暗暧昧的人和事,就应该留意其暗

---

[1] 朱彬:《礼记训纂》,中华书局1996年版,第910页。

藏的阴谋。也就是说，《淮南子》不仅以玉象征一种高洁的人格境界，而且还有以玉意象来反观人的道德品质的意识。

第四，《淮南子》认为珠玉象征着一种至高的审美境界。《泰族训》云：

> 天地所包，阴阳所呕，雨露所濡，化生万物，瑶碧玉珠，翡翠玳瑁，文彩明朗，润泽若濡，摩而不玩，久而不渝，奚仲不能旅，鲁般不能造，此谓之大巧。

这段论述以珠玉为神明之"大巧"的象征，认为"瑶碧玉珠，翡翠玳瑁"是天地之间的至美之物，其文采明朗、晶莹润泽的外形和坚贞不渝、高洁难污的内质是世间最智慧、最灵巧的工艺师也难以创造出来的。显然，《淮南子》以珠玉意象为最高的审美境界。《说山训》中的论述表明《淮南子》认为这种至高的审美境界可以超越人的主观判断，表现为一种纯粹的美：

> 琬琰之玉，在洿泥之中，虽廉者弗释；弊箅甑甗，在袥茵之上，虽贪者不搏。美之所在，虽污辱，世不能贱；恶之所在，虽高隆，世不能贵。

这段话是说美与丑是一种可以超越主观判断的客观存在，比如玉之美就算是处于污泥之中，廉洁的人也会为它的美所吸引，而破烂的铺在陶器底部的竹席，就算放在精致的毡褥之上，贪婪的人也不会动心。可见，《淮南子》以玉象征一种超越主观判断的客观存在的纯粹之美。

总之，《淮南子》对珠玉意象的象征内涵的揭示是多角度、多层次的，不仅以珠玉象征一种润泽氤氲的自然意境，使其成为中国古代文论的重要理论——意境论常用的表述方式；而且以珠玉象征和谐的社会景象和高洁的人格境界，使珠玉意象的人文内涵更丰富；还以珠玉象征至高的审美境界，充分肯定了珠玉意象的审美内涵。《淮南子》对珠玉意象内涵的充分揭示，对珠玉能成为后世所常见的文学意象具有重要意义。

第四节 《淮南子》对御艺的文学展现

驾御车马在中国具有悠久的历史。《竹书纪年》记载，夏后相十五年，"商侯相土作乘马，遂迁于商丘"。相土是殷商男性始祖契之孙，他和夏朝第四位君主帝相处于同一历史时期，相传他最先发明用四匹马驾车。《世本》卷一所说的"相土作乘马"，就是本于《竹书纪年》而来。驾御车马是一种技艺，称为御艺，它作为一种重要的文学意象，早在《诗经》中就已经反复出现。儒家创立者孔子，则把御作为六艺之一，是学生的必修课之一。御艺作为文学意象在先秦文学中频繁出现，无论儒家、道家还是法家，往往以御艺作比喻，用以阐述各自的理念。《淮南子》作为兼容诸家的作品，其中的御艺意象也很多，并且形成几个不同的系列。《淮南子》中的御艺意象内涵丰富，呈现出多样化的样态，在叙述议论过程中形成不同的风格。

一 实践理性统辖下的御艺意象

"马"是"御"的重要因素之一，是"御"艺的首要对象，也是其原初的具象。《淮南子》中有许多关于御马的论述，《修务训》有如下叙述和议论：

> 夫马之为草驹之时，跳跃扬蹄，翘尾而走，人不能制，龁咋足以噬肌碎骨，蹶蹄足以破颅陷胸；及至圉人扰之，良御教之，掩以衡扼，连以辔衔，则虽历险超堑弗敢辞。故其

形之为马，马不可化；其可驾御，教之所为也。马，聋虫也，而可以通气志，犹待教而成，又况人。

这段文字的前半部分渊源有自，分别借鉴了《庄子》一书《马蹄》和《人间世》对于马所作的描写。《马蹄》称野马"翘足而陆"，《人间世》篇称，如果对马照顾不周到，马会"缺衔毁首碎胸"，造成对人的伤害。就此而论，《修务训》是按照《庄子》的相关篇目对于马的野性和危害性加以描写，并且进一步加以渲染，文学性更强。《马蹄》篇的"翘足而陆"到《修务训》的"跳跃扬蹄，翘尾而走"，表达更加充分、生动。《人间世》篇的"缺衔毁首碎胸"到《修务训》中演化成"嚼肌碎骨，蹶蹄足以破颅陷匈"。《人间世》篇只展示马对人造成的伤害，而没有叙述如何伤害。《修务训》则进一步表现马对人造成伤害的具体细节，是用嘴咬使人肌骨受伤，用蹶蹄使人毁首碎胸，伤害的范围扩大，伤害的方式交代得很细致。《修务训》对于马描写所作的细化处理，使得相关文字具有较高的文学性，在艺术上得到强化。

《淮南子》是一部专题论文集，每篇各有自己的主题和侧重。关于《修务训》的主题，《要略》篇有如下说明：

《修务》者，所以为人之道未淹，味论未深，见其文辞，反之以清静为常，恬淡为本，则懈堕分学，纵欲适情，欲以偷自佚，而塞于大道也。……故为之浮称流说其所以能听，所以使学者自几也。

这段话把《修务训》的宗旨交代得很清楚，它是要引导人做实事，即所谓的"自几"，几，指事情，这是作动词，谓做事。该篇秉持的是实践理性，强调人要有所作为，而不能苟且怠惰，或

第一章 《淮南子》中的意象

者纵欲适情。其中出现的御意象，服从于修务的宗旨，文中写道：

> 《诗》云："我马唯骐，六辔如丝。载驰载驱，周爰咨谋。"以言人之有所务也。

所引的诗出自《诗经·小雅·皇皇者华》，这首诗的主人公是风尘仆仆服务于王事的官员，《修务训》引用这几句诗来阐述作品的宗旨，倒是很贴切恰当的，诗中御艺意象确实是以修务为基本内涵。

《修务训》把御艺纳入实践理性的统辖之下，对于"清静为常，恬淡为本"的道家理念持否定态度，从而使得作品中的御艺意象与道家理念发生冲突，呈现出与道家御艺意象相反的走势。《庄子》中有两段与马相关的论述：

> 马，蹄可以践霜雪，毛可以御风寒，龁草饮水，翘足而陆，此马之真性也。虽有义台路寝，无所用之。及至伯乐，曰："我善治马。"烧之，剔之，刻之，雒之，连之以羁馽，编之以皁栈，马之死者十二三矣；饥之，渴之，驰之，骤之，整之，齐之，前有橛饰之患，而后有鞭筴之威，而马之死者已过半矣。①

> 夫马，陆居则食草饮水，喜则交颈相靡，怒则分背相踶。马知已此矣。夫加之以衡扼，齐之以月题，而马知介倪闉扼鸷曼诡衔窃辔。故马之知而态至盗者，伯乐之罪也。②

---

① 郭庆藩：《庄子集释》，中华书局1961年版，第330页。
② 同上书，第339页。

这两段文字把道家对于御艺的看法表达得很清楚,是持否定批判的态度。文中对于马的天性、野性作了生动的描绘,认为遂其天性而生活的野马合乎规律性,也合乎目的性,这种生存状态本身体现的就是合规律性与合目的性的统一,是审美观照的对象,并且是美的理想形态。马不是为驾车而生,因此,《马蹄》篇在对马的驾车作了一系列渲染性的描写之后,对于这种生存状态加以否定,认为它给马造成伤害,是对马的异化,使它变得奸诈狡猾,失去了美好的天性,已经没有美可言。

前面所引《修务训》有关御艺的叙述和议论,和《马蹄》篇的观点正好相反。在《修务训》作者看来,野马、没有调驯的马虽然合乎其自身的规律,却不符合人的现实目的。野马的生存状态有其必然性,却不具合理性。因此,尽管文中对于马的野性作了充分的描写,有较高的审美价值,但作者却对它持否定态度,认为它是伤害人的力量。对于野马所作的描写,体现的是艺术追求与价值二律背反。在艺术上尽量把它刻画得生动形象,但最终的价值判断却是否定它、推倒它,和《马蹄》篇对于御艺的描写属于异曲同工。

《修务训》的御艺意象受实践理性统辖,强调的是现实功用,因此,它所注重的是马所能达到的目的,而不是马的种类。文中写道:"乘马者期于千里,而不期于骅骝、绿耳。"骅骝、绿耳都是传说中的名马,而在《修务训》的作者看来,马只要能驾重致远,对于人有用就可以了,而不必一定要选择骏马、名马。所以《修务训》中没有对名马、骏马进行渲染,它并不在意对于驾车马匹具体形态的描写,有的只是一般性的叙述。

《修务训》追求合规律性与合目的性的统一,这种统一是以人为本位,而不是以马为本位。对于驾车马匹的期待是"虽历险超堙弗敢辞",这是它所设定的目的。为实现这个目的所要遵循的规律则是"圉人扰之,良人教之,掩以衡扼,连以辔衔",

第一章 《淮南子》中的意象

即对马进行训练和驾御。对于驾御过程中所运用的工具,《修务训》予以充分的重视,文中写道:

> 今有良马不待策锤而行,驽马虽两锤之不能进,为此不用策锤而御则愚矣。

这里的良马、驽马分别用来象征人世间的至圣和至愚两类人,至圣指尧、舜、周文王一类人,是天生的圣人,至愚指丹朱、商均等传说中不可救药的顽嚣之徒。前一类人不待学问,无须教化而圣,后一类人"不可教以道,不可喻以德,严父不能正,贤师不能化"。按照这样的逻辑推论,其中所说的策锤,以及前面引文提到的辔衔,同样是象征性的事物,它指的是训导、教化。这种推断从《淮南子·泛论训》的一段话中可以得到确证:

> 古者人醇工庞,商朴女重,是以政教易化,风俗易移也。今世德益衰,民俗益薄,欲以朴重之法,治既弊之民,是犹无镳衔橜策锤而御驵马也。

这里的驵马用以比喻刁民,而镳衔策锤则是暗指教化,意谓对于既弊之民不能用严刑峻法,而要以教化相诱导。镳衔,用铁制成,合于马口中,用以制御它。策锤,指带刺的马棰,锤指马棰顶端的针,驾车的马不肯前行时用锤刺它。由此看来,镳衔策锤对于驾车的马来说都是暴力工具,它们的施用给马带来的是伤害和痛感,而人对马的驾御却又离不开这些工具。相对于政治和法律而言,礼乐教化对于人带有温情脉脉的性质。按照正常的类比联想,很难把镳衔策锤和礼乐教化联系在一起,划为同类,因为前者是刚性的,引起的是痛感;后者是柔性的,产生的是愉悦感。这样看来,《修务训》在以御艺比喻对于人的教化时,运用的是不类联想，喻体和被比喻的对象性质相反，显得很不协调。也许作者感到二者无法兼容的性质，因此，没有把这个比喻进一步展开，没有出现御艺高超的境界画面。

二 工具理性统辖下的御艺意象

《淮南子》中关于御艺的描述中还有一部分是以御艺比喻治国理政的，这一部分论述《淮南子》吸收了法家的工具理性，把御艺意象的指称聚焦在政治、法律层面，国家、权势都成为了驾御的对象。这些论述比较集中地体现在《主术训》篇中，另外在其他篇章如《缪称训》、《兵略训》、《说林训》中也有所涉及，《主术训》写道：

> 圣主之治也，其犹造父之御：齐辑之于辔衔之际，而急缓之于唇吻之和，正度于胸臆之中，而执节于掌握之间，内得于心中，外合于马志，是故能进退履绳，而旋曲中规，取道致远，而气力有余，诚得其术也。是故权势者，人主之车舆也；大臣者，人主之驷马也。体离车舆之安，而手失驷马之心，而能不危者，古今未有也。是故舆马不调，王良不足以取道；君臣不和，唐、虞不能以为治。

这段论述以御艺比喻理政治国，运用的是连类相次的比喻。"圣主之治也，其犹造父之御。"这是总体比喻，把圣主治理国家比成造父驾御车马。造父是传说中的著名御手，把圣主比作造父，是以人喻人，属于同类相喻。接下来的几个比喻是分类相次，是总体比喻的展开形态。从"齐辑之于辔衔之际"到"诚得其术也"，是以御艺比喻治国理政之术，御艺是驾御车马过程中的具体操作规则，治国理政也是实际操作，艺、术都属于具体操作层面，把二者相贯通有其合理性，其中体现的是法家的重术理念，

第一章 《淮南子》中的意象

即强调具体操作的重要性。再往下,"是故权势者,人主之车舆也;大臣者,人主之驷马也"。这里连续运用两个比喻,体现的是法家重势的理念。用有形的车舆来比喻无形的权势,用驾车的马来比喻为君主服务的大臣,都用得恰当贴切,把治国理政这个抽象复杂问题具体化、形象化,可谓曲得其妙。在运用比喻表达重势理念时,呈现出强烈的工具理性色彩,权势如同车舆,是君主的工具。大臣如同驾车的马,也是君主的工具,君主则是这两项工具的支配者,使用者,是以术对工具进行使用的具体操作者。

《主术训》上述连类相次的比喻,可以从《韩非子·外储说右下》找到它的原型:"故国者,君之车也;势者,君之马也。"相同比喻还见于《韩非子·难势》。和《韩非子》中的这两个比喻相较,《淮南子·主术训》的比喻更加恰当。对于君主而言,国和势往往是合二而一,很难截然分开的。《主术训》把权势比作君主的车舆,把大臣比作君主的马,在逻辑上更加清晰,避免了意义上的交叉重叠。至于所秉持的强调势、术的理念,对工具理性的推崇,二者却是一脉相承。

《淮南子·主术训》还有如下段落:

> 与马竞走,筋绝而弗能及,上车执辔,则马死于衡下。故伯乐相之,王良御之,明主乘之,无御相之劳而致千里者,乘于人资以为羽翼也。是故君人者,无为而有守也,有为而无好也。

这段文字也是论述君主如何理政治国的,采用的是喻中有喻的笔法。从"与马竞走"到"则马服于衡下",是以驾御车马比喻君主驾御臣下。作者反对君主与臣下争能,而主张以权势驾御他们。君主要成为驾车的御手,而不要当与马竞走的蠢人。单从这段文字来看，明君作为车辆驾御者的角色出现，和前面引录的"圣主之治也，其犹造父之御"，在立意和取象上是一致的，君主都是御手形象。可是接下来所作的比喻，君主所充当的不是御手角色，而是车主形象，有御手为他服务。其中善于相马的伯乐、擅长驾御的王良，都是君主所驾御对象，君主不是直接驾御车，而是支配驾御车辆的能人，这样一来，伯乐、王良就相当于前面出现的君主所驾御的马，逻辑的推演又返回到"大臣者，人主之驷马"这个命题，可谓殊途同归。

综上所述，《主术训》以御艺比喻君主理政治国，出现两种形态的比喻：一种是珠串型，多个比喻连类相次，每个比喻相对独立，各个比喻又相互关联。一种是洋葱型，采用的是喻中套喻的手法，要经过层层剥脱才能把喻义揭示出来，前后所用的比喻体脉相连，不能分割。

《主术训》主要继承的是先秦法家的理念，法家的理念有三个基本要素，即法、术、势。前面引述的御艺意象已经涉及术和势，把御艺和法相贯通，《主术训》也有相关论述：

> 故法律度量者，人主之所以执下。释之而不用，是犹无辔衔而驰也，群臣百姓反弄其上。

这是把法律制度比作马的辔衔，类似比喻最初见于《韩非子·难势》，其中也有"以号令为辔，以刑罚为鞭策"之语。法律制度是刚性的，马的辔衔也是刚性的；法律制度对于人带有强制性，鞭策辔衔对于马也带有强制性。就此而论，以辔衔比喻法律制度，较之《修务训》把辔衔比作教化，显得更加生动形象，运用的是类比思维，合乎逻辑。

《主术训》以御艺比喻治国理政，其关注对象主要在两个方面：一是御手，二是驾车马匹之间的协调一致：

> 今夫御者，马体调于车，御心和于马，则历险致远，进退周游，莫不如志。虽有骐骥騄駬之良，臧获御之，则马反自恣，而人弗能制矣。

这是把御手说成决定御艺成败的关键，把善御者与根本不会驾御的藏获相对比。王良、造父作为古代的著名御手，都在作品中提及。文中还写道："是故舆马不调，王良不足以取道；君臣不和，唐虞不能为治。"这里又把舆马的协调配合看作至关重要。类似对于御手和舆马的关注，还见于《缪称训》、《说林训》、《兵略训》。对于这两方面的论述都是一带而过，没有充分展开，多是格言警句形态，而不是像《韩非子》那样用许多寓言故事加以表现。

三 自由天性统辖下的御艺意象

在《淮南子》中还有一部分御艺意象，显示出《淮南子》独有的一些艺术特色，那就是御艺是自由的象征，受自由理性统辖，是一种与"道"相通的艺术境界。这些御艺意象秉持道家崇尚自由天性的理念，对《庄子》、《文子》等道家文献中的"道"之境的系列想象加以融合，从而使御从一般性的喻体变成一个成熟的、完整的艺术意象，从而进一步提升了御艺意象的文学价值。这部分材料主要出现在《淮南子·原道训》和《淮南子·览冥训》两篇中，先看《原道训》的如下文字：

> 昔者冯夷、大丙之御也，乘云车，入云蜺，游微雾，骛怳忽，历远弥高以极往。经霜雪而无迹，照日光而无景。扶摇抮抱羊角而上，经纪山川，蹈腾昆仑，排阊阖，沦天门。末世之御，虽有轻车良马，劲策利锻，不能与之争先。是故

> 大丈夫恬然无思,澹然无虑,以天为盖,以地为舆,四时为马,阴阳为御,乘云陵霄,与造化者俱。纵志舒节,以驰大区。可以步而步,可以骤而骤。令雨师洒道,使风伯扫尘;电以为鞭策,雷以为车轮。上游于霄霓之野,下出于无垠之门,刘览偏照,复守以全。经营四隅,还反于枢。故以天为盖,则无不覆也;以地为舆,则无不载也;四时为马,则无不使也;阴阳为御,则无不备也。是故疾而不摇,远而不劳,四支不动,聪明不损,而知八纮九野之形埒者,何也?执道要之柄,而游于无穷之地。

《原道训》是《淮南子》的首篇,《文子》首篇是《道原》,两篇题目用字相同,只是排列顺序相反。《淮南子》与《文子》的渊源关系,已为学界所公认。《原道训》和《文子·道原》篇的关联,更是极其明显。《文子·道原》也有讲述御艺的段落:

> 大丈夫恬然无思,惔然无虑,以天为盖,以地为车,以四时为马,以阴阳为御,行乎无路,游乎无怠,出乎无门。以天为盖则无所不覆也,以地为车则无所不载也,四时为马则无所不使也,阴阳御之则无所不备也。是故疾而不摇,远而不劳,四支不动,聪明不损,而照见天下者,执道之要,观无穷之地也。①

把这段文字与《淮南子·原道训》的上面段落相比较,二者之间的传承关系显而易见,《原道训》对于《文子·道原》篇的御艺意象多有借鉴。判断一个作家、一部作品的价值,主要不是看它从前人那里继承了什么,而是要关注它对前人有哪些超越,提

---

① 李定生、徐慧君:《文子校释》,上海古籍出版社2004年版,第9页。

供了哪些前人作品中所没有的因素。按照这个尺度去审视《原道训》上面段落的御艺意象，它在以下几方面对《文子·道原》篇有明显突破：

第一，其中出现的神灵御手，是《文子》中见不到的。《文子》主要是阐发《老子》的学说，在写作风格上也继承《老子》传统，虽然不乏新奇的想象，但是见不到神话。《原道训》作为御手角色出现的冯夷、大丙，其原形是水神。冯夷，又称冰夷，见于《山海经·海内北经》和《庄子·大宗师》。大丙，又称太白，亦是传说中的黄河之神。而在《原道训》中，他们却成了具有神灵身份的御手，是驾车遨游的自由神。《山海经·海内北经》的冰夷居于深三百仞的从极之渊，"乘两龙"。到了《原道训》，他不再潜居水中，而是驾车上天入地，不再是"乘两龙"，而是"驾云车"，黄河之神的属性已经见不到。《原道训》把冯夷描写成神御，可是，《齐俗训》中又有"昔者冯夷得道，以潜大川"之语，与《原道训》的描写相抵牾，这是《淮南子》出自众人之手所造成的自相矛盾之一。

第二，"大丈夫恬然无思"以下一段，《原道训》较之《道原》增加了许多成分。首先，《原道训》在《道原》以天为盖，以地为车，四时为马，阴阳为御的基础上，又增加了"电以为鞭，雷以为车轮"，使得车舆的构成更加完整。御手的工具得以齐全。《原道训》在对想象中的御艺进行描写时，注意到各种配件的一应俱全。其次，《道原》篇对于得道之人的驾御状态有一般性的叙述，而《原道训》的描写则更加细致，如："可以步而步，可以骤而骤"，把自由自在的境界展现得生动具体。最后，《道原》对于得道者驾车所历之处，所出现的扈从基本没有涉及，《原道训》则对这两方面作了夸张性的描写，使得御艺意象朝着遨游意象演变。

《淮南子》对于御艺的集中描写还见于《览冥训》：

> 昔者王良、造父之御也，上车摄辔，马为整齐而敛谐，投足调均，劳逸若一，心怡气和，体便轻毕，安劳乐进，驰骛若灭，左右若鞭，周旋若环，世皆以为巧，然未见其贵者也。若夫钳且、大丙之御，除辔衔，去鞭弃策，车莫动而自举，马莫使而自走也，日行月动，星耀而玄运，电奔而鬼腾，进退屈伸，不见朕垠，故不招指，不咄叱，过归雁于碣石，轶鹍鸡于姑余，骋若飞，骛若绝，纵矢蹑风，追猋归忽，朝发榑桑，日入落棠，此假弗用而能以成其用者也。非虑思之察，手爪之巧也，嗜欲形于胸中，而精神逾于六马，此以弗御御之者也。

这段文字把钳且、大丙之御与人们通常推崇的王良、造父之御相对比，这种对比在《原道训》所引录的段落中已经出现，但是没有充分展开，对末世之御只是一笔带过。《览冥训》则是对王良、造父之御和钳且、大丙之御都有具体的描写，形成对比画面。

上述两段材料中的"神御"的超越性是显而易见的：冯夷、大丙之御是"乘云车，入云蜺，游微雾，骛怳忽，历远弥高以极往"，无论是从其所御驾的对象还是从其所驰骋的空间来说都已经超越了现实御艺所能达到的极致。而钳且、大丙之御"除辔衔，去鞭弃策，车莫动而自举，马莫使而自走也……以弗御御之者"，描述的更是道家所追求的最高境界，是"道"境。这里的御艺以云为车，以天为盖，以地为舆，四时为马，阴阳为御，除辔衔，去鞭弃策，朝发榑桑，日入落棠，游于无穷之地，所涉及的事象都不具有实践性和工具性，而具有虚幻性和完整性。如果说《修务训》所谈到的御艺还局限在具体的车、马等实物形象中，《主术训》所谈到的御艺则超越了具象的实在性而指向了抽象的喻意的话，那么《原道训》、《览冥训》的御艺事象则从其喻体到其喻义都已经建立在一种虚构的想象层面上，营造出一种浑融完整的艺术境界。

《淮南子》中超越"技"、"术"而指向"道"之境的御艺意象并非其所自创，也是吸收融汇前人文学成就的结果，它的许多原型在《文子》、《庄子》等道家文献中可以见到。比如上述《原道训》中追求天性所统辖的自由之御的部分文字与《文子·道原》篇的论述一脉相承。而已经超越技艺层面进入"道"之境界的御意象的原型则多出现在《庄子》中，如《庄子·逍遥游》中描述"无待"之境："若夫乘天地之正，而御六气之辩，以游无穷者，彼且恶乎待哉！"描述"神人"之游："乘云气，御飞龙而游乎四海之外。"《庄子·应帝王》篇中的造物者之境："厌，则又乘夫莽眇之鸟，以出六极之外，而游无何有之乡，以处圹垠之野。"

《淮南子》中的御艺意象显然是借鉴了《文子》《庄子》中对于"道"境的艺术想象，不同的是《文子》、《庄子》中的御艺多是一个喻体，而《淮南子》的《原道训》、《览冥训》则通过对御艺的描写构成一个完整的意象，而这个意象则直接象征着超越现实的"道"之境。

总而言之，《淮南子》中的御艺意象以道家哲学为其根柢，又吸收了儒家的实践理性和法家的工具理性，最后又超越了实践性和工具性的局限，从而使御艺最终发展为一个成熟的文学意象，构成一种象征自由的艺术境界。

第 二 章
《淮南子》的文体特征

西汉前期，中国古代的文体意识还没有明晰起来，各种文体混杂的现象还比较普遍。在文体方面，《淮南子》亦呈现出对先秦各种文体综合与创新的特征。本章重点研究《淮南子》对书序体、解经体的定型所具有的促进作用，以及《淮南子》对语录体和论体的应用特点。

第一节 《淮南子·要略》的书序体特征

《淮南子·要略》是《淮南子》二十一篇中的最后一篇，其文自言："故著书二十篇，则天地之理究矣，人间之事接矣，帝王之道备矣。"可见《淮南子》的作者，将此篇与其他二十篇分离出来独立为意。其文列举《淮南子》二十篇之篇名，历述二十篇每篇之大要和各篇之间承启之关系，可见此篇是对二十篇的总述。东汉高诱注《淮南子》于《要略》篇题下说："作鸿烈之书二十篇，略数其要，明其所指，序其微妙，论其大概，故曰要略。"[①]

[①] 高诱《淮南子》，《诸子集成》第七册《淮南子》，中华书局1986年版，第369页（传世《淮南子》一书题名高诱注，其实是将传世的《淮南子》高诱注与许慎注合编为一，据前人考证《原道》、《俶真》、《天文》、《地形》、《时则》、《览冥》、《精神》、《本经》、《主术》、《氾论》、《说山》、《说林》、《修务》（转下页注）

宋本、道藏本于此篇并题作"淮南鸿烈要略间诂叙目"。为此，《要略》一篇虽未以"序"命名，但研究者均以此篇为《淮南子》一书之序，并无异议。事实上，《淮南子·要略》篇对书序体的成熟有非常重要的促进作用，关于这一点通过对《要略》篇的分析及其与古代文献的比较可以看得很清楚。

一 《要略》篇的基本板块及逻辑顺序

根据《要略》篇的基本内容，全文大致可以分为七个部分：

第一部分自"夫作为书者"起至"与化游息"止，是作者自叙著书立作的目的所在。这一部分内容可细分为三个层次：先述"书论者"之要务是"纪纲道德，经纬人事"；次述全书之旨在于大化世界的"玄妙之中"，"总要举凡"，为世人解道释理；再次述全文的写作方法是既言"事"，又言"道"，这是因为此书的创作目的是既要"与世浮沉"，又要"与化游息"。这里的"道"可以理解为自然规律，"事"则可以理解为社会的典章制度、伦理道德、风俗习惯、人之性情及言行举动等。作者在这一部分表明此书的创作意图是要通过对天、地、人三维世界之规律的考察，以既言事又言道的方式向世人解释说明治国为政、为人处世的各种道理，以达到"纪纲道德，经纬人事"的目的。

第二部分自"故著二十篇"起至"有泰族也"一段止，是叙列全书二十篇之篇目。这一部分内容是叙明全书目次，即对全书的基本内容进行介绍。

第三部分自"原道者，卢牟六合"起至"此鸿烈之泰族也"一段止，是依次对全书各篇的基本内容及其作用进行说明，要言不烦。

（上接上页注①）等十三篇为高诱注，《缪称》、《齐俗》、《道应》、《诠言》、《兵略》、《人间》、《泰族》、《要略》等八篇为许慎注。此注当是东汉许慎所注）。

第四部分自"凡属书者"起至"帝王之道备矣"一段止，对全书内容及创作主旨进行总结性说明。这一部分可细分为三层：首先，作者表明"属书者"著书立说的目的在于教化世人，他们总是希冀其书能使世人"知举错取舍"，"外与物接"，内养精神，顺应天地。其次，从首篇"原道"始，至结篇"泰族"止，作者历数了全书二十篇承上启下、环环相扣之关系。虽然文中有隐喻篇名者，有直书篇名者，但作者的意图十分明显，即是以"道"（《原道》）肇起，叙其"终始"（《俶真》），先讲"天地四时"（《天文》、《地形》、《时则》），原自然之"精微"（《览冥》），求世人之"神气"（《精神》）。于"人"而转，层次叙论，极至者为"大圣之德"（《本经》），其次"帝道"，其次"君事"（均见于《主术》），就"帝道""君事"汇录前贤要妙语录，广集民间成语格言，而"称喻"（缪称）圣贤之道、君王之道、臣之道与人之道，"多为之辞，博为之说"。再次谈及"俗变"（《齐俗》），以齐一世俗民风。继之，由"人"转"事"，大谈治事之道，其首要在"道德之应"（《道应》），次之为《泛论》古今得失，《诠言》事物万方，及征伐之"兵指"（《兵略》）。接下，由具体之事转说抽象之理，又以前贤要妙语录、民间成语格言叙说"公理"（《说山》、《说林》）。而后由讲述转为劝诫，出示"人间"祸福，以为警醒，强调《修务》之要，要在学习。最后，"览总其要"（《泰族》），"以穷道德之意"。第三，概括全书的内容，指出书中所言，要害在于"天地之理"、"人间之事"、"帝王之道"。

第五部分自"其言有小有巨"起至"捲握而不散也"一段止，此段对全书的说理特点进行了概括。作者指出全文的说理方式具有以下特点：1."其言有小有巨，有微有粗，指奏卷异，各有为语"。这种说理方式意在对各种自然之"道"进行归纳总结。2."夫道论至深，故多为之辞，以抒其情；万物至众，故博为之说,以通其意"。这种说理方式意在以广博的事例、多维的角度对至深的"道论"进行解释说明,以达到能够使世人"通其意"的目的。3."洮汰涤荡至意","捲握而不散也"。这种说理方式的目的是要突出中心、使所论有本而循。

第六部分自"夫江河之府噬"起至"可以游矣"止,此段说明此书所具有的教化作用。即所谓"诚通乎二十篇之论,睹凡得要","其于逍遥一世之间,宰匠万物之形,亦优游矣",是以其书"足以览矣","可以游矣。"

第七部分自"文王之时"起至结篇止,历数儒者之学、墨子之学、管子之学、晏子之谏、纵横之说、申子刑名之论、商鞅之法等百家中显学的产生及其理论主张,进而强调刘氏之书(汉刘向、刘歆父子校订图书时方定名为《淮南子》)"非循一迹之路,守一隅之指",而是博采众长,同时,更"观天地"、"通古今"、"权事"、"度形",多方考察,以"原道之心"为宗旨,以"合三王之风"为创意写作而成,具有独创性。体会这一段的意思,"要略"的作者是在强调《淮南子》其书的思想创新。这种创新的思想,由于是以老庄思想为核心的,所以可称之为西汉时代的新道家思想。

通过以上的分析,概括地说,《要略》一文的体例是:1.叙述作书的缘起,2.叙述本书的篇名目次,3.叙述各篇的内容提要,4.叙述本书的写作目的,5.说明本书的特点,6.说明本书的作用,7.指出本书的独创性。以《淮南子·要略》的写作体例与后世的书序体例相比较,有古代文体学常识者一眼就会看出,这篇文章的的确确是一篇书序,而且是时代最早的体例颇为完整的一篇书序。

二 《要略》与先秦文献书序体特点的比较

关于书序的缘起,古之学者多有论及。唐孔颖达于《尚书序》正义中说:"《易》有'序卦',子夏作《诗序》,孔子作《尚书序》,故孔君(指孔安国)因此作序名也。"①唐刘知几《史通·序例》说:"孔安国有云:'序者,所以序作者之意也。'窃以为《书》列典谟,《诗》含比兴,若不先序其意,难以曲得其情,故每篇有序,敷畅厥义。降逮《史》《汉》,以记事为宗,至于表、志、杂传亦时复立序,文兼史体,状若子书然,可与诰誓相参,风雅齐列矣。"②明吴讷《文章辨体序说》说:"序之体,始于诗之大序,首言六义,次言风雅之变,又次言二南王化之自。其言次弟有序,故谓之序。"③清姚鼐《古文辞类纂·序目》说:"序跋类者,昔前圣作《易》,孔子为作系辞、说卦、文言、序卦、杂卦之传,以推论本原,广大其义。《诗》《书》皆有序,而《仪礼》篇后有记,皆儒者所为,其余诸子或自序其意,或弟子作之,《庄子·天下篇》《荀子》末篇皆是也。"④总结前人所言,早于《淮南子·要略》的"序",应该说处于缘起阶段的序,其传世者有传说子夏作的"诗序"(今通称"毛诗序")、《仪礼》篇后的"记"、《庄子·天下》篇、《荀子》末篇(今本《荀子·尧问》的最后一节),这些所谓的序,均未以"序"或"叙"命名,体例均尚欠完备,或属于吴讷所说"议论"一体的序(与书序不同),然而,我们可以把这些所谓的序,作为序体起源时期的文本来考察,并与《淮南子·要略》作以比较。

关于"诗序",指的是《诗经·关雎》一篇题下的文字,从开头至"教以化之"是《关雎》一篇的序,习惯上称之为".小

---

① 孔颖达:《尚书序》疏,《十三经注疏》上册《尚书正义》,中华书局1980年版,第369页。
② 张振珮:《史通笺注》,贵州人民出版社1985年版,第101页。
③ 吴讷:《文章辨体序说》,人民文学出版社1962年版,第42页。
④ 姚鼐:《古文辞类纂·序目》,浙江古籍出版社1998年版,第5页。

序",余下讲述关于诗歌的性质、内容、体裁、表现手法和作用等问题,习惯上称之为"诗大序"。我们要谈的即是"大序"。考其体例,1.叙述诗言志的特征和诗与音乐、舞蹈的关系;2.叙述诗歌与时代政治的关系;3.叙述诗歌的体制与表现手法及诗歌的讽刺作用;4.叙述《周南》《召南》的"王化"作用。诗序的体例与《淮南子·要略》比较,它与《要略》的四、五、六段颇为接近,都是结合作品的内容与艺术进行阐述。关于"诗大序"的作者,先唐之人都以为子夏所作,清崔述据《后汉书·儒林传》以为"后汉卫宏作",此外尚有孔子作、当时史官作、秦汉经师连缀等多种说法,但大多数学者认为,"诗序"渊源于先秦,始作于毛公,增益于包括卫宏在内的毛诗家。本文从众,从毛公所作说。陆玑《毛诗草木鸟兽虫鱼疏》说:"荀卿授鲁国毛亨,亨作《诂训传》。"[1] 故以诗序之作早于《淮南子·要略》。

关于《仪礼》篇后的"记",清姚际恒《仪礼通论》卷一说:"《仪礼》正文后有记,记者,杂记其事,以补前文所未备。或作《仪礼》者所自作,或后人所作,则有不可知也。"[2] 考《仪礼》一书,计有十一篇后面有记。其体例为条款式结构;每条以短句叙事,语体与正文相类;每条杂记其事,多不相连贯,与正文不同;实补正文所未备者,不见他意。由此可见,《仪礼》篇后之"记"与后世序之定型体例毫无关涉,无一相似,因此可明确断言,此"记"绝不是序,也不是带有序体性质的起缘阶段的文字。

关于《周易》的《说卦》《序卦》篇,也具有书序体的某些特征。考其体例,《说卦》篇主要叙述八卦所象之事物,全篇

---

[1] 陆玑:《毛诗草木鸟兽虫鱼疏》,中华书局1985年版,第141页。
[2] 姚际恒:《仪礼通论》,中国社会科学出版社1998年版,第41页。

先述八卦产生的缘由与根据，后对各种卦象从不同角度逐项论说进行解释。《序卦》篇主要是对六十四卦的顺序进行逻辑化论证，辨别各个卦象之间逻辑关系。《说卦》篇先总述全篇的创作根据，后逐项进行解释的体例，与《要略》篇第一部分至第三部分之间的写作体例有相似之处。《序卦》篇按照逻辑关系对全文脉络进行解析的体例，与《要略》第四部分中对全书由《原道训》至《泰族训》各篇之间环环相扣的逻辑关系的论说体例有相似之处。不同之处在于，《说卦》与《序卦》的体例是其全文的整体特征，而在《要略》篇，这种体例只由其部分内容所呈现。

关于《庄子·天下》篇，学者多以为是庄子后学所作，也有认为是庄子自作，然无确证。考其体例，1. 追述"治方术者"（即所谓诸子百家）的学术渊源，以为"皆源于一"。2. 叙述天人、神人、至人、圣人的哲学思想的特点，以及君子的四项行为规范、百官的四项考核标准和百姓的生活追求，并指出"古之人"之所以预备这些，在于"明于本数（仁义）"，"系于末度（名法）"。唐成玄英《疏》以为此段是"庄子自（明）著书之旨而微发其意如此"。3. 叙述"邹鲁"之学，百家"时或称而道之"，然"道德不一"，"不能相通"，因而"道术将为天下裂"。此段评述儒学及当时的学术现状。4. 评述墨翟、禽滑釐之学。5. 评述宋钘、尹文之学。6. 评述彭蒙、田骈、慎到之学。7. 评述关尹、老聃之学。8. 评述庄周之学。9. 评述惠施之学。褚斌杰《中国古代文体概论》认为"《庄子·天下》篇前人曾说就是《庄子》一书的序，实际上它既未以序名篇，而内容又是褒贬先秦各家学派的，当属庄子后学的一篇著作，不属于序文的性质。"[①] 清姚鼐把《天下》篇视之为序，大概是受唐成玄英

---

① 褚斌杰：《中国古代文体概论》，北京大学出版社1998年版，第389页。

《庄子疏》的影响，细细体会全文之意，还有些序文的味道，以之为序体文章的雏形未尝不可。以《庄子·天下》篇的体例与《要略》的体例比较，它与《要略》的第七部分相近，只是它在盛赞老聃、庄周时，没有像《要略》盛赞"刘氏之书"一样放在全篇的最后，从结构上讲，《庄子》推崇的道家之学没有置于"压轴"的位置上。

关于《荀子》的末篇，当指《荀子》最后一篇《尧问》中"为说者曰"一段。考其体例，1. 为荀卿"名声不白，徒与不众，光辉不博"作辩解，有以其与孔子并称之意。2. 极赞孙卿之"遗言余教"是"其知至明，循道正行，足以为纪纲"。3. 感叹贤者荀卿，"不得为政，功安能成；志修德厚，孰谓不贤乎！"清王先慎《荀子集解》认为，"自'为说者'已下，荀卿弟子之辞"①。此段所述，好像读《荀子》的"读后感"，很像后世的书跋，而与后世的序不类，但我们还不能否认序之萌发期不会出现此类抒情颇重、言语夸张的序。以此篇的体例与《要略》的体例相比较，它与《要略》第七部分最后盛赞"刘氏之书"极为相似，作语夸张，语气抒情，感慨颇深。

综合以上的分析，可以说，"诗序"、《周易》的《说卦》《序卦》两篇、《庄子·天下》篇、《荀子·尧问》之"为说者曰"一段，均具有序体的某些特点："诗序"阐发诗歌的性质、内容、体裁、表现手法和作用，是针对《诗经》中诗歌作品而言的，这是后世书序必备的一项内容。《说卦》先总述制作根据后逐项进行论说的体例，《序卦》对各项内容之间进行逻辑化论证的体例，亦是后世书序的重要特点。《庄子·天下》篇，表述"著书之旨"，在对各家学派的批评中肯定其书的价值，这也是

---

① 王先谦：《荀子集解》，《诸子集成》第二册《荀子集解》，中华书局1980年版，第364页。

后世书序必谈的一项内容。《荀子·尧问》中"为说者曰"一段，对荀子其人其书有针对性的评论，这更是后世书序不可或缺的内容。将这几篇具有书序某些性质的作品与《淮南子·要略》进行比对，可以发现这些文献各具特点、互不相同的表述内容，在《要略》中都有具体体现。这绝不是偶然的，研究汉代思想史的学者一致认为汉代尤其是西汉，是对先秦诸子思想整合的时代，也可以说，西汉前期也是对先秦"序"之文体整合的时代。事实正是如此，《淮南子·要略》的一至三部分的体例是按照《周易·说卦》篇的体例展开的，第四部分对全文二十篇之间的逻辑关系的梳理亦是借鉴了《周易·序卦》的写作体例；而四至七部分的内容正是综合了"诗序"、《庄子·天下》篇、《荀子·尧问》"为说者曰"一段各具特点的表述，《要略》全篇便是在综合借鉴上述文献序体特征的基础之上完成的，从而使书序体文章体例初步定型。

另外，前引古人之言提到了两种《尚书序》，一为孔子所作，一为孔安国所作。关于孔子之序，《史记·孔子世家》说："序《书传》。上记唐虞之际，下至秦缪，编次其事。"[1] 此"序"是按次序编纂之意，是否是真为《尚书》作序，大有可疑。今之学者大多以为孔子不曾删《书》，作"序"亦不可能，所谓孔子《尚书序》也未传于世，所以孔子作《尚书序》不可信。关于孔安国《尚书序》存于唐孔颖达所撰《五经正义》之《尚书正义》之中，然此序并非出自孔安国之手，实为后人伪托，吴承仕于《经典释文序录疏证》中考证说："作伪《传》者大抵为魏晋间人。"[2] 可知伪孔安国之序晚出，这便不是我们讨论的对象了。

---

[1] 司马迁：《史记》，中华书局1975年版，第1935页。
[2] 吴承仕：《经典释文序录疏证》，日本中文出版社1982年版，第54页。

三 《要略》与秦汉文献书序体特点的比较

在《淮南子》之前还有一部重要的综合性著作《吕氏春秋》，亦对先秦思想文化进行了系统的整理、汇集和总结。《吕氏春秋》与《淮南子》从创作动因、思想倾向至具体文句都有相似之处，甚至有人认为《淮南子》是以《吕氏春秋》为蓝本而写成的，是《吕氏春秋》的续篇。① 《吕氏春秋·序意》篇是一篇具有书序体特征的文章，虽属残篇，但序言体性质已经很明显。关于《序意》为何出现在传世《吕氏春秋》全书之中间而不是出现在全书之末的问题，学界各有所见，无论结果如何，均不影响其书序体的文体特征。② 比较《要略》与《序意》，的确可见《淮南子》对《吕氏春秋》有所借鉴。

首先，《要略》借鉴了《序意》在开篇处对全书构架进行说明的写作特点，二者均是开门见山地表明了全文的写作主旨。其次，《淮南子》借鉴了《吕氏春秋》贯通天、地、人的视野。《序意》所确立的创作主旨确实与《淮南子·要略》中对写作原则的说明具有一致性，二者均是贯通天、地、人三才为框架。《序意》总括《十二纪》的写作主旨时云："凡《十二纪》者，

---

① 牟钟鉴：《〈吕氏春秋〉与〈淮南子〉思想研究》，《序言》，齐鲁书社1987年版，第2页。
② 杨树达曰："古书自述作书之意者，其文皆殿全书之末，《庄子·天下》篇、《淮南子·要略》、太史公《自序》、《汉书·叙传》、《论衡·自纪》之类是也。此书独在篇中者，乃后人移易《吕》书次第致然，盖今本次第非《吕》书之旧故也。据《史记·吕不韦传》及《十二纪诸侯年表序》述《吕氏春秋》皆为《八览》、《六论》、《十二纪》为次，知《十二纪》本在《八览》、《六论》之后，则此篇本在全书之末也。"陈奇猷案："杨说非也。下文云'良人请问《十二纪》'，又云'凡《十二纪》者'，则此《序意》显系序《十二纪》，并非序全书，岂可殿于全书之末耶？《吕》书《十二纪》、《八览》、《六论》，非成于一时，亦非成于一世地，《纪》、《览》、《论》各自为帙。"（见陈奇猷《吕氏春秋校释》，学林出版社1984年版，第649页）

所以纪治乱存亡也，所以知寿夭吉凶也。上揆之天，下验之地，中审之人，若此则是非可不可无所遁矣。"这种创作理念被《淮南子》全盘吸收，《要略》论述《淮南子》的写作原则时的表述明显仿效了《吕氏春秋》："夫作为书论者，所以纪纲道德，经纬人事，上考之天，下揆之地，中通诸理。"可见，二者不仅在写作理念上具有一致性，而且在语言表达上亦近乎相同。《要略》继承《序意》于开篇处即阐明全书的写作原则和主旨的体式，使《要略》的书序体特点更为明显，这种体式亦成为后世成熟的书序体文章的一个文体特征。

在存世文献中最早以"序"为名的书序，就是司马迁于《史记》中所作的《太史公自序》。《太史公自序》的问世略晚于《淮南子·要略》。然而，现当代的古代文体学研究者则一致认为《史记·太史公自序》是中国古代最早的一篇书序体文章。当然，就以"序"命名来说，《太史公自序》固然当之无愧，自这个"序"字缀于这个篇题之上，书序这一文体便真正的诞生了。可能有人会提出疑问，毛亨的那段置于《关雎》题下的文字的确要早于《太史公自序》，但把那段文字称之为"序"却是晚于《太史公自序》的。据我们掌握的资料，将那段文字称之为"序"，当始于三国魏人王肃，他在《孔子家语·七十二弟子解》注中说："子夏所序诗意，今之《毛诗序》是也。"[①] 然而，如果说书序之体例是定型于《太史公自序》则不符合历史事实。考《太史公自序》的体例：1. 追述司马氏的远祖世系；2. 评述其父司马谈的学术造诣；3. 讲述自己一生的重要事迹，着重突出继承父志编撰《史记》的初衷与经历；4. 历述《史记》每卷构思的动机和内容；5. 综述《史记》十二本纪、十表、八书、三十世家、七十列传等各种

---

① 王肃：《孔子家语·七十二弟子解》，上海古籍出版社1990年版，第96页。

体例的重要意义。比较《淮南子·要略》和《史记·太史公自序》，在叙述写作宗旨、介绍本书内容特色、强调著作意义几个方面，虽次序前后有异，但所述之旨是完全一致的。这几个方面，至此成为书序一体的核心内容，后世乃至现在的书序均以此为中心，不可或缺。《要略》为突出自身价值而评述各家学派，《太史公自序》为推崇其父学术而引称"六家之要指"，就评论诸子流派而言，二者也是相同的。二者之异，在于《要略》没有像《太史公自序》一样追述家族世系和个人经历，这大概是因为《淮南子》是集体编撰的，不可能一个一个地自述家门和经历。《要略》与《太史公自序》体例的大致相同，说明书序体例的定型当始于《淮南子》而不是《史记》。史载，汉武帝建元二年（前139），冬，淮南王刘安献所作《内书》（即《淮南子》）二十一篇。其书的写定当在此之前。据司马迁《报任少卿书》中"近自托于无能之辞，网罗天下放失旧闻，考之行事，稽其成败兴坏之理，凡百三十篇，亦欲以究天人之际，通古今之变，成一家之言"之语，① 《史记》的成书当在汉武帝太始四年（前93），或稍前。这就是说，《淮南子》之序《要略》要比《史记》之《太史公自序》早近50年。

综上所述，《淮南子·要略》汲取综合了"诗序"、《周易》的《说卦》和《序卦》、《庄子·天下》、《荀子·尧问》末段的书序性表述及《吕氏春秋·序意》的书序体特征，并在此基础上加以发展而撰写出《要略》，使书序的体例基本定型，此后，司马迁于《太史公自序》中用"序"为这种文体命名，使书序在文体史中有了定名，得以正式确立。

---

① 司马迁：《报任安书》，《全上古三代秦汉三国六朝文》，中华书局1958年版，第272页。

第二节 《淮南子·道应训》的解经体特征

所谓"解经体"即解体,是一种对经典文献进行解文释义的文章体例。《文心雕龙·书记》对解体有一个定义:"解者,释也。解释结滞,征事以对也。"[①] 这是说"解体"主要是对经典文献进行解释,对疑难滞涩之处采取征引事例的方式加以印证。明代吴纳在《文章辨体序说》中也曾对解体进行了说明:"若夫解者,亦以讲释解剥为义。"[②] 这亦是认为解经体的基本特征就是对经文进行讲解释义。以此为标准来看,《淮南子·道应训》在文体上明显具有解经体的特征,其所解之经主要是《老子》。

一 《道应训》的解经特点对《韩非子》的继承与发展

从《道应训》的体例来看,全篇由55个小故事构成,每个故事都以经典文献中的文句结尾。综观其所引文句,其中一处出自《庄子》,一处出自《慎子》,另两处引文虽无明确的出处,但其中一处仍是借田骈之口对《老子》之文进行解释,除此之外的51个故事均以《老子》之文句为结尾点题之用,《道应训》属解经体文章的性质甚明。

以"解经体"的方式对抽象深奥的"道"进行生活化、通俗化的解释,对道家经典文献《老子》进行解读,这在先秦诸子中已经出现,比较突出的就是《文子》和《韩非子》。《文子》全文基本上是对《老子》文旨的阐释,《韩非子》中的《解老》、《喻老》两篇是典型的以《老子》为对象的解经体文

---

① 周振甫:《文心雕龙译注》,江苏教育出版社2006年版,第378页。
② 吴纳:《文章辨体序说》,人民文学出版社1962年版,第43页。

章。《淮南子·道应训》篇是继《文子》和《韩非子》之后对《老子》之文义进行阐释的重要篇章。虽说《道应训》的解经体特征并非首创,但其解经说理仍有其独特性,既不同于《文子》,亦不同于《韩非子》。

《文子》共 12 篇,全书的基本体例是以"老子曰"开篇,形成一个具有独立性的意义段落,主要内容是对《老子》一书的总体文意进行解读与阐释,其中对《老子》具体章句的引用与作者对《老子》之"道"理的理解夹杂在一起。以《文子·原道》篇第一段为例:

老子曰:"有物混成,先天地生。惟象无形,窈窈冥冥,寂寥淡漠,不闻其声。吾强为之名,字之曰道。夫道者,高不可极,深不可测,苞裹天地,禀受无形,原流泏泏,冲而不盈,浊以静之徐清。施之无穷,无所朝夕。卷之不盈一握,约而能张,幽而能明,柔而能刚,含阴吐阳,而章三光。山以之高,渊以之深,兽以之走,鸟以之飞,麟以之游。凤以之翔,星历以之行;以亡取存,以卑取尊,以退取先。古者三皇,得道之统,立于中央,神与化游,以抚四方。是故能天运地墆,轮转而无废,水流而不止,与物终始。风兴云蒸,雷声雨降,并应无穷。已雕已琢,还复於朴。无为为之而合乎生死,无为言之而通乎德。恬愉无矜而得乎和。有万不同而便乎生。和阴阳,节四时,调五行,润乎草木,浸乎金石,禽兽硕大,毫毛润泽,鸟卵不败,兽胎不殰,父无丧子之忧,兄无哭弟之哀,童子不孤,妇人不孀,虹霓不见,盗贼不行,含德之所致也。天常之道,生物而不有,成化而不宰,万物恃之而生,莫之知德,恃之而死,莫之能怨。收藏畜积而不加富,布施禀受而不益贫。忽兮怳兮,不可为象兮。怳兮忽兮,用不诎兮。窈兮冥兮,应化无形兮。遂兮通兮，不虚动兮。与刚柔卷舒兮，与阴阳俯仰兮。"①

其中第一句、第三句为《老子》原文所有，其余皆为作者所阐发。无论是《老子》原文，还是作者的解释，二者结合在一起，共同对"道"的存在状态进行了详细解说。综观《文子》全书，其基本体例既是以借老子之口对《老子》一书所涵盖的各种理念进行解释，所引用的内容既有《老子》一书的原有文句，更多的是对《老子》之道德理念的理解与阐发，亦有引用《庄子》及道家后学之作的原有文句之处。就解经体的文体性质而言，《文子》确是对道家之经典文献《老子》之文旨进行说明解释，但《文子》解经的特点是以大段的语言来对《老子》的理念进行阐释，很少通过征引生活事例来对《老子》的深奥道理进行验证，所以其文章仍具有很强的理念性与抽象性。《淮南子》则不同，《道应训》对道家理念进行解释的特点体现在"应"上，即以历史典故和生活实例来对玄妙难解的道理进行验证性解读，使其所解之经具有强烈的生活化与通俗化特征，从而更有利于经典的传播。例如同样是对"道"之存在形态的解释，《道应训》通过四个虚拟的人物之间的对话来解释：

太清问于无穷曰："子知道乎？"无穷曰："吾弗知也。"又问于无为曰："子知道乎？"无为曰："吾知道。""子之知道，亦有数乎？"无为曰："吾知道有数。"曰："其数奈何？"无为曰："吾知道之可以弱，可以强；可以柔，可以刚；可以阴，可以阳；可以窈，可以明；可以包裹天地，可以应待无方。此吾所以知道之数也。"太清又问于无始曰：

---

① 李定生、徐慧君：《文子校释》，上海古籍出版社2004年版，第1—2页。

"乡者，吾问道于无穷，无穷曰：'吾弗知之。'又问于无为，无为曰：'吾知道。'曰：'子之知道，亦有数乎？'无为曰：'吾知道有数。'曰：'其数奈何？'无为曰：'吾知道之可以弱，可以强；可以柔，可以刚；可以阴，可以阳；可以窈，可以明；可以包裹天地，可以应待无方。吾所以知道之数也。'若是，则无为知与无穷之弗知，孰是孰非？"无始曰："弗知之深，而知之浅。弗知内，而知之外；弗知精，而知之粗。"太清仰而叹曰："然则不知乃知邪？知乃不知邪？孰知知之为弗知，弗知之为知邪？"无始曰："道不可闻，闻而非也。道不可见，见而非也。道不可言，言而非也。孰知形之不形者乎？"故老子曰："天下皆知善之为善，斯不善也。"故"知者不言，言者不知"也。

《庄子·知北游》亦有泰清问道于无穷、无为、无始的寓言，是《道应训》所本。《道应训》在这里借鉴了《庄子·知北游》的记载，通过设定一个生活场景的方式，对"道"之无所不在、无所不能却又无法言说的特点进行了形象化解释。不同于《文子》直接以语言阐发的方式，《道应训》虚构了四个人物，通过他们之间的对话既对《老子》所讲的"道"的特点进行了说明，而且使这种解释显得生动而形象，具有生活化气息，更有利于经典在后世的传播。

《韩非子》的《解老》和《喻老》篇亦是专门对《老子》文旨进行解释的篇章。其中《解老》篇的基本体例是先以对《老子》的理念进行阐发开篇，再引用《老子》原文句以"故曰"收尾，从而形成一个具有相对独立性的意义段落。例如《解老》开篇对德的解释：

德者，内也。得者，外也。"上德不德"，言其神不淫

> 于外也。神不淫于外则身全，身全之谓德。德者，得身也。凡德者，以无为集，以无欲成，以不思安，以不用固。为之欲之，则德无舍；德无舍，则不全。用之思之，则不固；不固，则无功；无功，则生有德。德则无德，不德则有德。故曰："上德不德，是以有德。"

这段话是对《老子》原文之"上德不德，是以有德"句的解释，作者通过对概念进行定义、解释的方式来解读经典，并没有涉及生活现象和历史典故。这种解经方法和《文子》的解经方法同中有异：相同之处是都以定义和概念来对《老子》文义进行解释；不同之处在于《文子》所释之内容有的是对《老子》从总体上进行把握，有的是对《老子》的具体命题加以发挥，而《解老》篇则仅是对《老子》中的个别文句进行解读。综观《解老》全篇解经的基本体例，是先以定义解释或举例说明的方式（或者二者兼具）对《老子》之文句进行解读，再以《老子》原文句作结。

再看《喻老》篇下面一段：

> 势重者，人君之渊也。君人者，势重于人臣之间，失则不可复得也。简公失之于田成，晋公失之于六卿，而邦亡身死。故曰："鱼不可脱于深渊。"赏罚者，邦之利器也，在君则制臣，在臣则胜君。君见赏，臣则损之以为德；君见罚，臣则益之以为威。人君见赏，而人臣用其势；人君见罚，而人臣乘其威。故曰："邦之利器，不可以示人。"

这段话是对《老子》中之"鱼不可脱于深渊，国之利器，不可以示人"句的解释，《喻老》篇先以定义的方式对这句话中具有象征意义的词语"渊""利器"等进行了解释，再以具体的历史故事为例来进一步印证,最后以《老子》原语句作结。还是以《道应训》对《老子》之"鱼不可脱于深渊,国之利器,不可以示人"的解读为例,再来看看《淮南子》的解经特征:

> 昔者,司城子罕相宋,谓宋君曰:"夫国家之安危,百姓之治乱,在君行赏罚。夫爵赏赐予,民之所好也,君自行之;杀戮刑罚,民之所怨也,臣请当之。"宋君曰:"善。寡人当其美,子受其怨。寡人自知不为诸侯笑矣。"国人皆知杀戮之专,制在子罕也,大臣亲之,百姓畏之,居不至期年,子罕遂却宋君而专其政。故老子曰:"鱼不可脱于渊,国之利器,不可以示人。"

从这段话可以看出,《淮南子·道应训》的解《老》方式是对《解老》篇与《喻老》篇的兼收并蓄,既采取了对《老子》具体文句进行解读的方法,又借鉴了《喻老》篇以历史故事来对《老子》文义进行验应的方法。不同的是《道应训》舍弃了以定义概念来解释经典文句的方法,而采取了以寓言和历史故事来注解经典文句的方法。《淮南子》解经体还有其独创性,即不仅历史故事的情节比《韩非子·喻老》篇要丰富生动,而且扩大了人物对话的成分,把历史故事放置在一定的情境之中,一方面使例证显得合情合理,更富有生活气息,另一方面使《老子》所蕴涵的深奥道理更具现实性与具体性。《淮南子》对《韩非子》之《解老》、《喻老》篇解经方法的舍弃与创造性发展,使《道应训》对《老子》的解读更为生动形象,从而更加有利于现实传播。

二 《道应训》的解经方式对《韩诗外传》的继承与发展

《淮南子·道应训》的解经方式与《韩诗外传》基本一致,

都是先讲一段故事，而后举引其所要释说或以之为证的经典文献中的一句话来证断，这种解经方式古人称之为"引事以明言，或引言以证事"。

这种解经方式在先秦的诸子散文中就已经出现了，诸子著述中引《诗》或称《诗》时就有这种方式。它源起于《论语》，如"曾子有疾，召门弟子曰：启予足，启予手。《诗》云：'战战兢兢，如临深渊，如履薄冰'"（《泰伯》）。但《论语》中这样的例子绝少，在《墨子》《孟子》则偶尔有之，至于《荀子》便逐渐多起来，《荀子》中常在一段议论之后引《诗》用作证断，如："天不为人之恶寒也辍冬，地不为人之恶辽远也辍广，君子不为小人之匈匈也辍行。天有常道矣，地有常数矣，君子有常体矣。君子道其常，而小人计其功。《诗》曰：'礼义之不愆，何恤人之言兮。'此之谓也。"（《天论》）荀子的弟子韩非又更进一步，他在《韩非子》的《内储说》和《外储说》中，刻意以简短的抽象语言，提携后面的故事，以后面的故事，证明前面的抽象语言。到了《韩诗外传》则又将故事与《诗》中句子结合在一起，为《诗》作传，全书一贯到底地采用这种解经方式，自此成为一种定型的解经体式。西汉后期刘向的《新序》、《说苑》、《列女传》用的就是这种方式。由于这种解经方式定型于《韩诗外传》，因此我们可以称之为"韩诗外传解经体式"，简称"外传体"。徐复观认为在先秦两汉时期有两种用于说理的语言形式，"哲学家的语言，是把自己的思想，凭抽象的概念，构成一种理论，直接加之于读者的身上；读者须通过自己的思考能力，始可与哲学家的理论相应。而相应以后，由理论落实到行为上，还有一段距离。历史学家的语言，则是凭具体的历史故事，以说向具体的人。此时读者不是直接听取作者的理论，而是具体的人与具体的人直接接触，读者可凭直感而不须凭思考之力，即可加以领受。并且，此时的领受，是由'历史人'的言行，直接与'现代人'的言行,两相照应,对读者可当下发生直接作用。"① 而我们谈的《韩诗外传》的解经方式则介于两者之间,它既有"历史家"叙述的故事,又有"哲学家"的抽象概念,不过"哲学家"的抽象概念被经典文献中的被赋予"哲理"的话语替代了。我们可以认定,这是先秦两汉时期的一种解经方式。为了把问题说清楚,这里不妨举例说明:

> 传曰:夫《行露》之人许嫁矣,然而未往也。见一物不具,一礼不备,守节贞理,守死不往。君子以为得妇道之宜,故举而传之,扬而歌之,以决无道之求,防污道之行乎?《诗》曰:"虽速我讼,亦不尔从。"

在这个例子中,先讲了一个女子因男方礼数不周不肯出嫁的故事,然后以之证明《诗经》中的一句话,这句话虽有断章取义之嫌,与诗本义可能有出入,但这是先秦以来人们引诗的习惯,他们当然认为引来的话里含有一定的哲理或事理。《韩诗外传》十卷三百一十章绝大多数都采用了这种"引事以明言,或引言以证事"的解经方式,仅有二十八处未引《诗》作结,然而,研究者尚认为是残简所致。② 这种"外传体"解经方式兼顾了徐复观所谓的"哲学家"和"历史家"两种说理方式的优长,既有抽象的概括,又有事例的释说,可谓两全其美。关于《韩诗外传》,《四库全书总目》说:"其书杂引古事古语,证以诗词,与经义不相比附,故曰'外传'。"又说:"王世贞称,《外传》引诗以证事,非引事以明诗。"③

---

① 徐复观:《两汉思想史》第三卷,华东师范大学出版社 2001 年版,第 2 页。
② 梁章钜《退庵笔记》认为:"今本(《韩诗外传》)非唐宋之旧,书中未引诗词者凡二十八处。又……凡五条今本所无,则阙文脱简,均所不免。"
③ 《四库全书总目》卷十六《韩诗外传》,中华书局 1995 年版,第 136 页。

考《韩诗外传》的解经方式，在"杂引古事古语"方面，有引古事者：人所鲜知者详引之，如卷四第一章，人所熟知者概括引之，如卷四第十五章；有引古语者：人所易懂者仅引一人之语，如卷一第十八章，颇为费解者则引两三古语，如卷二第七章，也有所引之语以对话形式出现的，如卷二第九章；还有事与语同时引用者：如卷二第十四章，先讲了石奢的故事，而后引孔子语点评，再以《诗经》的话为证。在"证以诗词"方面，有只引《诗》句证断者：如卷一第二十四章；有引《诗》句后出证断提示者：如卷一第二十一章引《诗》后提示说："此之谓也"，第二十二章提示说："赵宣子之谓也"；有引《诗》后加以解说者：如卷二第十章引《诗》后解释说："贵能御也"，一语点明题旨，又如卷三第二十三章解释说："舜之谓也。问曰：然则禹之德不及舜乎？曰：非然也。禹之所以请伐者，欲彰舜之德也。故善则称君，过则称己，臣下之义也。假使禹为君，舜为臣，亦如此而已矣。夫禹可谓达乎人臣之大体也。"如此颇为详尽的解说，是因为所引诗句"载色载笑，匪怒伊教"与故事游离得太远，读者实难以诗义去体会故事的主旨，或以故事内容去理解引诗的含义。还有讲述一个故事而援引两个出于不同篇什的诗句来证断的：如卷八第十七章在讲完"梁山崩"的故事后，先引"诗曰'天降丧乱，灭我立王。'"这是《大雅·柔桑》中的句子；后引"又曰：'畏天之威，于时保之。'"此句不见于今本《诗经》，当是古《诗》佚句。这种解经方式，是解经者追求解经通俗化、哲理普及化的产物，它既避免了抽象解经的深奥难懂，又避免了仅用故事解经由于理解角度不同而产生的歧义，不仅通俗易懂，而且主题明确。佛教在汉代传入中国后在传教方式汉民族化的过程中就优选了这种解经方式，敦煌变文就是证明。这说明了此种解经方式的时代需求和历史趋向，反映了先秦两汉诸子之学术从只面对统治者逐渐扩展到了知识阶层，表现了解经对象由朝廷向外拓展的态势。

《淮南子》的作者和《韩诗外传》的作者韩婴可能有些渊源，据《汉书·儒林传》："（韩）婴推诗人之意，而作内外传数万言，其语颇与齐、鲁间殊，然归一也。淮南贲生受之。"① 可证韩婴之学在淮南是有传承的，这是《淮南子·道应训》采用"外传体"解经方式的地缘因素，也可能《道应训》的作者或是贲生的门人，这便又有可能存有师承因素。韩婴用"外传体"为《诗》作传，继承者当然可以仿效之为"道"作传，更何况《老子》之言多抽象，不像《诗》具有形象性，更需要采用叙述故事、描述言行的通俗性、普及性的解经方式。何宁《淮南子集释》引曾国藩叙目说："此篇杂征事实，而证之以老子《道德》之言，意以已验之事，皆与昔之言道者相应也，故题曰'道应'。"② 这是说《道应训》"以已验之事"证"《道德》之言"。曾氏"已验之事"的概括不错，《道应训》所引之事，多源自先秦的史书或子书，除少数寓言外，绝大多数是历史上发生过的事情，但曾氏以为其所引之事是用来"证之以老子《道德》之言"则并非完全如此，此篇不是专门解说《老子》，它把《老子》的章节次序完全打乱了，并未遵循"道经"、"德经"的解经逻辑，就连具体章节中引事与引语也是可互证者少，不相比附者多，其解经的重心根本不在所引的《老子》语录，而在于引事中所反映的意义。《道应训》中一个个故事就好像用作者的构思穿起来的珍珠项链，即相对独立，又是一个整体，鱼贯而来讲述着治国与修身的方法、理论，以及可资借鉴的历史经验，《老子》语录在引事后出现不过要揭示或评论故事之所指。至于引语的本义在其作者看来并不重要，重要的是用《老子》的语录

---

① 班固：《汉书·儒林传》，中华书局1983年版，第3613页。
② 何宁：《淮南子集释》，中华书局2006年版，第827页。

表示其作者的道家思想倾向。如果说《韩诗外传》"引诗证事，亦时见本义"，那么《淮南子·道应训》则是"引诗以证事，非引事以明诗"；如果说承认《四库全书总目》所说的"与经义不相比附，故曰外传"的定义，那么《道应训》对于《老子》来说则也是"外传"。

《道应训》的解经方式与《韩诗外传》一脉相承，《韩诗外传》中所有的解经的语言形式在《淮南子·道应训》中都有充分的表现，同时，也表现出"外传体"解经方式在实践中的发展与创新。试看在"杂引古事古语"方面如下例子：

1. 越王勾践与吴战而不胜，国破身亡，困于会稽。忿心张胆，气如涌泉，选练甲卒，赴火若灭，然而请身为臣，妻为妾，亲执戈为吴兵先马走，果禽之于干遂。故老子曰："柔之胜刚也，弱之胜强也，天下莫不知，而莫之能行。"越王亲之，故霸中国。

2. 昔尧之佐九人，舜之佐七人，武王之佐五人。尧、舜、武王于九七五者，不能一事焉，然而垂拱受成功者，善乘人之资也。

3. 跖之徒问跖曰："盗亦有道乎？"跖曰："奚适其无道也！夫意而中藏者，圣也；入先者，勇也；出后者，义也；分均者，仁也；知可否者，智也；五者不备，而能成大盗者，天下无之。"由此观之，盗贼之心，必托圣人之道而后可行。故老子曰："绝圣弃智，民利百倍。"

4. 薄疑说卫嗣君以王术。嗣君应之曰："予所有者千乘也，愿以受教。"薄疑对曰："乌获举千钧，又况一斤乎？"杜赫以安天下说周昭文君。文君谓杜赫曰："愿学所以安周。"赫对曰："臣之所言不可，则不能安周；臣之所言可，则周自安矣。此所谓弗安而安者也。"故老子曰："大制无割。"故"致数舆无舆"也。

例1引事较详，例2引三事简言概括，不过概括引事者在本篇中绝少，而绝大多数引事是有情节的，叙事简短而完整，寓意清楚可见，即便概括引事也能简明地加以陈述。例3引一则古语，例4引两则古语，其特点也非常突出，不像《韩诗外传》只是单一地引古语，而是要交代语言环境，即谈话的背景，这样一来，所引的话语就很容易理解了，意旨在语境中便凸显出来，比起《韩诗外传》来是一种进步。在"证以诗词"方面：

5. 秦穆公谓伯乐曰："子之年长矣，子姓有可使求马者乎？"对曰："良马者，可以形容筋骨相也。相天下之马者，若灭若失，若亡其一。若此马者，绝尘弭辙。臣之子皆下材也，可告以良马，而不可告以天下之马。臣有所与供儋缠采薪者九方堙，此其于马，非臣之下也。请见之。"穆公见之，使之求马。三月而反报曰："已得马矣，在于沙丘。"穆公曰："何马也？"对曰："牡而黄。"使人往取之，牝而骊。穆公不说，召伯乐而问之曰："败矣！子之所使求者，毛物牝牡弗能知，又何马之能知！"伯乐喟然大息曰："一至此乎！是乃其所以千万臣而无数者也！若堙之所观者天机也，得其精而忘其粗，在内而忘其外，见其所见而不见其所不见，视其所视而遗其所不视。若彼之所相者，乃有贵乎马者。"马至而果千里之马。故老子曰："大直若屈，大巧若拙。"

6. 齐王后死，王欲置后而未定，使群臣议。薛公欲中王之意，因献十珥而美其一。旦日，因问美珥之所在，因劝立以为王后。齐王大说，遂尊重薛公。故人主之意欲见于外，则为人臣之所制。故老子曰："塞其兑，闭其门，终身不勤。"

7. 晋文公伐原，与大夫期三日。三日而原不降，文公令去之。军吏曰："原不过一二日将降矣。"君曰："吾不知原三日而不可得下也，以与大夫期。尽而不罢，失信得原，吾弗为也。"原人闻之曰："有君若此，可弗降也？"遂降。温人闻，亦请降。故老子曰："窈兮冥兮，其中有精。其精甚真，其中有信。""故美言可以市尊，美行可以加人。"

8. 惠孟见宋康王，蹀足謦欬言曰："寡人所说者，勇有功也，不说为仁义者也，客将何以教寡人？"惠孟对曰："臣有道于此，人虽勇，刺之不入；虽巧有力，击之不中。大王独无意邪？"宋王曰："善！此寡人之所欲闻也。"惠孟云："夫刺之而不入，击之而不中，此犹辱也。臣有道于此，使人虽有勇弗敢刺，虽有力不敢击。夫不敢刺，不敢击，非无其意也。臣有道于此，使人本无其意也。夫无其意，未有爱利之心也。臣有道于此，使天下丈夫女子，莫不欢然皆欲爱利之心，此其贤于勇有力也，四累之上也。大王独无意邪？"宋王曰："此寡人所欲得也。"惠孟对曰："孔、墨是也。孔丘、墨翟，无地而为君，无官而为长，天下丈夫女子，莫不延颈举踵而愿安利之者。今大王，万乘之主也。诚有其志，则四境之内，皆得其利矣。此贤于孔墨也远矣！"宋王无以应。惠孟出，宋王谓左右曰："辩矣，客之以说胜寡人也！"故老子曰："勇于不敢则活。"由此观之，大勇反为不勇耳。

例5、例6均引《老子》中一句话作为证断，然而，与《韩诗外传》类似的解经方式不同，它在故事叙事中，或于叙事本身借事件中人物之口说明作者的写作意图，如例5"伯乐喟然大息曰"所讲的一番话，"见其所见而不见其所不见，视其所视而遗其所不视"，指出故事的主旨，用今天的哲学话语说，就是"抓住主要矛盾"，其后所引《老子》的话则是这"抓住主要矛盾"的外在表象的描述；或叙事者直接在讲完故事后发表评论，如例6"故人主之意欲见于外，则为人臣所制"，说明了讲故事的目的所在，其后所引《老子》的话则是道家对"坐忘"的形象描述，这一引言与所述故事的联系并不是直接的，或者说曲折得很，因为"坐忘"要求人无欲，和"人主"有"意欲"而不可"见于外"，完全是两回事，如果硬作联系，"坐忘"则无欲，"无欲"也就不存在"见于外"的问题了，此类现象在《道应训》中很多，我们说该篇重心不在《老子》语录，根据就在于此。显然，上述两例改良"外传体"的写作目的在于要把问题说得更清楚，更明白。例7引了《老子》中的两句话，一句出于《老子》第二十一章，一句出于《老子》第六十二章。《韩诗外传》也有类似的情况，是提醒读者要从同一个故事中体会两层含义，《道应训》虽也有如是的写作意图，但两层意思间又寓有逻辑上的"层递"关系，"其精甚真，其中有信"，是点出晋文公的诚信，"美行可以加人"所说的"美行"，则进一步褒奖晋文公的诚信行为是美的，既而强调这种美行可以推广（施加）到其他人身上。如此说来，这则故事决不是"引事以明诗"，而是借《老子》的话揭示行为的思想本源，肯定行为的道德意义，指出行为的推广价值，实在是用《老子》的话评论故事，是故事的延伸，与故事构成一个解经的整体。例4也是如此，"大制无割"与"致数舆无舆"是因果关系，二者合在一起解说故事的含义。这种引事与引言融为一体的解经方式对于《韩诗外传》的方式来说，无疑是一种创新。例8和例1在引言后加以提示语或解说语，这是《韩诗外传》常用的解经方式，而在《道应训》中仅有三例，可见《道应训》在解经时，更注重在故事的叙述中、或在叙述者的评论中揭示主题，而后再用《老子》语录加以强调。这似乎将"外传体"讲故事——引证语——作解说的方式简单化了,实则不然,在解经实践中,以最简单的方式来说明道理,才是最佳的解经方式,不能不说,这一简化也是一种进步。事实上,《道应训》中复杂解经方式也是有的:

> 9. 昔孙叔敖三得令尹无喜志,三去令尹无忧色。延陵季子吴人愿一以为王而不肯。许由让天下而弗受。晏子与崔杼盟,临死地不变其仪。此皆有所远通也。精神通于死生,则物孰能惑之!荆有佽非,得宝剑于干队,还反度江,至于中流,阳侯之波,两蛟侠绕其船。佽非谓柂船者曰:"尝有如此而得活者乎?"对曰:"未尝见也。"于是佽非瞑目勃然攘臂拔剑,曰:"武士可以仁义之礼说之,不可劫而夺也。此江中之腐肉朽骨弃剑而已,余有奚爱焉!"赴江刺蛟,遂断其头,船中人尽活,风波毕除,荆爵为执圭。孔子闻之曰:"夫善载腐肉朽骨弃剑者,佽非之谓乎?"故老子曰:"夫唯无以生为者,是贤于贵生焉。"

分析例 9 的解经,先概括地列举了四件事,指出四件事的共性特征是四个人物都能做到"远通",随后进而释说精神"远通",通于生死,可以达到"物孰能惑之"的境界,并讲了佽非的故事加以说明,接下用孔子的话赞扬,最后才引老子的话。老子那句话的本义是说,百姓之所以"轻死",是因为统治者"求生之厚",太讲究人生的享乐。只有没有什么可以拿来用作人生的享乐,这才是比只看重生命享乐更好的人生观。此段语录用在这则故事后,是与"精神通于死生,则物孰能惑之"相印证的,当是强调道家"齐死生"的生命哲学,及"物物而不物于物"的人的主体意识。此则解经,从"远通"到"通于死生",到"物孰能惑之",再到"无以生为",层层递进,从抽象到具体,从对死生的认识到对外物的态度,再到人的生活方式,颇具有演绎推理的意识。这与《韩诗外传》讲故事——引证语——作解说的复杂解经方式不可同日而语,它所反映的是从例证解经到演绎推理的嬗变。

从上面具体的分析可以看出,"外传体"在《韩诗外传》中定型后还有着一个发展完善的过程,《淮南子》则在这个过程中,起到了不可低估的作用,事实上,《淮南子》一书除了《道应训》通篇采用"外传体"之外,其他的篇章也常常采用这种解经方式。这种"外传体"解经方式,经过《淮南子》在解经实践中的发展与创新,则更加显示出解经通俗化的优势,及其对哲理、政论推广普及的强势。同时,更值得文学史家注意的是:首先,由于它是以讲故事为解经例证的,故事本身就有着文学性。其次,由于中国古代文学有着"诗教"的传统,"外传体"解经方式就成了古代文学"卒章明义"抒情方式的最好借鉴:从解经的说故事——讲道理,到文学的叙事、描写——评说、议论的结构相似性来看,汉赋"劝百讽一"的结尾劝谏,当与之有关;汉乐府叙事诗的结篇评论,当与之有关;魏晋文人诗的结句玄理,当与之有关;唐代李、杜的歌行,元、白的新乐府,柳宗元的纪传体散文,释家的变文等文学样式的议论、释说性的总结收束,当与之有关;宋元话本、明清拟话本"醒世"、"警世"、"喻世"的篇末韵语,当与之有关。这就是以文学的立场研究"外传体"解经方式的意义所在。

第三节 《说山训》的语录体特征

《淮南子》中有三篇堪称"语录体"的论说文,即《缪称训》《说山训》和《说林训》。在先秦论说文发展史中,在论说文形成的初级阶段,语录体作为论说文的初级形态而出现,如

《论语》与《老子》，在论说文由散论向专论发展趋向成熟的阶段，语录体则以散论为其特色依然存在，如《孟子》，而汉代初期成书的《淮南子》是处在中国古代论说文已经成熟的时代，其中还保留着论说文初级阶段的论说方式——语录体，这一特殊的文体现象，很值得我们进行深入的研究和细致的分析。

一 《淮南子》采用语录体写作的原因

《论语》是记录孔子及其弟子言行的论著，是由孔子的弟子或再传弟子编撰而成的。由于《论语》中的内容，多是孔子弟子或再传弟子的追述，你记片言我记只语，各成片断，连缀成书，所以《论语》之为语录体，可能存有孔子本人未曾发表过长篇大论的因素，但可以确定的最根本的原因是孔子的弟子或再传弟子集体编著造成的。《论衡·正说》云："夫《论语》者，弟子共纪（记）孔子之言行，敕记之时，数十百篇，以八寸为尺，纪之约省，怀持之便也。"[①]《老子》则不然，它是老子的自著。《史记》本传载，老子归隐，"至关，关令尹喜曰：'子将隐矣，强为我著书。'于是老子乃著书上下篇，言道德之意五千余言而去。"[②] 这说明在老子生活的春秋晚期，人们著书立说，的确采用语录体的形式，以可考的如今仅传的春秋末的两部说理著作《论语》和《老子》来看，语录体是当时流行的论说文文体。

到了孟子所处的战国中期，情况不同了，这时专题论文已经出现，稍早于孟子的《墨子》有《修身》《尚贤》等专论，略晚于孟子的《庄子》有《逍遥游》《齐物论》等专论，而《孟子》仍部分沿用语录体，虽然篇幅拉长了，又颇具论辩色彩，

---

① 王充：《论衡》，《诸子集成》第七册《论衡》，中华书局1986年版，第271页。
② 司马迁：《史记·老子韩非列传》，中华书局1975年版，第2141页。

但终未脱离语录体的模式。关于《孟子》的作者,司马迁说孟子"退而与万章之徒,序《诗》《书》,述仲尼之意,作《孟子》七篇"。① 若此,孟子选择语录体作为说理的方式,可能是追随孔子之衣钵,标榜与诸子不同的儒家论说风格。而唐韩愈则以为"孟轲之书,非轲自著,轲既殁,其徒万章、公孙丑相与记轲所言焉耳"。② 若此,《孟子》语录体的生成又与《论语》之所以成为语录体的情况接近。然而,无论如何,《孟子》的语录体,说明了该文体在战国时期的实际存在。事实上,战国时,还有其他诸子著作采用过语录体,如《墨子》中有《耕柱》、《贵义》、《公孟》、《鲁问》四篇,《荀子》中有《大略》、《宥坐》、《子道》、《德行》、《哀公》、《尧问》六篇,虽不是全书均用语录体,却证明语录体在战国时期的延续。《墨子》中语录体颇近《论语》,记述墨子言行,有《墨家论语》之称;《荀子》中语录体更近于《孟子》,也有一定的分析和论证。③

至于在论说文已经成熟的西汉,《淮南子》为什么还要选择生成在论说文初级阶段的语录体作为自己说理的一种方式呢?这当然有它自己的道理。《淮南子·要略》云:"《说山》《说林》者,所以窾窔穿凿百事之壅遏。而通行贯扃万物之窒塞者也。假譬取象,异类殊形,以领理人之意;解堕结细,说捍搏困,而以明事埒事者也。"在篇幅有限的两篇文章中要通释"百事",通解"百物","以领理人之意",叙事简要,一事一议,不加论证,只出结论,或不加描述,仅说事理的语录体说理方式是最合适不过了。《要略》又说,"《缪称》者,破碎道德之论,差次仁义之分,略杂人间之事,总同乎神明之德。假象取耦,以相譬

---

① 司马迁:《史记·孟子荀卿列传》,中华书局1975年版,第2343页。
② 钱仲联、马茂元校点:《韩愈全集》,上海古籍出版社1997年版,第162页。
③ 参见谭家健《先秦散文艺术新探》,首都师范大学出版社1995年版,第16页。

喻,断短为节,以应小具,所以曲说攻巧论,应感而不匮者也。"一篇文章,既要将人间之事、神明之德逐项讲解,又要有次序地释说仁义,所以只能"断短为节,以应小具",采用语录体了。《淮南子·要略》对上述三篇的说明,明确地告诉我们,在《缪称训》、《说山训》、《说林训》中采用语录体是所述内容的需要,是解决较小的篇幅表述相当多的内容这一矛盾的需要,而且采用这种语录体并非自家杜撰,在道家的创始人老子那里可以找到根据,何况儒家的开山之作《论语》也是如是写作的,更何况语录体的表述简明扼要,结论性的话语极具启发性和诱导作用。

二 《说山训》语录体的特点

《淮南子》中《缪称训》、《说山训》、《说林训》虽采用语录体的表述方式,但是并没有完全落入《论语》、《老子》、《孟子》的窠臼。

《论语》中的语录体文字基本是用当时的口语写成,大都语段很短,简洁而概括,一般只叙说观点,而不加详论,有言简意赅、精练警策的特点,富于哲理性和启发性。

《老子》中的语录体文字,是有韵的简明扼要的哲理格言,语言不求修饰,但所蕴涵的道理玄奥深刻,说理具有逻辑辩思的特点,哲学思想的透彻性和语言表述的质朴自然相结合。

《孟子》中的语录体文字,较之《论语》、《老子》"只述观点,不加议论"的格言式语录已有了很多发展,首先是篇幅增长,其次是论述、议论的成分增多,而更为重要的是,很多段落都能围绕着一定的中心展开,而且论说结构完整,条理清楚,文采飞扬。如果在这样的段落加上标题,便可以视为独立的文章,俨然是篇精彩的论说文。

《淮南子》中的语录体文字,比较接近于《论语》和《老子》，而不同于《孟子》，前面谈到《缪称训》、《说山训》、《说林训》采取语录体的原因，这就决定了它不可能去模仿《孟子》语录体模式中铺排话语所显示出的气势与通过逻辑推理所显示出的善辩。如《说山训》中的语录："人无言而神，有言者则伤；无言而神者载无，有言则伤其神之神者。""圣人终身言治，所用者非其言也，用所以言也。""力贵齐，知贵捷。得之同，速为上，胜之同，迟为下。"这些不加论证，只说出结论或观点、态度的语录，与《论语》语句非常接近。如《说林训》中的语录："至言不文，至乐不笑（宵韵），至音不叫（宵韵）；大匠不斲（铎韵），大庖不豆（侯韵），大勇不斗（侯韵）。""以瓦鉒者全，以金鉒者跋（月韵），以玉鉒者发（月韵）。""冬有雷电，夏有霜雪（月韵），然而寒暑之势不易，小变不足以妨大节（质韵，此句为月、质合韵）。"这些叶韵的格言式的语录，与《老子》语句非常接近。然而值得我们特别注意的是，这类接近《论语》、《老子》的语录在《说山训》《说林训》中所占的比例很小，而更多的是类比与比喻性的语录。类比与比喻性的语录在《论语》、《老子》中都曾出现过，如"岁寒然后知松柏之后凋"（《论语·子罕》），"治大国若烹小鲜"（《老子·六十章》），但为数不多，而《淮南子》却看重这种类比与比喻性说理方法，并大量的创造性地广泛使用。以《说山训》为例，作了一个说理语录的说理方式统计：

《淮南子·说山训》各类说理语录统计表

说理方式	说理特点	喻体数量	说理语录数	总计
只述结论式说理	直言说理	无喻体	8	8
例证式说理	以寓言说理	一事一议	4	19
	以故事说理	一事一议	5	
		多事一议	10	

续表

说理方式	说理特点	喻体数量	说理语录数	总　计
比喻式说理	有明显的喻词	单　项	2	6
		多　项	4	
对比式说理	正反对举	双　项	12	12
类比式说理	不作解释	单　项	7	108
		多　项	19	
	自作解释	单　项	18	
		多　项	64	

其中直言说理、以事说理、以寓言说理者有27条，比喻说理、类比说理、正反对比说理者126条，前者所占比例不到百分之十八，而后者所占比例已超过百分之八十，这一比例相差悬殊的事实，毫无疑问地说明《淮南子》作者对于说理方式的选择取向。《淮南子·要略》在概述《缪称训》时说，"假象取耦，以相譬喻。"在概述《说山训》和《说林训》时说，"假譬取象，异类殊形，以领理人之意。"在《说山训》中更三次提及"类之推者也"，并对"类之推者"加以论述说，"推与不推，若非而是，若是而非，孰能通其微！"这说明《淮南子》在语录体篇章中采用类比与比喻性的说理方式绝非偶然，而是有意识地选择恰当的文体和最能表现创作意图的说理方式。而这种类比与比喻说理方式的选择，反映了《淮南子》语录体论说文的说理方式追求文学化的主观创作倾向。

下面我们以《说山训》为例，分析一下《淮南子》语录体论说文的说理特色。

1. 只述结论式的说理。如："人不小学，不大迷；不小慧，不大愚。"这是不加论述，只陈观点，属于直言性的说理。这样的说理方式，在《论语》和《老子》中最为常见。它的特点在于所说的道理较为具体，较为易懂，将它用质朴通俗的语言说出，读者不难理解，无须"画蛇添足"地去论证，与《论语》中"温故而知新"，与《老子》中"绝圣弃智，民利百倍"，如出一辙，具有言浅意深的特点。然而，这一说理方式，《说山训》仅有8例，并非其主要的说理方式。

2. 例证式说理。这种说理有以寓言说理与以"故事"说理两种方式。以寓言说理在《说山训》中，仅有4例，如："范氏之败，有窃其钟，负而走者，枪然有声，惧人闻之，遽掩其耳。憎人闻之，可也；自掩其耳，悖矣。"这种说理方式在先秦诸子中最为常见，但这种说理方式有致命的弱点，就是作为论据的寓言是虚构的，虽道理在寓言故事的例证前提下，可以说得清楚，但是，论据一虚，论点也就难以坐实，说服力也就相对的减弱。《淮南子》可能认识到了这种说理方式的先天不足，所以仅有4例，而且有3例是属有关世情的寓言。它也不是《淮南子》的主要说理方式。以"故事"说理在《说山训》中出现了15次，其中一事一议的5次，如："人有嫁其子而教之曰：'尔行矣，慎无为善！'曰：'不为善，将为不善邪？'应之曰：'善且由弗为，况不善乎！'此全其天器者。"同类之事并列排比，多事一议的有10次，如"陈成子恒之劫子渊捷也，子罕之辞其所不欲而得其所欲，孔子之见粘蝉者，白公胜之倒杖策也，卫姬之请罪于桓公，子见子夏曰'何肥也'，魏文侯见之反被裘而负刍也，兒说之为宋王解闭结也，此皆微眇可以观论者。"此种说理，以事说理，举事浅显易懂，说理概括事之寓意，当是说理方式中为论说者最常采用的，然而《淮南子》并没有将它作为自己的主要说理方式。

3. 在《说山训》中采用的主要说理方式是类比与比喻性说理，它又可分为比喻式说理、正反对比式说理、类比式说理，而且每一种说理又有数种分类，形式多样，活泼生动。

（1）比喻式说理。这种在《论语》、《老子》中，甚至在《易经》中早已出现的说理方式，在《说山训》中出现了6次，其中单项喻体的，如："螾无筋骨之强，爪牙之利，上食晞垺，下饮黄泉，用心一也。"多项喻体（也叫博喻）的，如："以非义为义，以非礼为礼，譬犹倮走而追狂人，盗财而矛乞者，窃简而写法律，蹲踞而诵《诗》、《书》。"比喻式说理可以用具象说抽象，以通俗喻深奥，以已知推未知，深入浅出地说明道理。这里有必要说明一点，古人将类比推论称之为"类推"或"推类"，它包括譬（比喻式的类比推论）、侔（比较相似句群的类比推论）、援（援引对方相似言行以证明自己言行的类比推论）、推（归谬式类比推论）、止（反驳归纳和演绎的综合类推）[①]，由此可知，在古人的观念中，比喻式说理是包含在类比式说理之中的。我们按照现代的推理认知，在分类中把"比喻式说理"与"类比式说理"并列起来，只是为了更细致地分析问题。

（2）正反对比式说理。这种说理就是古人所说的"止"，也是古人观念中类比推论中的一种说理方法。如："三人比肩，不能外出户；一人相随，可以通天下。"这种说理正反对举，具有选言判断的特点，以非证是，或以是证非，在《淮南子》中较为常见，在《说山训》中就出现了12次。

（3）类比式说理。这种说理在《说山训》中出现的频率最高，共出现108次。分析《说山训》中的类比式说理，种类颇多：以是否"自作解释"划分，有在类比喻体出现后作以解释说明类比所指的，如："尝一脔肉，知一镬之味；悬羽与炭，而知燥湿之气：以小明大。"有在类比喻体出现后不再解释说明类比所指的，如："明月之珠，出于蚌蜃；周之简圭，生于垢石；大蔡神龟，出于沟壑。"这里的类比所指要读者自己去理解。如

[①] 孙中原：《中华先哲的思维艺术》，北京大学出版社2006年版，第129页。

果以类比喻体的数量来划分,有单项喻体的类比,如:"百人抗浮,不若一人挈而趋,物固有众而不若少者。"有多项喻体的类比,如:"染者先青后黑则可,先黑而后青则不可;工人下漆而上丹则可,下丹而上漆则不可:万事由此。"如果以解释说明类比所指在句中的位置划分,常格是类比所指在类比喻体之后,此种类比前已举例,但也有先说明类比所指而后用类比喻体来证明的,如:"巧者善度,知者善豫:羿死桃部不给射,庆忌死剑锋不给搏。"还有类比所指处在前后类比喻体之间的,如:"厉利剑者必以柔砥,击钟磬者必以濡木,毂强必以弱辐。两坚不能相和,两强不能相服。故梧桐断角,马氂截玉。"如果以解释说明类比所指的性质划分,有类比所指属于文字说明式的,如:"足蹍地为迹,暴行而为影,此易而难。"有类比所指属于比喻性的,如:"天下无粹白狐,而有粹白之裘,掇之众白也。善学者若齐王之食鸡,必食其蹠,数十而后足。"有类比所指也是类比性的,如:"众曲不容直,众枉不容正,故人众则食狼,狼众则食人。"以上所举都是比较典型的例子,在《说山训》中,还有一些结构比较复杂的类比说理形式,如:"鲁人身善制冠,妻善织履,往徙于越而大困穷,以其所修而游不用之乡。譬若树荷山上,而畜火井中,操钓上山,揭斧入渊,欲得所求,难也。方车而蹍越,乘桴而入胡。"这是先用类比,次出博喻,再解释说明类比所指,最后又举出两项类比再作论证。又如:"鼎错日用而不足贵,周鼎不爨而不可贱,物固有以不用而为有用者;地平则水不流,重钓则衡不倾,物之尤必有所感,物固有以不用为大用者。"这是两个类比说理的复句连用,前后类比又构成递进关系。再如:"小马大目,不可谓大马;大马之目眇,可谓之眇马:物固有似然而似不然者;固决指而身死,或断臂而顾活:类不可推。"这里前句在类比喻体之后推出解释说明性类比所指,后句句型与前句相同,而两个句子间又构成因果关系。在分析中可以看出,《说山训》中,类比式说理达到一种高度成熟的程度,说理形式的多样性,类比话语的形象性,内容表述的散论性,格言韵语的哲理性,教训劝诫的指导性,都给人以一种纯熟和精练的感觉。

综合上面的分析,我们不难看出,《淮南子》语录体论说文的说理特点是,其采用了丰富多样的说理方式,形式活泼,不拘一格,使之要说明的"百事"、"万物"、"道德之论"、"仁义之分"、"人间之事"条分缕析地得以恰当充分的表述,然而其中最主要的是类比式说理的运用,这则是《淮南子》语录体论说文与《论语》、《老子》说理形式的最大不同,其丰富多彩的类比说理形式的创新,其由个别性前提,推论普遍性的结论,以小证大,以易喻难,以具体比抽象,生动形象,形式多变,富于感染力的说理方法的创造,显示出比此前任何一部语录体著作都要成熟的思维艺术和说理艺术,并且摆脱了论说文以逻辑思维说理的理性规范,突出了文学特有的形象思维色彩,彰显了《淮南子》语录体论说文独有的说理特点。

第四节 《淮南子》的论体特征

中国古代文体意识是在东汉至魏晋时代才明晰起来的,之前的文体虽规模初具,但概念界定还不清楚,文体混杂的现象还比较普遍。《淮南子》文本亦呈现出文体混杂的现象,不仅不同篇章文体有所差异,而且同一篇章亦往往具有不同文体特征,如《天文训》、《地形训》、《时则训》三篇志类文体特征非常明显,《道应训》解经类文体特征极其显著,而《缪称训》、《说林训》、《说山训》语录、格言类文体特征非常显著。但从宏观文体角度来说,《淮南子》正文二十篇文章的体式均属论述体,即以论述某种道理为旨归的议论文体式。具体而言,《淮南子》的文章可分为专论体与泛论体两种论述方式。其中属专论体文章的篇目有《原道训》、《俶真训》、《天文训》、《地形训》、《时则训》、《览冥训》、《精神训》、《本经训》、《主术训》、《齐俗训》、《兵略训》、《修务训》。这些篇目均是围绕一个核心论题而展开，有比较明确的论述对象和宗旨。其中属泛论体文章的篇目有《缪称训》、《道应训》、《泛论训》、《诠言训》、《说山训》、《说林训》、《人间训》、《泰族训》，这些篇目所论问题比较宽泛，没有一个统一的主题。

一 《淮南子》的专论体文章特征

综观《淮南子》全书，其中专论体文章有十二篇，超过了全书总篇的二分之一，是《淮南子》采用较多的一种行文方式。对这些文章所呈现出的文体形态进行分析，可以揭示《淮南子》专论体文章的大体特征。

首先，《淮南子》的专论体文章均围绕核心论题展开。《原道训》以对道的解释为其核心论题。篇中论述了道的存在状态、道的特性、道对万物产生发展的作用，包括道与人的形体、气血、精神之间的紧密关系。《俶真训》以解释万物的起源为其核心论题。文章先总述了世界从无到有的生成过程，后面以大量的古今人事为例说明了应该超越实在的形体性情之"有"、回归到精神境界之"无"的道理。《天文训》以解释天文事项的形成演化为其核心内容。篇中论述了天地万物秉阴阳二气而生成的道理，解释了二十四节气的名称及其理论依据，从天文角度对五音、十二律、旋宫等音律的产生及名称来历进行了解释，揭示了五行学说的天文依据，出示了大地东西南北的长度及根据日高计算天的高度等。《地形训》以解释中国古代的地理的形成、特点，及其与气候、物产、人性的关系为核心论题。文中论述了天地"九州八极"的地理位置及其与物产人性的关系，解释了五行、五音之间相生相克的关系,论述了海外之国的位置,最后陈述了众水、八风、五土的分布情况。《时则训》以按照时令节气进行治国理政、祭祀农耕是天子国君的职责为其核心论题。全篇以孟、仲、季为标准把春、夏、秋、冬划分为十二个节气,对不同节气中天子应该执行的礼仪进行了规定,最后陈述了四季失令的灾害。《览冥训》以自然万物之间的相互关系为其核心论题。篇中以大量事例证明了"物类之相应"的道理。《精神训》以解释精神与形体及外物之间的关系为其核心论题。篇中揭示了精神与道及万物之间的源流关系,说明了人应该养神的道理,提出了具体的修养精神的方式方法。《本经训》主要揭示要以道为本使天下得到治理的道理。篇中采用比对的方式,以太清之始、至人之世、容成氏之时、尧舜治世为理想的社会模式,以衰世、晚世、桀纣之世为批判对象,从正反两方面论述了无穷无尽的嗜欲是天下混乱、国破家亡的原因。对仁义礼乐的社会作用进行了分析,指出其并非治国之本,只有返性归真、以道制欲才是治国之本的道理。《主术训》以君王统治天下之道为其核心论题。篇中论述了无为而治是统治之上策、安民化性是统治之目的、倚众任贤是统治之手段、循势立法是统治之方法、正身无欲是以君化民的立身之本。《齐俗训》以如何对待各种礼仪习俗为其核心论题。篇中首先明确了礼俗是本道而生、循性而成的道理,然后论述了万物多样存在是一种客观规律,对待礼乐习俗应该采取各便其性、因地而异、因时而易的态度。《兵略训》以军事战争为其核心论题。全篇对战争的起源、政治与战争胜负的关系、运兵要遵行道的各种规律等几个方面进行了详细而辩证的论述。《修务训》以论述学习事功的重要意义为其核心。篇中首先论述了"无为"并非不为,而是因道而为的道理,为后面的论述确立了理论根据。然后分别论述了"学不可以已"的重要性、自强自立是建功立业的基础、学习与自强的关系是要通达事理、见解独到,对如何进行学习和建立功业进行了探讨。

这十二篇文章基本上都能够围绕其所确立的中心论题展开论述,虽然有些篇章中亦偶有一些歧出之处,所论虽不是紧扣文题,但亦与文题有些关联,因此在没有对其核心论题形成干扰的情况下,可以忽略其对这些篇章的文体特征的影响作用。因此,可以说《淮南子》的专论体文章的首要特征是围绕核心论题展开。

其次,《淮南子》的专论体文章多以意识形态层面、关乎国运时命的问题为其论述主题,因而具有抽象性与宏大性。这一点从上述《淮南子》专论体文章的篇名就可以看出。《原道训》关注的是天地万物最高的生成根据;《俶真训》关注的是世界万物的源起和人性的原初状态;《天文训》、《地形训》、《时则训》关注的是天地四时的环境及季节变化对万物及人类社会的影响;《览冥训》关注的是万物之间生命相通、互相依存的感应关系;《精神训》关注的是与道相通的人类之精神现象;《本经训》关注的是以道为本的治国思想;《主术训》关注的是君王的治国方略;《齐俗训》关注的是社会的礼制习俗;《兵略训》关注的是运兵打仗的方法与规律;《修务训》关注的是人如何面对功业的问题。这些篇章所关注的问题要么是着眼于天地规律(道),要么是着眼于天地四时的环境气候,要么是着眼于万物之间的群体关系,要么是着眼于治理天下的根本思想,要么是着眼于君王的治国方略,要么是着眼于总体的社会习俗,要么是着眼于国家军备,要么是着眼于建功立业的指导思想,要解决的基本上都属意识形态领域和国家体制方面的问题。这些论题的共同特征就是论述主题具有抽象性与宏大性,旨在对人类社会的意识形态及国家体制等重大问题提出一些具有指导性的原则与意见。

第三,《淮南子》的专论体文章呈现出议论为主叙事为次的文体风格。《淮南子·要略》中明确解释了其行文原则是既言道又言事:"故言道而不言事,则无以与世浮沉;言事而不言道,则无以与化游息。"也就是说,采取议论与叙事相结合的方法,是《淮南子》所确立的总的行文方略。但在具体的论述过程中,议论与叙事之间的比例则有所不同,就专论体文章而言,呈现出议论为主,叙事为次的特征。

《原道训》、《俶真训》、《主术训》、《兵略训》均是以大段的论述为主,中间偶尔夹杂几个历史故事或社会事项来佐证所论观点,全文明显地采取议论为主,叙事为次的特征。《天文训》、《地形训》、《时则训》三篇文章基本上全文都属"言道",几乎看不到"言事"的痕迹。《精神训》开篇是大段的议论,约占全文的三分之一强,后面基本上采取举例以证道的方式行文,全文仍然呈现出"言道"大于"言事"比例特征。《本经训》前半部分采取叙事为主,议论为次的方式展开,后一部分则基本上纯属议论。《齐俗训》中对历史故事的记述要稍多于《原道训》、《俶真训》等篇,但总体上议论成分仍大于叙事。《览冥训》和《修务训》比较特别:《览冥训》开篇连举数个事例,以历史现象引出"物类之相应"的核心论题,然后是大段的理论阐述,最后又以历史故事和传说为线索,大量列举各种感应现象,呈现出叙事为主,议论为次的特征。《修务训》全文采取议论与叙事相结合的方法,或先立论后举例,或先举例后总结,从文字比例看,叙事成分大于议论。但总体而言,这些专论体篇章以议论为主、以叙事为次的行文特征还是可以确定的。

二 《淮南子》的泛论体文章特征

相对于专论体文章,《淮南子》的泛论体文章亦有其明显的特征。首先,《淮南子》的泛论体文章均有多个论题,呈现出主题混杂繁乱的特点。这种特点是由于这些泛论体文章的立篇主旨和论述对象所决定的。许慎《缪称训》篇名下注曰:"缪异之端,称物借类,同之神明,以知所贵。"① 说明《缪称训》一篇主旨是,称引各种物证,以类相别,来摈除种种谬误异说。这种创作主旨就决定了此篇不可能确立一个明确的核心论题。关于《道应训》的篇名,曾国藩云:"此篇杂征事实,而证之以《老子》道德之言。意以已验之事皆与昔之言道者相应也,故题曰《道应》。"② 这是说《道应训》的创作主旨是以各种社会现象和事实来印证道之理,而道无论是其存在状态还是其作用体现均具有一种遍在性与多样性,因此对道的印证就必然要通过列举各种事项来进行,很难以某个主题来局限道的存在,也就很难为《道应训》确立一个核心论题。《泛论训》篇名一个"泛"字,已经说明了此篇的立意具有"泛"的特征,高诱注曰:"博说世间古今得失,以道为化,大归于一,故曰《泛论》,因以题篇。"可见,《泛论训》就是以博杂的历史现象及故事传说为论说对象,揭示这些历史现象及故事传说背后所隐含的道理。其所论述的对象就决定了此篇不可能确立一个核心论题来统摄全篇,因为历史现象是纷繁复杂的,故事传说各有主题,这就决定了作者对它们的解读要从多维角度立论。《诠言训》篇名下许慎注曰:"诠,就也。就万物之指以言其征,事之所谓,道之所依也,故曰《诠言》。"③《淮南子》设立此篇的意图在于对精微之言所涵蕴的道理进行阐明,而所谓的精微之言,即文中所谓的"至论",往往不是一句,亦不会是一个主旨,而是运用语言对社会各种现象进行高度提炼的结果,因此这种论述对象的多样性与歧义性决定了此篇的论题具有博杂繁乱的特征。《说山训》和《说林训》的立篇目的是以各种自然现象和人事现象为论述对象,

---

① 刘文典:《淮南鸿烈集解》,中华书局1989年版,第318页。
② 同上书,第378页。
③ 同上书,第463页。

阐明其中所蕴涵的为人处世的道理。根据高诱对这两篇篇名的注解可以看出，作者之所以取山、林两种物象为篇名，就在于山、林均有多、杂、聚集之象。这种解释已经说明此二篇文章所论述对象的特点，也等于揭示了这两篇文章宽泛的论述角度及所呈现出的文体特征。《人间训》的创作目的如《要略》所云："人间者，所以观祸福之变，察利害之反；钻脉得失之迹，标举终始之坛也。分别百事之微，铺陈存亡之机，使人知祸之为福，亡之为得，成之为败，利之为害也。"这就决定了其行文特征亦必然呈现出泛、杂、多的特征。《泰族训》许慎注曰："泰言古今之道，万物之指，族于一理，明其所谓也，故曰《泰族》。"曾国藩进一步解释道："族，聚也，群道众妙之所聚萃也。泰族者，聚而又聚者也。"① 此篇是以各种自然及人事现象解释天与人以道德相通的道理，其论述对象亦具有博杂特征，决定了其行文的泛论体特征。

其次，《淮南子》的泛论体文章多以自然、历史及社会现象为论述对象，其论述题材呈现出具象性与琐细性。《缪称训》着眼于各种人事现象，从正反两方面进行辩证分析得出结论，全篇都以具体形象来论述观点。《要略》的描述揭示了《缪称训》叙事琐细的特征："缪称者，破碎道理之论，差次仁义之分，略杂人间之事，总同乎神明之德。假象取耦，以相譬喻，断短为节，以应小具，所以曲说攻论，应感而不匮者也。"《道应训》全篇以 55 个历史故事和传说构成，抽象而深邃的哲理就在一个个具体、形象而又生动的故事情节中展现出来。行文的具象性与琐细性显而易见。《泛论训》是以历史为镜，通过对各种历史现象的论述，总结正确的处事为人的方式方法。无论是陈述历史现象还是讲述历史传说和故事，全篇基本采取先对某种具体事象进行论

---

① 刘文典：《淮南鸿烈集解》，中华书局 1989 年版，第 663 页。

述分析，再得出一定理论结果的方式展开。《诠言训》的行文方式则恰好与《泛论训》相反，基本采用先论述一定道理，再以具体事象佐证的方式展开。无论《泛论训》还是《诠言训》，二者均是立足于各种具体的人事物象来展开论述，行文风格具体而细杂。《说山训》、《说林训》两篇更是只"言事"不"言道"，全篇基本模式是只陈述各种现象，很少有理论阐述，属典型的泛论体文章。《人间训》全篇采取以历史故事和传说为主体，以理论概括为点睛之笔的方式展开，陈述了各种相互依存、相互制约、相互转化具有辩证关系的社会现象。《泰族训》大体上采取先陈述各种自然规律与人事现象，再以简短概括的语言进行理论总结的行文方式，亦是以"言事"为主，"言道"点睛的方式。《泰族训》与《人间训》不同之处在于后者"言道"在先"言事"在后，而前者反之。但此二篇亦体现了泛论体文章选取题材方面所呈现出的具体性与琐细性特征。

第三，《淮南子》泛论体文章呈现出叙事为主、议论为次的行文风格。综观上述《淮南子》具有泛论体特征的篇章，以叙事为主、议论为次的行文风格非常显著。《说山训》、《说林训》基本全篇都是对各种现象的陈述，议论成分几乎没有。其他篇章，虽都采取叙事与议论相结合的方式结构全篇，但总体上仍是以叙事为主、议论为次，"言事"比例大于"言道"。《淮南子》的泛论体文章加强了行文的叙事性因素，无论是对具体现象的罗列，还是对故事情节的描述，无疑都加强了文章的生动性与形象性。

三 《淮南子》的论体对先秦散文的继承与创新

《淮南子》所出现的这两种论述体式，是对前代说理散文体式的继承与改造。在战国后期之前，古人大多采用泛论体方式进行论述和著作。如《论语》、《孟子》、《庄子》外篇、杂篇中的多数篇目，均体现出一种意识流的论述方式，一篇之中论述的主题不断变换，甚至论题与论题之间缺少起码的逻辑联系。只有《墨子》一书中出现了初具规模的专论性文章，如《尚贤》、《尚同》、《兼爱》、《非攻》等十论。到了战国后期，专论体开始渐渐成为诸子运用的主要论述方式，如《荀子》和《韩非子》，均大量采用专论体方式进行说理。《荀子》一书，现存32篇，除《成相》、《赋》、《大略》、《宥坐》、《子道》、《法行》、《哀公》、《尧问》8篇之外，其余24篇均属专论体文章；《韩非子》一书，现存55篇，除《说林》上下、《内储说》上下、《外储说左》上下、《外储说右》上下，共8篇文章之外，其余47篇亦均属专论体文章。到了《吕氏春秋》，其《八览》、《六论》、《十二纪》共计160篇文章，大体依题谋篇，专论色彩比较鲜明。

《淮南子》的论体文章，无论专论体还是泛论体，对先秦诸子的论述方式既有继承，又有创新。就专论体而言，从规模上、论述角度的多维化、论题的抽象性方面，《淮南子》都是对先秦诸子专论体文章的综合与创造。《淮南子》专论体文章的规模较之前贤诸子的专论体文章的规模多有超越，普遍属于长篇巨制，篇幅有所增大，内容更加丰富，论述更为全面、充分。先秦诸子专论体文章的论述角度较之于《淮南子》略显单一，《淮南子》往往能够以道的遍在性与多样性特征为出发点，对论述对象亦能够采取多维角度进行观照，对文章论点进行辩证分析，因而其论述角度也就呈现出复杂多样的特征。在论题方面，《淮南子》选择的论题更具抽象性与宏大性。先秦诸子的专论体文章，如《墨子》中的十论，其所论之"尚同"、"尚贤"、"兼爱"、"非攻"等，《荀子》之"劝学"、"修身"、"不苟"、"富国"、"儒效"、"王制"、"君道"等等，其内涵以简单的语言或事例均可说明。而《淮南子》所论之"道"、"俶真"、"览冥"、"精神"

第二章 《淮南子》的文体特征

等论题，其抽象性非常强，甚至难以用语言表达清楚其内涵。

就泛论体而言，《淮南子》亦对先秦诸子的论说体式进行了继承与综合。《淮南子》的泛论体，既吸收了《论语》的语录体方式结构文章，如《缪称训》等；又吸收了《老子》、《庄子》的意识流式方式结构文章，如《诠言训》；还吸收了《文子》和《韩非子》的解经体方式结构文章，如《道应训》；又吸收了《韩非子》的《说林》、《储说》罗列社会现象及寓言故事的方式结构文章，如《说林训》、《说山训》等。另外，《淮南子》泛论体文章的篇幅及叙事因素较之先秦诸子亦有所加强。

无论是专论体还是泛论体，都是先秦两汉最主要的两种论述体式，《淮南子》对这两种论述体式都进行了继承与吸收，体现了其兼容并包的学术气度。

小 结

从中国文学史的纵向发展看,"文学"的含义有历史性,各个时代对"文学"的理解有差异。在汉代之前,"文"或"文学"实际就是指文献,可以泛指一切文章,是一种经史子集无所不包,甚至包括一切文字的"大文学"观念。《淮南子》就是这种大文学观念的产物,它蕴涵着丰富的文学因素和文学思想。

本书的写作意图就是把《淮南子》放置在文学视野中进行审视,揭示这部对先秦学术进行最大限度总结融汇的著作的文学价值。《淮南子》的文艺理念是对先秦各种文艺理念的结合与创造,既有其历史内涵又不乏时代气息。本末论、感应论、异同论昭示出《淮南子》文艺理念的哲学思想。《淮南子》对本末的多重界定,为中国古代文艺的本末观提供了充分的理论根据;对感应现象与生命关系的多角度、多层面的体认,赋予中国古代文艺感应观丰富的生命美学内涵;对艺术活动中的异同关系及其规律的分析总结,为文学异同论奠定了坚实的理论基础。《淮南子》具有鲜明的辩证思想,在这种思想指导下,其文艺思想和美学理念亦具有辩证思维的特征。又由于《淮南子》具有多人参与、融汇多种学术思想的写作背景,其文艺理念还呈现出一些矛盾性,本书对其产生的必然性与历史局限性进行了分析。

中国古代哲学美学范畴与西方相比,具有模糊性和浑融性特点,尤其是汉字的多义性,造成了范畴之间的交叉连环,中国古代美学范畴，带有很大的直观性和模糊性，内涵与外延很丰富。本书选取了文质、形神气、心性、礼乐四组范畴，来解读《淮南子》对中国古代文艺范畴的美学内涵的继承与创造。本书分析了《淮南子》对文与质各自的审美内涵的界定，对文质关系的不同模式及文质之间的相互关系的辨析，认为《淮南子》的论述为文质范畴成为重要的文学范畴提供了理论根据和思维向度。《淮南子》从生命完整体的角度出发，不仅对形、神、气各自独立的范畴内涵有充分体察，而且论述了形、神、气三者各司其职又三位一体的关系，为形神气发展为重要的文学范畴奠定的理论基础。《淮南子》对心性的分析亦有其深刻性，尤其对艺术心源说的挖掘，对人性之可塑性的辨析，为后世的文学理论中的心灵论和人性论具有深远的启发意义。礼乐亦是中国古代非常重要的一组范畴，《淮南子》从天地规律、社会经济及人性需求三个角度论述了礼乐产生的根源，并对礼乐与人性之间的辩证关系进行了解析，凸显了礼乐范畴的人性内涵，对礼乐范畴的文化精神有深远影响。

意象是本文研究《淮南子》文学特质的另一个视角，本书通过对《淮南子》中神游、山水、珠玉、御艺四种意象研究，认为《淮南子》的意象描写对这些意象发展为文学意象具有重要的促进作用。《淮南子》对神游意象的主体、客体、方式及境界的丰富与发展，对神游意象成为重要文学意象具有深远的影响。《淮南子》中的山水意象描写不仅对山水意象之间互为表里的辩证关系有深刻的体认，而且对山水特性之间的联系进行了探索，为山水意象成为一个固定的组合意象提供了一定的思维依据。而《淮南子》对山水意象所蕴涵的哲理意味及其象征意义的揭示，则为山水意象自魏晋成为突出的文学意象奠定了美学基础。《淮南子》对珠玉意象的象征内涵的揭示是多角度、多层次的，不仅以珠玉象征一种润泽氤氲的自然意境，使其成为中国古代文论的重要理论——意境论常用的表述方式；而且以珠玉象征和谐的社会景象和高洁的人格境界，使珠玉意象的人文内涵更丰富；还以珠玉象征至高的审美境界，充分肯定了珠玉意象的审美内涵。《淮南子》对珠玉意象内涵的充分揭示，对珠玉成为后世所常见的文学意象具有重要意义。《淮南子》中的御艺意象以道家哲学为其根柢，又吸收了儒家的实践理性和法家的工具理性，最后又超越了实践性和工具性的局限，从而使御艺最终发展为一个成熟的文学意象，构成一种象征自由的艺术境界。

文体特征亦体现着《淮南子》的文学特质，《淮南子》中的文体呈现出多样化特征。本书认为《要略》篇对书序体的发展创新最终促使其定型为一种固定的文体样式；《道应训》篇的解经体特征，对后世散文的说理方式具有深远的影响；《说山训》的语录体特征，既是对先秦诸子的继承，亦是对先秦说理方式的丰富。而《淮南子》全书可分为专论体与泛论体两类文章，本书对专论体与泛论体所具有的文体特征进行了分析。《淮南子》还有大量的句式与连珠体的成熟亦有很大关系，限于时间关系，留待后续研究。

另外，《淮南子》亦有其独特的叙事特征，本应单独作为一章进行研究，亦由于时间有限，只能留待以后研究。

由于《淮南子》的内容极为博杂，其"非循一迹之路，守一隅之指"的多元文化史观，对诸子之学进行了大规模的吸收和综合。要对其理论来源进行剖析，先秦的重要典籍都可能涉及，这就要求对先秦典籍有一个比较清晰的认识和理解，阅读量的庞大无疑增加了研究的难度。面对《淮南子》庞杂的思想内容，要对其中所蕴涵的文艺思想进行抽思剥茧的辨析梳理，出现一些谬误之处在所难免，加之本人学术功底不深，学术视野有限，对《淮南子》的解读、分析、论证如有悖谬之处，希望各位师友不吝赐教。

参考文献

主要参考书目

B

班固：《汉书》，中华书局1962年版。

C

陈广忠：《淮南子译注》，吉林文史出版社1990年版。

陈一平：《淮南子校注译》，广东人民出版社1994年版。

陈静：《自由与秩序的困惑——〈淮南子〉研究》，云南大学出版社2005年版。

陈来：《古代思想文化的世界——春秋时代的宗教、伦理与社会思想》，三联书店2002年版。

陈其猷：《韩非子集释》，上海人民出版社1974年版。

D

戴震：《孟子字义疏证》，中华书局1982年版。

董仲舒：《春秋繁露》，商务印书馆四库丛刊本。

F

范晔：《后汉书》，中华书局1965年版。

方东美：《生生之德》，台北黎明文化事业股份有限公司1982年版。

高亨：《周易大传今注》，齐鲁书社2000年版。

G

葛兆光：《中国思想史》（第1卷），复旦大学出版社1998年版。

郭象、成玄英：《南华真经注疏》，中华书局1991年版。

H

何宁：《淮南子集释》，中华书局1998年版。

J

荆门市博物馆编：《郭店楚墓竹简》，文物出版社1998年版。

K

孔颖达：《毛诗序》，中华书局1979年影印。

L

李定生、徐慧君：《文子要诠》，复旦大学出版社1988年版。

李泽厚：《中国古代思想史论》，安徽文艺出版社1999年版。

列维－施特劳斯：《野性的思维》，商务印书馆1997年版。

刘安等编著，高诱注，庄逵吉校，《淮南子》，上海古籍出版社1989年版。

刘文典：《淮南鸿烈集解》，安徽大学出版社，云南大学出版社1998年版。

柳诒徵：《中国文化史》，上海古籍出版社2001年版。

吕思勉：《先秦学术概论》，东方出版中心1996年版。

M

马承源：《上海博物馆藏战国楚竹书》（一）、（二）、（三），上海古籍出版社2001、2002、2003年版。

马林诺夫斯基：《文化论》，中国民间文艺出版社1987年版。

蒙培元:《心灵超越与境界》,人民出版社 1998 年版。
牟宗三:《心体与性体》,上海古籍出版社 1999 年版。
牟宗三:《中国哲学的特质》,上海古籍出版社 1997 年版。
R
阮元刻本:《十三经注疏》,中华书局 1979 年版。
S
司马迁:《史记》,中华书局 1959 年版。
孙纪文:《淮南子研究》,学苑出版社 2005 年版。
W
汪裕雄:《意象探源》,安徽教育出版社 1996 年版。
王弼、韩康伯注,孔颖达疏:《周易正义》,上海古籍出版社 1990 年版。
王弼:《老子注》,中华书局 1998 年版。
王充:《论衡》,上海人民出版社 1974 年版。
王先谦:《庄子集解》,中华书局 1954 年版。
王先谦:《荀子集解》,中华书局 1988 年版。
王先谦:《韩非子集解》,中华书局 1998 年版。
王振复:《巫术:周易的文化智慧》,浙江古籍出版社 1990 年版。
王振复:《中国美学的文脉历程》,四川人民出版社 2002 年版。
王振复、陈立群、张艳艳:《中国美学范畴史》,山西教育出版社 2006 年版。
X
徐复观:《两汉思想史》,华东师范大学出版社 2001 年版。
徐复观:《中国人性论史·先秦篇》,上海三联书店 2001 年版。
徐复观:《中国思想史论集》,上海书店出版社 2004 年版。

Y

严北溟、严捷：《列子译注》，上海古籍出版社 1995 年版。

杨荣国：《中国古代思想史》，人民出版社 1954 年版。

叶舒宪：《中国神话哲学》，中国社会科学出版社 1992 年版。

Z

张岱年：《中国古典哲学概念范畴要论》，中国社会科学出版社 1989 年版。

张世英：《天人之际》，人民出版社 1994 年版。

张双棣：《淮南子校释》，北京大学出版社 1997 年版。

朱彬：《礼记训纂》，中华书局 1996 年版。

参考文章

C

陈良运：《〈文心雕龙〉与〈淮南子〉》，《文史哲》2000 年第 3 期。

D

戴黍：《从"德性"到"德行"：试析〈淮南子〉中作为治国之本的"德"》，《学海》2006 年第 1 期。

F

方国武：《〈淮南子〉文艺理想观》，《安徽农业大学学报》2007 年第 1 期。

G

郭鹏：《简论〈淮南子〉对〈文心雕龙〉的影响》，《南阳师范学院学报》2003 年第 8 期。

L

林方明：《读〈淮南子〉札记六则》，《泉州师范学院学报》

2005 年第 5 期。

刘乐贤：《〈性自命出〉与〈淮南子·缪称〉论情》，《中国哲学史》2000 年第 4 期。

吕书宝：《论〈淮南子〉的文学价值》，《东北师范大学学报》2007 年第 2 期。

M

马庆州：《论〈天问〉对〈淮南子〉的影响》，《清华大学学报》2004 年第 3 期。

马育良：《〈淮南子〉中的性情观》，《淮南师范学院学报》2005 年第 6 期。

P

潘显一：《〈淮南子〉道家—道教美学思想研究》，《四川大学学报》2005 年第 4 期。

T

唐劭廉、吕锡琛：《论〈淮南子〉生命观的深层意蕴》，《西南交通大学学报》2004 年第 3 期。

W

温韧：《〈淮南子〉感应观新探》，《哲学研究》1997 年第 12 期。

X

熊开发：《从创世神话看〈淮南子〉的天、人观》，《海南师范学院学报》2001 年第 4 期。

薛秀艳：《〈淮南子〉文艺观的儒道混融分析》，《重庆文理学院学报》2007 年第 1 期。

Y

袁济喜：《〈淮南子〉与中国文论精神》，《宝鸡文理学院学报》2003 年第 5 期。

Z

赵妙法：《〈淮南子〉的"自然无为"说及其后现代意义》，《安徽大学学报》2006年第6期。

周远斌：《〈淮南子〉的情感论》，《南部学坛》2006年第4期。

博士论文

Q

漆子扬：《刘安与〈淮南子〉》，西北师范大学2005年。

W

王雪：《〈淮南子〉的哲学思想研究》，西北大学2005年。

硕士论文

F

方国武：《〈淮南子〉审美理想论》，安徽大学2003年。

L

李世桥：《〈淮南子〉文艺思想研究》，郑州大学2004年。

刘妤：《〈淮南子〉的生命哲学研究》，河北大学2006年。

M

马文戈：《〈吕氏春秋〉与〈淮南子〉孔子观之比较》，曲阜师范大学2006年。

Y

尹雪华：《〈淮南子〉文艺思想论纲》，江西师范大学2004年。

后　　记

　　惚兮恍兮，三年时光如白驹过隙。面对即将付印的论文稿，一直以来的忐忑之心稍释重负。读博三载所经过的点点滴滴浮现在脑海中，不禁令人感慨万端。

　　论文写作的过程虽艰苦却很充实，有构思成熟、难题解决时的兴奋，有争论激烈、难以取舍时的困惑，有豁然贯通、思如泉涌时的畅快，亦有迷入牛角、否定前功的痛苦，而成长就在这喜怒哀乐中慢慢发生。三年的学习和研究生活，对自己学术能力的提高是非常显著的，这一千多个日日夜夜值得我永远怀念。

　　成长是自己的，可是帮助自己成长的却是身边的那些老师、同学和亲朋好友。我的导师李炳海先生的心血自不待言，还有多位老师在我成长的道路上给予我帮助和指导，亦有同门的师兄师姐师弟师妹们，为我的成长加油呐喊。正是他们的帮助和支持，为我的读博之路扫清了许多障碍，我才可以在今天愉快地回忆往昔。为了避免俗套，在这里就不一一列举他们的名字了，但古话说，受人滴水之恩，当以涌泉相报，对那些帮助过我和给过我支持友爱的人们，我将永远铭记。

　　窗外春光明媚，新的征程又将开始。

2009 年 3 月 6 日

Contents

Preface

　Ⅰ. The selected background and significance of the research topics
　Ⅱ. The present domestic and foreign situation about the research
　Ⅲ. The proposed approach to the study
　Ⅳ. The innovation of the papers

Part one: Research about the literary concepts of *HuaiNanZi*
The first chapter: Research about the literary thoughts of *HuaiNanZi*
　Ⅰ. The BenMo theory of *Huainanzi*
　　1. The multi-definitioned concept of ins and outs
　　2. The relationship between ins and outs
　　3. The origins and innovation about the BenMo theory
　Ⅱ. The induction theory of *Huainanzi*
　　1. The mysterious characteristics of the art induction
　　2. The life features of the art induction sensor
　　3. The rule of the art induction
　　4. The main body of the art induction
　　5. The basic shape of the art induction theory during the Emperor Wu of Han Dynasty

Ⅲ. The theory about similarities and differences in *HuaiNanZi*
   1. The artistic features of the similarities
   2. The artistic features of the differences
   3. The various cognitions about the relationship between the similarities and differences
   4. The relationship between the similarities and differences art activities during the art activity
   5. Art rule that the similarities are achieved after the different occurring

Ⅵ. The dialectical and the contradiction of the literary concept in *HuaiNanZi*
   1. The dialectic of the artistic thoughts
   2. The dialectical of the aesthetic concept
   3. The inherent contradiction among the literature concepts

The second chapter: Research about the literary categories of *HuaiNanZi*
   Ⅰ. The theory about symbol and quality of *HuaiNanZi*
      1. The connotation of the symbol
      2. The connotation of the quality
      3. Therelationship model of the symbol and quality
      4. The discussion about the interaction of the symbol and quality
      5. A comparison between *HuaiNanZi* and other viewpoint about the symbol and quality in the Han Dynasty
   Ⅱ. The theory about Xing Shen and Qi of *HuaiNanZi*
      1. Images appear as soon as shape occur
      2. Shen tours with variety

3. Qi interact to harmony

4. Xing Shen and Qi have the home that they wish to have

5. Maintain mental tranquility, interact to harmony and preserves physique

III. The theory about Xin and quality in *HuaiNanZi*

1. The thought resource of Xin theory

2. The aesthetic characteristics of Xin

3. Theory that art stemn from Xin

4. The connotation of the human nature

5. The plasticity of Human nature

6. Preserve the body and grow the soul

IV. The theory about li and Yue in *HuaiNanZi*

1. The root cause of li and Yue

2. The nature and function of li and Yue

3. The variety characteristics of li and Yue

Part Two: Image description and the stylistic features of *HuaiNanZi*

Thefirstchapter: The images Of *HuaiNanZi*

I. The Spiritual Images of *HuaiNanZi*

1. The Taoism property of Spiritual Images

2. The diverse description of Spiritual Images

3. The Spiritual Images of *HuaiNanZi* inherit and exceed those of Zhuangzi and Songs of the Sou *th*

4. The comparisona about the Spiritual Images between *HuaiNanZi* and Sima Xiangru's works

II. The landscape images Of *HuaiNanZi*

1. The water images in pre-Qin classics

2. The water images in *HuaiNanZi*

3. The landscape images of *HuaiNanZi*
Ⅲ. The Zhuyu Images Of *HuaiNanZi*
   1. The real and aesthetic implication of Zhuyu images
   2. The relationship between Zhuyu images and mountain and water images
   3. The symbolic connotation of Zhuyu images
Ⅳ. Literary display of the Rule images
   1. Rule images that are under the royal of practical ration
   2. Rule images that are under the royal of instrumental ration
   3. Rule images that are under the royal of the free nature

The second chapter: stylistic features of *HuaiNanZi*
Ⅰ. The Characteristics of the book foreword body of *Yao Lue*
   1. The basic blocks and the logical sequence of *Yao Lue*
   2. Comparison of physical characteristics of the book foreword body between *Yao Lue* and the pre-Qin literature books
   3. Comparison of physical characteristics of the book foreword body between *Yao Lue* and t the Qin and Han Dynasties books
Ⅱ. Characteristics of the explaining body of *DaoYingXun*
   1. Explaining characteristics that inherited and developed from *HanFeiZi*
   2. Explaining way that inherited and developed from *Hanshiwaizhuan*
Ⅲ. The collected sayings body characteristic of *ShunShanxun*
   1. The reasons that *HuaiNanZi* use the collected sayings body
   2. Characteristics of the collected sayings body characteristic of *ShunShanxun*

Ⅳ. Characteristic of the discussion body of *HuaiNanZi*
   1. Features of the special discussion body
   2. Features of the superficial discussion body
   3. The discussion body that *HuaiNanZi* inherits from the pre-Qin prose and makes some innovation

Summary
References
Postscript